VERSTEHEN –
BESTEHEN

Prüfungswissen
Büromanagement

Fit für die
Prüfung

W0195791

Autoren:

Kai Franke, Ute Heß, Ursula Hilkenbach,
Katharina Rottenbacher, Michael Rottmeier,
Benjamin Schmorl, Michaela Schubert
unter Mitarbeit der Verlagsredaktion

Cornelsen

Dieses Buch wurde erstellt unter Verwendung von Materialien von Oliver Dillmann, Ariane Hoffmann, Hans-Peter Klein, Antje Licht, Beate Löbs, Oliver Ohlenforst, Christian Oswald, Benjamin Schmorl, Heike Scholz, Anja Seiler, Sabine Wagner.

Die Abschnitte „Informationsmanagement" und „Informationsverarbeitung" dieses Buches basieren auf Teilen des Bandes „IT-Trainer: Informationsverarbeitung und Office-Anwendungen".

Der gesamte Inhalt des vorliegenden Werkes berücksichtigt die Gliederung und die Anforderungen der schriftlichen Abschlussprüfungen Kaufmann/Kauffrau für Büromanagement entsprechend dem Prüfungskatalog, herausgegeben von der AkA (Aufgabenstelle für kaufmännische Abschluss- und Zwischenprüfungen). Berücksichtigt sind Teil 1 und Teil 2 der Prüfung.

Wir weisen darauf hin, dass die in den Beispielen genannten Unternehmen und Geschäftsvorgänge frei erfunden sind. Ähnlichkeiten mit real existierenden Unternehmen lassen keine Rückschlüsse auf diese zu.

Sämtliche Personenbezeichnungen in diesem Band (z.B. „Schüler", „Auszubildender" etc.) gelten selbstverständlich für beide Geschlechter.

Verlagsredaktion: Erich Schmidt-Dransfeld
Technische Umsetzung: Type Art, Grevenbroich
Layout: vitaledesign, Berlin/Type Art, Grevenbroich
Umschlaggestaltung: Anja Rosendahl, Berlin/Studio SYBERG, Berlin
Titelfotos: Shutterstock/wavebreakmedia (o./u.); Shutterstock/racorn (mittig)

www.cornelsen.de/cbb

Die Webseiten Dritter, deren Internetadressen in diesem Lehrwerk angegeben sind, wurden vor Drucklegung sorgfältig geprüft. Der Verlag übernimmt keine Gewähr für die Aktualität und den Inhalt dieser Seiten oder solcher, die mit ihnen verlinkt sind.

1. Auflage, 2. Druck 2017

© 2016 Cornelsen Schulverlag GmbH, Berlin
© 2017 Cornelsen Verlag GmbH, Berlin

Druck und Bindung: Livonia Print, Riga

ISBN 978-3-06-451066-1

PEFC zertifiziert
Dieses Produkt stammt aus nachhaltig
bewirtschafteten Wäldern und kontrollierten
Quellen.

PEFC
PEFC/12-31-006

www.pefc.de

So arbeiten Sie erfolgreich mit diesem Buch

Bei der Prüfung sind Sie gefordert, Ihre in der Ausbildung erworbenen Kompetenzen gebündelt unter Beweis zu stellen. Um sich vorzubereiten, können Sie natürlich nicht die gesamte Ausbildung nochmals komplett nachvollziehen. Vielmehr werden Sie das Wesentliche wiederholen wollen. Dabei hilft Ihnen das vorliegende, kompakt gestaltete „Prüfungswissen".

Die Teile 1 und 2 der gestreckten Abschlussprüfung unterscheiden sich in der Art der Anforderungen. In Teil 1 (Informationstechnisches Büromanagement) wird ein ganzheitlicher Arbeitsauftrag gestellt, der auch praktisch und mithilfe von Standardsoftware zu bearbeiten ist. Für Ihre Wiederholung finden Sie in diesem Buch den Stoff zu Informationsmanagement und -verarbeitung sowie zu Geschäftsprozessen und Arbeitsorganisation kompakt zusammengestellt. Damit können Sie Ihr Wissen auffrischen und zu den Fachthemen auch in Wiederholungsfragen erproben. Die Bedienung der Software und die Anwendung Ihrer Kenntnisse bei der Lösung des erwähnten Arbeitsauftrags erfordern dann praktisches Üben, was über ein Buch zum Prüfungswissen hinausgeht. Die schriftlichen Prüfungen in Teil 2 Ihrer Abschlussprüfung (Kundenbeziehungsprozesse und Wirtschafts- und Sozialkunde) sind in Form von Prüfungsaufgaben aus den unterschiedlichen Stoffbereichen organisiert. Sie werden in diesem Buch sämtlich behandelt, und dazu gibt es auch jeweils einige Übungsaufgaben.

Dies wird durch die ebenfalls im Cornelsen Verlag erschienenen „Prüfungstrainer" (die weitere Erläuterungen zum Ablauf der Prüfung und mehrere Musterprüfungen enthalten) erweitert.

Beginnen Sie rechtzeitig mit Ihrer Prüfungsvorbereitung. Teilen Sie sich den Stoff ein, machen Sie sich einen Arbeitsplan und arbeiten Sie regelmäßig. Zu den Aufgaben finden Sie im Anhang Lösungsvorschläge zur Selbstkontrolle. Das Buch lässt sich alleine durcharbeiten oder es kann als Begleitmaterial in Prüfungsvorbereitungskursen eingesetzt werden.

Autoren und Verlag wünschen Ihnen viel Erfolg und einen gelungenen Berufsabschluss! Für Verbesserungsvorschläge zu diesem Buch sind wir dankbar.

Inhaltsverzeichnis

Teil 2 Abschlussprüfung: Prüfungsbereich Wirtschafts- und Sozialkunde

Teil 1 Abschlussprüfung: Prüfungsbereich Informationstechnisches Büromanagement

Prüfungsgebiete:

Prüfungsgebiet 01: Büroprozesse

Funktion 0101   Informationsmanagement

Handlungskomplex 01: Betriebliche Kommunikationssysteme auswählen und anwenden

01 Netze

Das **Internet** ist ein weltweiter Zusammenschluss von Computernetzwerken. Die bekanntesten Dienste sind das **World Wide Web** (WWW), also die Internetseiten, die im Browser dargestellt werden können, und der Nachrichtenversand mittels **E-Mail**. Innerhalb des WWW haben sich vielfältige Kommunikationsanwendungen entwickelt, z.B.

- Meinungsaustausch über Foren
- Web-Log, auch Blog genannt, ein webbasiertes Tagebuch oder Journal
- Mikroblogging zur Verbreitung kurzer Nachrichten im Internet (z.B. Twitter)
- soziale Netzwerke (z.B. Facebook, Google+)
- Audio- und Videoinhalte, die im Internet veröffentlicht werden (z.B. auf YouTube)
- Wiki, Plattform zum Lesen und direkten Ändern von Webinhalten (z.B. genutzt von Wikipedia)
- Online-Spiele, bis hin zu virtuellen 3D-Welten (z.B. Second Life)

Viele Unternehmen verfügen über ein eigenes Netzwerk, das den Mitarbeitern zum internen Informationsaustausch dient. Ein solches Netzwerk wird **Intranet** genannt. Die Anmeldung erfolgt mit Benutzernamen und Passwort über ein **Intranetportal**, das im Webbrowser aufgerufen werden kann. Typische Anwendungen sind z.B.

- Zugriff auf unternehmensinterne Dokumente, Formulare, Arbeits-/Organisationspläne und Datenbanken
- Zugriff auf die neuesten unternehmensinternen Meldungen
- Foren und Chaträume zur Kommunikation der Mitarbeiter untereinander
- Funktionen sozialer Netzwerke, Blogs und Wikis

Die Techniken, die hierbei verwendet werden, sind grundsätzlich dieselben wie im WWW. Ein Intranet ähnelt in Aufbau und Gestaltung einer umfangreichen Website, bietet Personen von außen jedoch keinen Zugriff.

02 Dienste im Überblick

Unter Kommunikation versteht man die Übermittlung von Informationen vom Sender zum Empfänger. Diese Übermittlung kann über verschiedene Kommunikationsformen erfolgen.

Kommuni-kations-form	ohne Distanzüberwindung	bei Distanzüberwindung (mit Kommunikationsmedium)
mündlich	z.B. face-to-face	z.B. Telefonat (Medium: Telefon), Bildtelefonat, Videokonferenz
schriftlich	z.B. Kommunikation zwischen Menschen mit und ohne Hörbehinderung	z.B. Briefe, E-Mail, Rundschreiben, Aushang
nonverbal	z.B. nicken	z.B. Übermittlung von Gefühlen am Telefon durch Klang der Stimme

Bei der Auswahl einer geeigneten Kommunikationsform spielen beispielsweise folgende Kriterien eine Rolle: Sicherheit, Vertraulichkeit, Schnelligkeit/Bequemlichkeit, Kosten, Rechtsverbindlichkeit und bei der Kommunikation über eine größere Distanz die Verbindungsqualität.

Die Übersicht auf der folgenden Doppelseite informiert über die Eigenschaften der wichtigsten Kommunikationsformen.

03 E-Mail

Die E-Mail ist derzeit die schnellste Versandart und preiswerter als ein Brief, bietet aber in den meisten Fällen keine Rechtsverbindlichkeit, da die Unterschrift fehlt. Darüber hinaus können eine oder mehrere Dateien beliebiger Art angehängt werden (z.B. Word-Dokumente, Excel-Tabellen, PowerPoint-Präsentationen, Fotos oder PDF-Dokumente).

Kommunikationsform	Sicherheit	Vertraulichkeit
Brief	Der Brief ist i.d.R. sicher. Durch Zusatzleistungen (z.B. Einschreiben) kann die Sicherheit erhöht werden.	Die Vertraulichkeit ist gegeben, wenn keine Unberechtigten den Brief öffnen.
E-Mail	Die E-Mail ist i.d.R. nicht sicher, da sie von Unberechtigten mitgelesen werden kann. Außerdem kann sich auch eine fremde Person als Absender ausgeben.	Durch die mangelnde Sicherheit ist die Vertraulichkeit nicht gewährleistet, sofern keine Verschlüsselungssoftware eingesetzt wird.
De-Mail-Dienst	Bei diesem E-Mail-Dienst wird die Identität geprüft. Besondere Anmeldeverfahren machen diesen Dienst sicherer.	Bei Verwendung einer durchgängigen Ende-zu-Ende-Verschlüsselung ist Vertraulichkeit gegeben.
Fax	Ein Fax ist i.d.R. sicher. Ein Sendebericht bestätigt dem Absender, dass er das Schreiben zu einem bestimmten Zeitpunkt an ein bestimmtes Empfängergerät übermittelt hat.	Bei einem Fax können auch unbefugte Personen vom Inhalt Kenntnis erhalten, wenn nicht jeder Arbeitsplatz mit einem Faxgerät ausgestattet ist.
Paket	Die Paketversendung ist ziemlich sicher. Neben der üblichen Haftung kann auch eine Transportversicherung gewählt werden.	Die Vertraulichkeit ist gegeben, weil es i.d.R. direkt an den Empfänger übergeben wird.

04 Soziale Netzwerke

Soziale Netzwerke sind Internet-Plattformen, die als vielfältiges Kommunikationsmedium im privaten wie im beruflichen Umfeld dienen. Zur Nutzung muss im Allgemeinen eine Anmeldung erfolgen, im nächsten Schritt wird ein Benutzerkonto erstellt. Durch die hohe Reichweite und die Verfügbarkeit auf verschiedenen Sys-

Schnelligkeit	Kosten	Rechtsverbindlichkeit
Die Beförderungszeit beträgt i.d.R. einen bis mehrere Tage.	Der Brief ist teurer als E-Mail, Fax und De-Mail-Dienst.	Ein Brief mit Unterschrift erfüllt die in Verträgen oft genannte Schriftform und ist somit rechtsverbindlich.
Sie ist derzeit die schnellste Versandart, weil sie i.d.R. innerhalb weniger Sekunden beim Empfänger ankommt.	Die E-Mail ist preiswerter als der Brief.	Die E-Mail ist in den meisten Fällen nicht rechtsverbindlich, da viele Verträge für die Rechtsverbindlichkeit eine Unterschrift benötigen. Sie entspricht also nicht der Schriftform; Juristen sprechen von Textform.
Der De-Mail-Dienst ist etwas langsamer als die E-Mail.	Der De-Mail-Dienst ist etwas teurer als die E-Mail.	Der De-Mail-Dienst ist vergleichbar mit einem Einschreiben mit Rückschein. Eine qualifizierte digitale Signatur macht ihn i.d.R. rechtsverbindlich (Ausnahme: bestimmte Kündigungen).
Ein Fax ist innerhalb von Sekunden oder Minuten auf dem Faxgerät des Empfängers. Es muss aber oft noch weitergeleitet werden.	Neben der Verbindungsgebühr sind Zusatzkosten (z.B. Papier und Toner) zu berücksichtigen.	Ein Fax kommt als Kopie eines Schreibens beim Empfänger an und erfüllt somit nicht die Schriftform. Nicht alle Verträge (z.B. Arbeits- und Mietvertrag) können somit per Fax rechtsverbindlich gekündigt werden.
Die Beförderungszeit von 1 bis 2 Tagen kann durch eine Express-Leistung verkürzt werden.	Das Paket ist die teuerste Versandart, bedingt u. a. durch Größe und Gewicht.	Dieses Kriterium entfällt, da Verträge nicht per Paket versendet werden.

temen (Computer, Smartphone, Tablet usw.) bieten soziale Netzwerke die Möglichkeit, Informationen schnell an eine große Zahl von Empfängern weiterzuleiten. Weiterhin wird Menschen mit gemeinsamen Interessen (z.B. bestimmte Aktivitäten und Produkte oder Themen wie Wirtschaft, Politik, Finanzen, Technik) ein Ort zum Austausch geboten. Unternehmen können soziale Netzwerke nutzen, um zu werben, Kundenbindung zu betreiben und um mehr über das Kaufverhalten und die Vorlieben ihrer Kunden zu erfahren.

05 Telefax

Ein Telefax ist die Übertragung eines Dokuments als Bild über das Telefonnetz. Als Sender und Empfänger dienen dabei meistens klassische Faxgeräte. Es ist aber auch möglich, Faxe über einen PC zu verschicken und zu empfangen. Voraussetzung dafür ist entsprechende Hardware (Faxmodem oder ISDN-Karte) oder der Anschluss an einen Fax-Server im Unternehmen. Die modernste Methode ist Fax over IP – also die Nutzung eines Online-Dienstes zum Faxversand und -empfang.

Gerade bei geschäftlichen Dokumenten (z.B. bei Angeboten) hat das Fax den Vorteil, dass es dem Empfänger direkt in ausgedruckter Form vorliegt. Zudem bieten der Sendebericht und das Protokoll zusätzliche Nachweismöglichkeiten. Da das Fax aber als Kopie eines Schreibens beim Empfänger ankommt, erfüllt es nicht die Schriftform, daher sind nicht alle Verträge (z.B. Arbeits- und Mietvertrag) über Fax kündbar.

06 Telefon

Leistungsmerkmale einer Telefonanlage

Ein Komforttelefon, wie es in vielen Büros verwendet wird, bietet mindestens folgende Leistungsmerkmale:
- das Anklopfen eines Anrufers mittels eines Signals, wenn sich der Angerufene schon in einem anderen Telefonat befindet
- das Makeln (Wechseln zwischen verschiedenen Anrufern)
- die Konferenzschaltung (gleichzeitiges Telefonieren von mehreren Anrufern)
- ein integriertes Telefonbuch
- eine Freisprechfunktion
- Lautstärkeregelung für den Klingelton und das Gespräch
- eine Mute-Taste, um im Gespräch das eigene Mikrofon aus-/einzuschalten
- Wahlwiederholung
- einen Anrufbeantworter

Im Einzelnen bieten Komforttelefone eine große Anzahl weiterer Funktionen an, mit denen sich jeder ausführlich vertraut machen sollte, der am Arbeitsplatz häufiger telefoniert.

Rufnummer-Service

Für ein Unternehmen kann es ein wichtiger Faktor zur Kundenbindung sein, dass man es kostenlos anrufen kann. Die moderne Telefonie bietet dazu unterschiedliche Möglichkeiten wie z.B. vermittelnde Servicedienste (z.B. über das Branchentelefonbuch „Gelbe Seiten") oder das Angebot besonderer Rufnummern, die mit 0800 anfangen. Die Kosten dafür zahlt jeweils der Angerufene.

0800-Rufnummern setzen Unternehmen ein, um ihren Kunden einen kostenlosen Anruf bei der Service-Hotline zu ermöglichen. Weiterhin gibt es u.a. Rufnummern, die mit 0137, 0180 oder 0900 beginnen. Diese Nummern sind für den Anrufer kostenpflichtig und dienen Unternehmen als Einnahmequelle. Die Vergabe solcher Nummern regelt die Bundesnetzagentur.

07 Wirtschaftliche Gesichtspunkte beim Einsatz der Kommunikationssysteme

Bei der Wahl des Kommunikationssystems sollten Sie immer **Zeit, Zugriffsmöglichkeit** und **Kosten** berücksichtigen. Falls Sie also möglichst schnell wissen wollen, ob Ihr Auftrag bei einer Firma bearbeitet wird, sollten Sie telefonieren. Falls Sie ein Beweismittel benötigen (z.B. für die schriftliche Bestätigung des Liefertermins), sollten Sie von der Firma eine schriftliche Auftragsbestätigung einfordern.

Handlungskomplex 02: Grundfunktionen des Betriebssystems anwenden

01 Benutzeroberfläche

Wenn Sie den Einschaltknopf am Computer betätigen, beginnt der **Startvorgang** (Bootvorgang). Nach einigen Sekunden erscheint dann der **Anmeldebildschirm**. Sie klicken nun auf Ihr Benutzerkonto, woraufhin ein Bildschirm erscheint, auf dem Sie Ihr Passwort eingeben können. Das Benutzerkonto nebst Passwort richtet der Systemadministrator für Sie ein. An Ihrem Heimcomputer können Sie Benutzerkonten auch leicht selbst einrichten.

Verwenden Sie ein gutes **Passwort**, also eine ausreichend lange Kombinationen aus Buchstaben, Zahlen und Sonderzeichen und keine Wörter, die im Wörterbuch stehen. Ändern Sie Ihr Passwort regelmäßig. Denken Sie daran, sich bei gemeinsam genutzten

Computern oder im Büro am Ende Ihres Arbeitsvorgangs abzumelden, damit kein Unbefugter Zugriff auf Ihre Daten hat.

02 Dateiverwaltung

Eine Datei stellt einen zusammenhängenden Datenbestand dar, der auf einem Speichermedium gesichert ist. In Windows sind alle Dateien in **Ordnern** gespeichert. Die Ordner bilden die Verzeichnisstruktur innerhalb Windows. Dateien und Ordner lassen sich in Windows **umbenennen**, **löschen**, **verschieben** oder **kopieren**. Dafür ist das Kontextmenü hilfreich, das sich öffnet, sobald Sie den Ordner oder die Datei markiert haben und die rechte Maustaste drücken. **Suchen** lassen sich Dateien oder Ordner über den Startbutton und das darin befindliche Suchfeld.

03 Anwenderprogramme

Windows bietet zahlreiche vorinstallierte **Programme** für verschiedene Anwendungszwecke. Sie finden sie im Startmenü unter „Alle Programme" oder „Alle Apps" in Windows 10. Der Doppelklick auf das jeweilige Programm startet es. Beendet werden Programme mit Klick auf das rote Kreuz in der oberen rechten Bildschirmecke.

Handlungskomplex 03: Nutzen des Einsatzes von elektronischen Dokumentenmanagementsystemen aufzeigen

01 Aufgaben elektronischer Dokumentenmanagementsysteme

Der Begriff **Ablage** ist der allgemeine Oberbegriff für alle Arten der Aufbewahrung analoger und digitaler Dokumente. Ein Dokumentenmanagementsystem (DMS) ist eine Software, die Dokumente zweierlei Art verwaltet:

- frühere Dokumente aus Papier, die eingescannt wurden oder
- Dokumente, die bereits elektronisch erstellt und gespeichert wurden.

Ein DMS ist über Schnittstellen mit anderer Software verbunden, z.B. mit ERP-Systemen und den gängigen Office-Programmen. Bei der Speicherung werden elektronische Dokumente ähnlich einer Bibliothek mit einem Schlagwort versehen und innerhalb einer vorgegebenen Struktur archiviert. Wer ein Dokument abspeichert, legt in der Regel auch fest, wer auf das Dokument zugreifen darf.

02 Vorteile eines elektronischen Dokumentenmanagementsystems

Die Vorteile eines elektronischen Dokumentenmanagementsystems sind:

- Die Ablage ist **einheitlich**.
- Ein DMS ist deutlich **platzsparender** als ein Papierarchiv.
- Kürzere Suchzeiten bieten erhebliche Kostenersparnis.
- Ein zentraler **Zugriff** von allen Firmen-PCs auf alle benötigten Dokumente ist möglich.
- Es müssen **keine Kopien** mehr angefertigt werden.
- Es steht immer die **neueste Version** eines Dokuments bereit.
- Die Verschlagwortung der Dokumente (Indizierung) bei der Archivierung garantiert, dass Dokumente wieder aufgefunden werden.
- Dokumente, die nur von bestimmten Personengruppen gelesen werden dürfen, können mit **Zugriffsrechten** versehen werden.
- Eine **Volltext**-**Suche** erleichtert das Auffinden von Dokumenten.
- Der Zeitpunkt für die **Vernichtung** eines Dokuments kann vorher eingegeben werden.

Handlungskomplex 04: Nutzen und Risiken von Onlineanwendungen aufzeigen

01 Arten von Onlineanwendungen

Suchmaschinen dienen zur Informationsbeschaffung und ermöglichen es, Milliarden von Quellen innerhalb von Sekundenbruchteilen zu durchsuchen. Stehen die gesuchten Informationen nicht selbst im Internet, finden sich schnell Verweise auf Fachliteratur, Fachleute, Unternehmen oder sonstige Ansprechpartner. Zu den bekanntesten Suchmaschinen gehören Google, Bing und Yahoo.

Grundsätzlich gilt: Suchmaschinen sind zur Recherche wertvoll und kaum verzichtbar. Dennoch sollte dem Nutzer bewusst sein, dass viele Suchmaschinenanbieter die Suchanfragen speichern. Dies gilt insbesondere, wenn der Nutzer ein Benutzerkonto der Suchmaschine besitzt und eingeloggt ist. Genutzt werden die Daten z.B., um das Konsumverhalten der Nutzer zu analysieren. Es gibt alternative Suchmaschinen, bei denen der Datenschutz eine besondere Priorität hat, z.B. StartPage und DuckDuckGo.

Onlineshopping bietet viele Vorteile und ist sehr bequem. Gleichzeitig sollte auf die Seriosität des Onlineshops geachtet werden.

Das Wichtigste zu Onlineshops

- Ein seriöser Onlineshop hat u.a. ein vollständiges **Impressum** mit Adresse.
- **Bewertungen** und Erfahrungen von anderen Kunden tragen dazu bei, sich ein Bild vom Verkäufer zu machen.
- Zahlreiche Prüfstellen vergeben **Gütesiegel** (z.B. TÜV, EHI oder Trusted-Shop).
- Der Käufer sollte auf eine ausführliche **Produktbeschreibung** (inkl. Foto) und genaue **Preisangaben** achten. Dazu gehören Versandkosten, Lieferinformationen und Zahlungsbedingungen.
- Neben klassischen **Zahlungsmethoden** (Vorkasse, Nachnahme, Lastschrift, Rechnung und Kreditkartenzahlung) gibt es mittlerweile auch andere Online-Bezahldienste (z.B. PayPal, Giropay), die als sicher gelten.

- Beim Onlineshopping spielt die **Sicherheit** der eigenen **Daten** eine wichtige Rolle, der Bestellprozess sollte verschlüsselt ablaufen. Dass eine Transaktion verschlüsselt abläuft, erkennen Verbraucher an einem Vorhängeschloss-Symbol in der Adressleiste des Browsers.
- Als Käufer sollte man auf das **Rückgaberecht** achten: Ungeöffnete Ware kann ohne Angabe von Gründen bis zu 14 Tage nach Erhalt an den Anbieter zurückgesandt werden.
- Ein **Kundendienst** (telefonisch oder per E-Mail erreichbar) hilft bei Fragen und Problemen.

Onlinebanking sollten Sie nur an einem gut gesicherten PC ausführen. Achten Sie beim Onlinebanking und auch bei anderen sicherheitsrelevanten Vorgängen im Internet darauf, dass die Verbindung verschlüsselt ist (erkennbar am Vorhängeschloss in der Adressleiste des Browsers) und ein gültiges Zertifikat besitzt (erkennbar an der grünen Farbe in der Adressleiste). Speichern Sie keine Passwörter oder PINs/TANs auf dem Computer und achten Sie darauf, dass Ihre Bank neueste Sicherheitsmethoden unterstützt – z.B. den TAN-Versand aufs Handy per SMS.

Onlinecommunitys: In sozialen Netzwerken ist es gut, einige Verhaltensregeln zu beachten.

Verhaltensregeln in Onlinecommunitys

- Veröffentlichen Sie ausschließlich seriöse Fotos, die Sie nicht in ein schlechtes Licht rücken können.
- Ehrlichkeit zahlt sich aus.
- Wählen Sie Ihre Freunde im sozialen Netzwerk mit Bedacht.
- Trennen Sie Privates und Berufliches.
- Veröffentlichen Sie keine privaten Details.

- Passen Sie Ihre Privatsphäre-Einstellungen Ihren Wünschen gemäß an – oftmals sind sie in der Voreinstellung zu schwach eingestellt. Teilweise sind die Einstellungen auch schwer zu finden. Recherchieren Sie ggf. hierzu.
- Verwenden Sie keine urheberrechtlich geschützten Bilder oder Mediendateien.

---

02 Nutzen und Risiken

Das Internet ermöglicht enorme **Zeit- und Kostenersparnisse**: Dies reicht von der Portoeinsparung durch die Nutzung von E-Mails bis zur hochauflösenden Online-Videokonferenz zwischen internationalen Geschäftspartnern, die sonst zu einem Tagungsort anreisen müssten.

Durch die **Digitalisierung der Arbeitswelt** (vor allem durch das Internet) können viele Berufstätige arbeiten, wann und wo sie wollen. Das erhöht z.B. die Vereinbarkeit von Beruf und Familie und die Flexibilität. Gleichzeitig wird von vielen Berufstätigen eine ständige Erreichbarkeit erwartet, die die Arbeitszeit erhöht und den Stresslevel steigern kann. Die ständige **Verfügbarkeit** hat also sowohl Vor- als auch Nachteile.

Ein erhebliches Risiko im Zuge der Digitalisierung der Arbeitswelt besteht im Speichern der digitalen Daten, denn sie sind das Wertvollste in jeder datenverarbeitenden Anlage. Die **Datensicherheit** beschäftigt sich mit dem Schutz dieser Daten (z.B. durch technische Methoden der Datensicherung, durch den Schutz vor Diebstahl und vor Umwelteinflüssen oder durch die Schulung und Sensibilisierung der Mitarbeiter).

→ Siehe dazu Handlungskomplex 06: Maßnahmen zur Datensicherung und Datenpflege veranlassen ab Seite 24

Hiervon zu unterscheiden ist der **Datenschutz**: Hier geht es um den Schutz von personenbezogenen Daten (z.B. Name, Anschrift, Einkommen, Krankengeschichte). Diese Daten dürfen nur erhoben, verarbeitet und genutzt werden, wenn die betroffene Person ausdrücklich und schriftlich zustimmt.

Handlungskomplex 05: Wege der Informationsbeschaffung

01 Wege der Informationsbeschaffung

Für die Informationsbeschaffung stehen verschiedene Quellen zur Verfügung:
• Fachbücher und Fachzeitschriften,
• Nachschlagewerke und Lexika,
• das Internet.

Die Internetrecherche bietet folgende Vorteile:

- Das Internet präsentiert eine unermesslich große Menge an Informationen zu fast jedem beliebigen Thema,
- auf die rund um die Uhr leicht und bequem zugegriffen werden kann.
- Informationen aus dem Netz sind häufig schneller erreichbar als über andere Informationsquellen, manche stehen auch nur im Internet zur Verfügung.
- Informationen können einfach gespeichert und weiterverarbeitet werden, da sie in digitaler Form vorliegen.

Mithilfe von **Suchmaschinen** kann das gesamte Internet nach Dokumenten durchgesehen werden. Nach der Eingabe eines Suchbegriffs werden in einer Datenbank alle Websites durchsucht. Wenn der Suchbegriff zu allgemein formuliert wird, kann es schnell passieren, dass die Recherche unübersichtlich wird. Daher bieten alle Suchmaschinen Kriterien an, um die Suche zu filtern oder einzuschränken.

Neben Suchmaschinen sind **Online-Datenbanken** eine wertvolle Informationsquelle. Eine Datenbank ist ein System zur elektronischen Datenverwaltung, um große Datenmengen zu speichern und Anwendern die benötigten Informationen zur Verfügung zu stellen. Sollen **unternehmensspezifische Informationen** beschafft werden, können betriebsinterne Quellen hilfreich sein.

Häufig genutzte Online-Datenbanken	Typische betriebsinterne Quellen
• Deutsche und internationale Telefonverzeichnisse, • Wikipedia, eine von den Nutzern selbst erstellte Wissensdatenbank, • die Internet Movie Database (IMDB), eine Datenbank über Kinofilme, TV-Produktionen • Worldcat, die weltgrößte Literaturdatenbank, • Unternehmensdatenbanken der Industrie- und Handelskammern	• betriebsinterne Datenbanken (z.B. Lieferantendateien, Kundendateien), • Kataloge und Preislisten, • das Intranet des Unternehmens. → Siehe auch zum Dokumentenmanagementsystem im Handlungskomplex 03, Seite 18

Textsuche in Dokumenten: Um in Dateien nach einem bestimmten Begriff zu suchen, kann man die Suchfunktion des jeweiligen Programms verwenden und sich alle betreffenden Textstellen anzeigen lassen.

Recherche in Papierdokumenten: In öffentlichen Bibliotheken steht eine Vielzahl von Publikationen zur Informationsbeschaffung zur Verfügung, z.B. Fach- und Sachbücher, Lexika, Enzyklopädien, Zeitschriften und DVDs. Um nach bestimmten Themen gezielt in Papierdokumenten zu suchen, empfiehlt sich der Blick ins Inhaltsverzeichnis oder ins Stichwortverzeichnis eines Nachschlagewerkes, bei dem wichtige Begriffe alphabetisch und mit der jeweiligen Seitenzahl im Buch aufgeführt werden.

02 Kriterien zur Beurteilung der Informationsquelle

Im Internet finden sich Milliarden von Texten. Diese sind von sehr unterschiedlicher Qualität. Es gibt keine Kontrollinstanz, die die Qualität oder Aktualität von Dokumenten überprüft. Damit keine falschen oder veralteten Informationen verwendet werden, müssen sie anhand folgender Kriterien kritisch beurteilt werden:

Kriterien zur Quellenbeurteilung	
• **Aktualität:** Ist der Text aktuell? • **Objektivität:** Ist der Text objektiv verfasst oder spiegelt er eine einseitige Meinung wider? • **Verfügbarkeit:** Ist der Text nur einen Tag oder längere Zeit verfügbar?	• **Urheberrecht:** Ist der Text urheberrechtlich geschützt oder darf er weiterverwendet werden? • **Sachliche Richtigkeit:** Sind die Fakten oder Daten durch mehrere Quellen belegt? • **Datenschutz:** Werden im Text die Daten Dritter preisgegeben?

03 Interessengruppen

Die Texte oder Informationen, die von Interessengruppen ins Internet gestellt werden, können subjektive oder zumindest einseitige Darstellungen zu einem Thema sein.

Gerade bei den Internetauftritten von **Verbänden**, **Gewerkschaften** und **Parteien** ist es ratsam, mehrere Quellen miteinander zu vergleichen.

Handlungskomplex 06: Maßnahmen zur Datensicherung und Datenpflege veranlassen

01 Gründe für Datensicherung

Bei den Gründen für die Datensicherung muss zwischen **gesetzlichen** und **betrieblichen Gründen** unterschieden werden (z.B. gesetzlich vorgeschrieben: Buchführungsbücher und -belege; betrieblich: Briefe als Nachschlagemittel oder Beweisstück).

→ Siehe auch Funktion 0103 Bürowirtschaftliche Abläufe, Handlungskomplex 03, Seite 45

02 Speichermedien

Zunächst einmal befinden sich die meisten Dateien auf der **internen Festplatte** eines Computers. Je nach Situation verwendet man bei der täglichen Arbeit unterschiedliche **zusätzliche Speichermedien**, um einem möglichen Datenverlust vorzubeugen.

Als Speichermedium gilt jedes konkrete Mittel, das geeignet ist, Daten und Informationen aufzunehmen.

Die wichtigsten Speichermedien

- **Netzwerkspeicher:** Die Sicherung findet auf einem zentralen Speicher für die Computer im Netzwerk statt, der aus mehreren gewöhnlichen Festplatten in einem speziellen Gehäuse besteht. Der englische Begriff hierfür ist NAS (Network Attached Storage). Dadurch befinden sich alle gesicherten Dateien des Netzwerks an einem zentralen Ort, aber die Haltbarkeit ist kaum vorhersehbar. Ein Netzwerkspeicher ist grundsätzlich nicht zur langfristigen Archivierung geeignet.
- **Festplatte:** gehört zu den Magnetspeichern. Ausgereifte Technik mit sehr hoher Speicherkapazität, aber Lebensdauer und Zuverlässigkeit variieren stark.
- **USB-Stick:** Chipkartenspeicher, sehr flexibel, da er an verschiedenen PCs und Geräten einsetzbar ist. Mittlerweile hohe Zugriffgeschwindigkeit und Datenübertragungsrate, aber nur bedingt zur Archivierung geeignet, da die Kapazität begrenzt und die Haltbarkeit schwer vorhersagbar ist.
- **DVD:** gehört zu den optischen Speichermedien, die mit einem Laserstrahl beschrieben und ausgelesen werden. Kostengünstig, leicht verfügbar und unkompliziert, aber hitze- und kratzempfindlich und Lebensdauer nicht zuverlässig zu prognostizieren.

- **Cloud:** virtueller Speicher, bei dem der Nutzer auf einen großen Speicherplatz im Internet zugreift, ohne den eigenen Rechner zu belasten. Die Daten sind überall abrufbar, wo eine Internetverbindung vorhanden ist. Gleichzeitig weiß der Nutzer aber nicht genau, wo die Daten wirklich abgelegt sind, außerdem können sie Angriffen von Hackern usw. ausgesetzt sein.

---

03 Maßnahmen der Datensicherung

Die Maßnahmen zur Datensicherung dienen dazu, die Daten im Falle eines Verlustes wiederherstellen zu können.

Technische Maßnahmen:
- regelmäßige Datensicherung und Datenarchivierung
- parallel betriebene Computer, die bei einem Ausfall benutzt werden können
- Verwendung von Festplattenspiegelung
- Sicherung der EDV-Geräte durch Schlösser, Sicherheitskabel usw.
- Sicherung der Räume, in denen sich EDV-Geräte und Datenträger befinden

Organisatorische Maßnahmen:
- Nutzung verschiedener Berechtigungsstufen
- Mehraugenprinzip
- Sensibilisierung der Mitarbeiter in Datensicherheit
- Vereinbarung klarer Sicherheitsbestimmungen

Programmtechnische Maßnahmen:
- Schutzsoftware gegen bösartige Software
- Passwortabfrage
- regelmäßige Updates
- Nutzung des programminternen Schreibschutzes (z.B. Schreibschutz in Windows oder Blattschutz in Excel)
- Verwendung von passwortgeschützten Bildschirmschonern
- Gültigkeitsregeln, die die Daten schon bei der Eingabe auf Fehler überprüfen

04 Gründe für Datenpflege

Gerade bei großen Datenmengen kann es immer wieder vorkommen, dass Datensätze fehlerhaft, uneindeutig, falsch zugeordnet oder veraltet sind. Sowohl die Mitarbeiter, aber auch die Kunden und die Partner eines Unternehmens sind auf die Korrektheit der Datensätze in den Unternehmensdatenbanken angewiesen. Aus diesem Grund spielt die **Datenpflege** eine wichtige Rolle.

05 Maßnahmen der Datenpflege

Bei der Datenpflege werden Datensätze aktualisiert oder ergänzt, fehlerhafte Daten entfernt und Daten-Doppelungen gelöscht.

Funktion 0102   Informationsverarbeitung

Handlungskomplex 01: Texte des Schriftverkehrs formulieren, gliedern sowie situationsgerecht und normgerecht erstellen

01 Interne Texte

Texte, die der **internen Unternehmenskommunikation** dienen, sind z.B.

- Rundschreiben
- interne Mitteilungen
- Notizen
- E-Mails
- Protokolle
- Berichte
- Aushänge
- Fragebögen

Interne und externe Texte sollten dem **Corporate Design** entsprechen, das für das gesamte Unternehmen ein einheitliches Erscheinungsbild vorsieht. Dazu gehören z.B. die Gestaltung der Kommunikationsmittel, der Geschäftspapiere, des Internetauftritts usw.

02 Externe Texte

Zu den externen Texten gehören:

- Briefe
- E-Mails
- Texte für Presse und Werbung
- Newsletter
- Rundschreiben
- Kundenzeitschriften
- Prospekte und Broschüren

Anders als interne Texte müssen externe Texte noch **zusätzliche Informationen** zum Unternehmen (z.B. Unternehmensdaten, Kontaktdaten, Verantwortliche des Unternehmens, Kontoverbindung, rechtliche Angaben zum Unternehmen) beinhalten, die im Brieffuß bzw. der E-Mail-Signatur angegeben werden.

→ Siehe Handlungskomplex 04 Brief- und E-Mail-Aufbau

03 DIN 5008

Für die Textverarbeitung gelten die folgenden Normen:
- alle Regeln der deutschen Rechtschreibung (Duden)
- die „Schreib- und Gestaltungsregeln für die Textverarbeitung" der DIN 5008, die seit 2005 auch die Gestaltungsregeln für die geschäftliche Korrespondenz (Briefe und E-Mails) beinhalten.

Das **Deutsche Institut für Normung** (DIN) hat die Schreib- und Gestaltungsregeln für die Textverarbeitung entwickelt, um

- die Texteingabe zu erleichtern,
- Schreibarbeit einzusparen,
- Informationen gezielter zu verarbeiten und
- Datenübertragung von Computer zu Computer zu ermöglichen.

04 Brief- und E-Mail-Aufbau

Der **Briefkopf** kann von jedem Unternehmen frei gestaltet werden und ein Logo in den Unternehmensfarben, den Unternehmensnamen oder eine Kombination aus beidem enthalten. Die DIN 5008 sieht dabei zwei Formen von Briefvorlagen vor: **Form A** mit einem Briefkopf von 3,2 cm Höhe und **Form B** mit einem 5 cm hohen Briefkopf.

Für das **Anschriftfeld** gibt es in der Norm zwei Möglichkeiten:
- Erste Möglichkeit: Am oberen Rand des Adressfelds erfolgt zunächst die **Rücksendeangabe** (Sichtfensteradresse) in kleiner Schrift (8 pt). Dies ist die Adresse des Absenders, an die der Brief bei Unzustellbarkeit zurückgesendet werden soll. Hierunter folgen neun Zeilen in normaler Schriftgröße: Die oberen drei Zeilen bilden hierbei die **Zusatz- und Vermerkzone** (z.B. für Versandinformationen wie „Nicht nachsenden", „Express" o. Ä.). Die unteren sechs Zeilen bilden die **Anschriftzone**. Hier tragen Sie den Namen und die Adresse des Empfängers ein.
- Zweite Möglichkeit: Die Rücksendeangabe und die Zusatz- und Vermerkzone sind zusammengefasst in fünf Zeilen in kleiner Schrift (8 pt). Dann folgen sechs Zeilen für die Anschriftzone.

Der **Infoblock** befindet sich in der Regel rechts neben dem Adressfeld. Mögliche Informationen des Infoblocks sind: Ihr Zeichen, Ihre Nachricht vom, Unser Zeichen, Unsere Nachricht vom, Name, Telefon, Telefax, E-Mail, Datum, Auftrags- und Kundennummer.

Zwischen dem Briefdatum und dem **Betreff** müssen zwei Leerzeilen eingehalten werden, auch nach dem Betreff müssen zwei Leerzeilen eingefügt werden. Man sollte einen aussagekräftigen Betreff verwenden, der in Fettschrift bzw. in Farbe geschrieben sein darf. Das Wort „Betreff" sollte aber nicht mehr geschrieben werden. Längere Betrefftexte verteilt man sinnvoll auf mehrere Zeilen. Ein Betreff hat keinen Punkt am Ende, andere Satzzeichen wie Ausrufe- oder Fragezeichen sind aber erlaubt.

Wenn im Anschriftfeld eine Person genannt wird (Privatperson oder Ansprechpartner innerhalb einer Firma), muss diese auch in der **Briefanrede** angesprochen werden. Die Formel „Sehr geehrte Damen und Herren" darf nur verwendet werden, wenn man keinen konkreten Ansprechpartner hat. Die Briefanrede wird immer mit einem Komma abgeschlossen und der nächste Absatz beginnt mit einem Kleinbuchstaben, wenn dieses Wort üblicherweise klein geschrieben wird. Zwischen der Anrede und dem Folgeabsatz ist eine Leerzeile einzuhalten.

Ein Brief oder eine E-Mail soll aussagekräftig sein, überzeugen und gleichzeitig dem Geschäftspartner nicht die Zeit rauben. Dabei gelten folgende Formulierungsregeln für den **Textinhalt**:
- Verben verwenden
- vollständige Sätze schreiben
- Sätze nicht zu lang machen
- im Aktiv schreiben (Passivsätze lassen einen Text schwerfällig und veraltet erscheinen)
- Wortwiederholungen vermeiden
- den Kunden direkt anreden
- sparsam mit Fremdwörtern und Fachbegriffen umgehen
- auf Übertreibungen verzichten
- bei Geschäftsbriefen die Ich-Form vermeiden und stattdessen die Wir-Form verwenden
- Sachverhalte positiv formulieren

Neben dem Inhalt ist auch der **Textaufbau** eines Briefes oder einer E-Mail entscheidend:
- Text in sinnvolle Absätze einteilen
- Zeit- und Ortsangaben durch Fettschrift hervorheben
- Teilbetreffe verwenden, wenn mehrere unabhängige Themen angesprochen werden

Als **Schluss** des Briefes oder der E-Mail folgt die Grußformel (z.B. Mit freundlichen Grüßen). Zwischen der Grußformel und dem Brieftext muss ein Absatz gemacht werden. Nach der Grußformel folgt erneut ein Absatz, anschließend der Firmenname und danach die maschinenschriftliche Wiederholung des Unterzeichners.

Die **Vertretungsform** vor dem Namen zeigt dem Leser, mit welchen Rechten der Unterzeichner ausgestattet ist. Unterzeichnet eine Person den Brief ohne Vertretungsform, kann der Leser davon ausgehen, dass es sich um den Geschäftsinhaber handelt. Wird der Vertretungszusatz weggelassen oder falsch verwendet, kann der Empfänger zu Recht davon ausgehen, dass der Unterzeichner die entsprechende Vollmacht hat (Anscheinsvollmacht). Dies kann zu weitreichenden rechtlichen Konsequenzen führen.

Vertretungszusätze

- **ppa.** (per procura): Die Prokura ist die umfassendste Vollmacht, die ein Kaufmann einem Angestellten erteilen kann. Durch die Erteilung der Prokura erhält der Prokurist nahezu die gleichen Befugnisse wie der Kaufmann selbst. Deshalb kann die Prokura auch nur vom Betreiber des Handelsgewerbes oder seinem gesetzlichen Vertreter und nur mittels ausdrücklicher Erklärung erteilt werden. Die Prokura ist im Handelsregister einzutragen.

- **i. A.** (im Auftrag):
  - Einzel- oder Spezialvollmacht: Der Spezialbevollmächtigte ist zu einzelnen, konkret bestimmten Geschäften bevollmächtigt, z.B. Bevollmächtigung zum Kauf eines neuen Lkw.
  - Artvollmacht: Sie ermächtigt zur Vornahme von Geschäften einer bestimmten Art, z.B. Kassierer, Abteilungsleiter, Einkäufer.
- **i. V.** (in Vertretung): allgemeine oder Generalvollmacht, erstreckt sich auf alle gewöhnlichen Geschäfte und den gesamten Betrieb eines Unternehmens.

Im Brieffuß oder in der E-Mail-Signatur stehen **gesellschaftsrechtliche Angaben** wie Firmendaten, Kontaktdaten, Verantwortliche der Firma, Kontoverbindungen und rechtliche Angaben zur Firma, wie das zuständige Gericht und dessen Sitz und weitere steuerliche Angaben.

Handlungskomplex 02: Textverarbeitungssystem bedarfsgerecht und effizient anwenden

01 Grundlegende Befehle und Funktionen der Textverarbeitung gemäß veröffentlichter Liste

Zum Formatieren und Bearbeiten eines Dokuments kann man das Menüband in Microsoft Word nutzen. Standardmäßig besteht das Menüband aus den folgenden Registerkarten:
- **Start**: Hier findet man die grundsätzlichen Befehle, die für die Gestaltung eines Dokuments erforderlich sind, wie Schriftart- und Absatzformatierungen und Formatvorlagen
- **Einfügen**: Über diese Registerkarte können Objekte wie Grafiken und WordArt, Tabellen, Seitenzahlen oder Kopf- und Fußzeilen eingefügt werden.
- **Seitenlayout**: Diese Registerkarte hilft, das Grundlayout eines Dokuments zu gestalten. Hier kann man z.B. die Seitenränder

einstellen, Umbrüche im Text einfügen oder die Seite im Hoch-/ Querformat ausrichten.

- **Verweise**: Hier kann man Fußnoten, automatische Verzeichnisse und Beschriftungen einfügen, z.b. für Bilder und Tabellen.
- **Sendungen**: Um Serienbriefe zu erstellen, braucht man diese Registerkarte.
- **Überprüfen**: Hier finden sich u.a. die Rechtschreibkontrolle, der Thesaurus und die Überarbeitungsfunktion.
- **Ansicht**: Diese Registerkarte hilft dabei, die richtige Ansicht eines Dokuments auszuwählen.

02 Textgestaltung

Der Begriff Formatierung beschreibt alle Tätigkeiten, die die **Gestaltung** eines Dokuments betreffen. Dazu gehört

- die **Zeichenformatierung** (Schriftart, Schriftgröße, Farbe, Fettschrift, Unterstreichung)
- die **Absatzformatierung** (Textausrichtung, Zeilenabstand, Schattierung bzw. Füllfarbe, Rahmen)
- das **Seitenlayout** (Seitenränder, Blattausrichtung, Kopf- und Fußzeile, Seitenzahlen)
- die **Strukturierung** von Texten (Aufzählungen, Nummerierungen, Tabulatoreinstellungen, Tabellen, Abbildungen)

03 Rationelle Dokumentenerstellung

Ein **Formular** (auch **Vordruck** genannt) ist ein Dokument mit einem bestimmten Format, mit dem man Informationen und Daten sammelt. Ein Formular enthält vorgefertigte Felder, die ausgefüllt werden müssen oder können. Leitwörter helfen dabei, die Informationen abzufragen. Sie geben vor, was man ins Formular eintragen soll bzw. was zu tun ist.

Eine **Dokumentvorlage** (Dateityp .dotx) dient zur Erstellung von Dokumenten und beinhaltet bereits einen Teil des Inhalts oder der Gestaltung. Indem man die fehlenden Bestandteile einsetzt, wird die Vorlage zu einem vollständigen Dokument. Eine Dokumentvorlage selbst bleibt unberührt, wenn sie aufgerufen oder angewendet wird. Dadurch kann sie immer wieder eingesetzt werden.

Mit der **Seriendruckfunktion** kann man Serienbriefe, Adressetiketten, Umschläge und Listen (Verzeichnisse) erstellen. Der **Serienbrief** ist die am häufigsten verwendete Funktion des Seriendrucks.

Er ist eine rationalisierte Briefform, die sich gut für den Massenversand, z.B. den Versand von Werbebriefen, eignet. Werbebriefe werden in großen Mengen hergestellt und haben für alle Empfänger den gleichen Inhalt. Trotzdem sollen sie dem Empfänger vermitteln, dass der Brief speziell an ihn geschrieben wurde. Dies erreicht man durch variable Textstellen im Brief. Ein Serienbrief besteht also aus wenigen veränderlichen Textteilen (z.B. Adressfeld und Anrede) und viel unverändertem Text (z.B. Brieftext).

Der größte **Vorteil der Seriendruckfunktion** ist es, schnell und unkompliziert viele Menschen persönlich zu erreichen. Dies ist – besonders in den Bereichen der Werbung und der Kundenbindung – für Unternehmen sehr hilfreich. Hierin liegt jedoch auch eine Gefahr: Die Informationsflut für die Empfänger steigt und die Bedeutung des einzelnen Briefes sinkt.

Dieser Effekt ist ebenfalls für **Online-Werbung** erkennbar. In den Anfangsjahren der privaten Internetnutzung waren einfache Werbekampagnen mittels E-Mail- und Bannerwerbung auf Websites durchaus erfolgversprechend. Heutzutage sind immer ausgefallenere Techniken erforderlich, um das Interesse potenzieller Kunden zu gewinnen. Dies sind z.B. umfangreiche Werbekampagnen mit eigens für das Internet produzierten Videos und Profilen auf sozialen Netzwerken.

Allgemein bietet die fortschreitende Vereinfachung der Kommunikation mittels Digitalisierung eine **Erhöhung der Informationsdichte** – also der Informationen pro Zeit – für den Nutzer. Die Bedeutung der einzelnen Information kann hierdurch jedoch sinken. Dies ist sogar im privaten Nutzungsbereich erkennbar: Man denke z.B. an Freundschaften in sozialen Netzwerken. Viele Nutzer haben viele Kontakte, pflegen jedoch nur mit sehr wenigen einen intensiveren Austausch.

Auf der anderen Seite ergeben sich viele Vorteile durch die Digitalisierung von Kommunikationsvorgängen:
• schnell eine hohe Reichweite erzielbar
• hohe Geschwindigkeit und Aktualität
• Einsparen von Wegen – z.B. bei Telearbeit
• weniger Verbrauch klassischer Medien, z.B. Papier
• leichter Versand verschiedener Kommunikationsformate möglich (Audio, Video, Foto, Text)

Handlungskomplex 03: Vor- und Nachteile verschiedener Präsentationsmedien und -techniken abwägen

01 Präsentationsmedien

Eine **Präsentation** ist ein mündlicher Vortrag zu einem Thema oder Sachverhalt unter Verwendung visueller Hilfsmittel (z.B. Beamer, Tafel, Flipchart). Bei der Entscheidung, welches Medium verwendet werden sollte, helfen zunächst folgende Fragen:

* Welches Hilfsmittel eignet sich am besten für die Darstellung der Inhalte?
* Was sollen die Zuhörer mitschreiben und was bekommen sie ausgehändigt?
* Sind alle mit der eingesetzten Technik vertraut?

02 Vor- und Nachteile der jeweiligen Medien

Beim **Beamer** wird die (vorher z.B. mit PowerPoint erstellte) Präsentation per Mausklick direkt vom Notebook auf die Leinwand projiziert. Das erspart eine Menge Arbeit und Zeit. Zudem wirkt die Präsentation mit dem Beamer viel professioneller. Bild-, Video- und Audiodateien sind leicht einzubinden. Nachteile sind, dass Beamer und Notebook evtl. ausfallen können oder vor der Präsentation der Anschluss des Notebooks an den Beamer fehlschlägt. Darüber hinaus kann das Tempo für das Publikum zu hoch werden und dessen Aufmerksamkeit daher sinken. Ein weit verbreiteter Fehler ist überdies, dass die Präsentationsfolien zu eng gestaltet und zu voll beschriftet werden.

Overheadfolien sind nur dann eine Alternative, wenn Sie zwar Text und farbige Abbildungen, aber keine Audio- und Tondateien direkt in die Präsentation einbinden möchten. Die Folien können während der Präsentation beschriftet werden und so um Anmerkungen und Kommentare des Publikums ergänzt werden.

Bei der **Tafel** bietet die helle Kreide auf dem dunklen Untergrund einen guten Kontrast. Außerdem führt das Schreiben auf einer Tafel zu einem etwas langsameren Tempo, was das gemeinsame Erarbeiten von Inhalten ermöglicht. Es ist jedoch auf Dauer anstrengend und aufgrund der Kreide staubig. Hier bietet ein **Whiteboard** mit Markern eine Alternative. Bei einer großen Präsentation ist es jedoch schwierig, die Aufmerksamkeit der Zuhörer für längere Zeit mit diesen Techniken aufrecht zu erhalten.

Das **Flipchart** als transportabler Papier-Halter auf drei Beinen ist eine moderne Alternative zur Tafel. Die Blätter können vor der Präsentation oder währenddessen beschriftet werden. Das fördert den sukzessiven Aufbau der Informationen sowie eine Zusammenarbeit mit der Gruppe. Nachteilig ist die ziemlich geringe Schreiboberfläche des Flipcharts und somit die Einsatzmöglichkeit nur bei einer kleinen Gruppe. Außerdem lassen sich die beschrifteten Blätter nicht weiterverwenden, dadurch ist es ein relativ aufwendiges Medium. Die Präsentation muss außerdem im Nachhinein protokolliert werden, genau wie bei der Verwendung der Tafel.

03 Situationsgerechter Medieneinsatz

Das Medium sollte nach Art und Ziel der Präsentation gewählt werden. Dabei sollten vor allem die Faktoren **Kosten**, **Zeit** (Aufwand) und **Nutzen** beachtet werden. Bei einem kleinen Vortrag innerhalb einer Arbeitsgruppe ist das Flipchart oder die Tafel sicherlich ausreichend. Bei Kundenpräsentationen oder vor der Geschäftsführung wirken Notebook und Beamer professioneller.

04 Präsentationstechniken

Eine Präsentation bringt immer ein gewisses Maß an Interaktion mit den Zuhörern mit sich. Es gibt verschiedene Techniken, dies zu planen und zu gestalten:
- Überlegen Sie, ob und ggf. wie Sie das Publikum schon zu Beginn ermutigen, während der Präsentation Zwischenfragen zu stellen.
- Falls Sie nach der Präsentation eine Diskussions- oder Fragerunde beabsichtigen, kündigen Sie dies zu Beginn an und leiten Sie zum Ende Ihrer Präsentation dorthin über.
- Überlegen Sie, ob es sinnvoll ist, Begleitmaterial für das Publikum zu gestalten, das Sie vor der Präsentation verteilen.
- Reagieren Sie auf Kritik nicht mit einer Abwehrhaltung, sondern akzeptieren Sie sie und bedanken Sie sich.

Planen Sie eine **Präsentation in einer Gruppe,** sind genaue Absprachen über die Rollenverteilung notwendig. Planen Sie hierfür, wann welche Gruppenmitglieder welche Themen vortragen. Überlegen Sie, ob alle oder nur einige Gruppenmitglieder vortragen und legen Sie fest, wo sich die nicht vortragenden Mitglieder während des Vortrags aufhalten.

Eine Präsentation in der Gruppe ermöglicht es auch, **Rollenspiele** durchzuführen. Hierbei nehmen verschiedene Gruppenmitglieder z.B. schauspielerische Rollen, Positionen innerhalb einer Diskussion oder Konfliktparteien an. Der Vortrag kann hierdurch insbesondere an Lebhaftigkeit, Spontanität und Lebensnähe gewinnen und die Aufmerksamkeit des Publikums erhöhen.

Eine besondere Form des Rollenspiels innerhalb einer Präsentation ist das **Standbild**. Hierbei werden die Positionen und Verhältnisse verschiedener Handlungsträger in einem oder mehreren „eingefrorenen Bildern" dargestellt. Die Bilder werden durch Gruppenmitglieder dargestellt, die für einen Zeitraum von wenigen Minuten eine von der Gestik und der Mimik her passende Position im Raum einnehmen und sich nicht bewegen.

Unabhängig davon, welche Präsentationstechniken Sie wählen, gilt immer: mehrere ausführliche **Probeläufe** mit allen Präsentierenden sind zwingend notwendig – möglichst an dem Ort, an dem die spätere Präsentation gehalten wird.

Handlungskomplex 04: Präsentationen vorgaben- und adressatengerecht entwerfen, gestalten und durchführen

01 Grundsätze

Überlegungen für die Wahl der Präsentationstechnik und die Vorbereitung einer Präsentation sind:

- **Zielgruppe**
  - Wie groß ist das Publikum?
  - Welches Vorwissen haben die Zuhörenden? Welches Tempo ist angemessen?
  - Welche Erwartungen haben sie, welche Interessen?
  - Mit welchen Fragen und Meinungen ist zu rechnen?
  - Wie kann das Publikum mit einbezogen werden?

- **Anlass:**
  - Was sind Hauptaussage und Ziel der Präsentation (Information, Überzeugung, Anleitung, Selbstpräsentation usw.)?
  - Welcher Schwierigkeitsgrad ist angemessen?
  - Was ist besonders wichtig?
  - Wie viel Zeit steht für die Präsentation zur Verfügung?

- **Örtliche Gegebenheiten**
  - Wie groß ist der Raum, in dem die Präsentation stattfindet?
  - Welche technischen Möglichkeiten bietet der Raum, welche Geräte, welche Ausstattung und welche Materialien stehen zur Verfügung?
  - Muss der Raum vorbereitet werden? Müssen z.B. Tische und Stühle anders angeordnet werden? Reichen die Sitzgelegenheiten aus?

Körpersprache und **Sprechtechnik** der vortragenden Person bestimmen maßgeblich die Wirkung einer Präsentation. Folgende Tipps können bei der **Durchführung** einer Präsentation helfen:
- offenes Lächeln
- den Zuhörern nicht den Rücken zuwenden
- Blickkontakt mit dem Publikum (nicht nur mit einer einzelnen Person)
- Arme/Beine nicht kreuzen, dies symbolisiert u.a. Abwehr und Angst vor dem Publikum
- angemessene (nicht zu lässige) Kleidung
- deutlich und laut, aber nicht zu schnell sprechen

02 Gestaltung von Präsentationen

Folgende Fragen sollte man sich bei der Planung einer Präsentation stellen, um den Inhalt zu umreißen:
- Welche Ziele soll die Präsentation erreichen?
- Was sollen die Zuhörer nach der Präsentation wissen?
- Was sollen die Zuhörer nach der Präsentation tun?

Mit einer **SIE-Analyse** kann man das Publikum besser einschätzen und die Präsentation zielgruppengerecht planen:
- **S**ituation der Zuhörer
- **I**nteressen der Zuhörer
- **E**instellungen der Zuhörer

Bei der **Gliederung** der Präsentation hilft der **AHA-Effekt** (Anfang, Hauptteil, Abschluss):
- Ein guter **Anfang** informiert das Publikum über Anlass, Ablauf und Ziel der Präsentation und motiviert zum Zuhören. Sympathie und Interesse weckt der Vortragende mithilfe einer freundlichen Begrüßung und einer positiven Ausstrahlung.
- Der **Hauptteil** sollte klar strukturiert sein und eine verständlich formulierte Argumentationskette beinhalten.

- Zum **Abschluss** sollten die Ergebnisse der Präsentation in kurzen, prägnanten Sätzen zusammengefasst werden. Hierauf folgt die Danksagung an das Publikum.

Achten Sie auch auf eine klare und einheitliche optische **Gestaltung**. Verwenden Sie Schrift in angemessener, gut erkennbarer Größe, wählen Sie gut erkennbare und voneinander unterscheidbare Farbtöne. Gehen Sie vorsichtig und sparsam mit Animationen um, wenn Sie PowerPoint verwenden.

Wie bei interner und externer Kommunikation gilt es auch bei der Gestaltung von Präsentationen das **Corporate Design** zu beachten, PowerPoint-Folien z.B. mit dem Firmenlogo zu versehen und die Firmenstandards einzuhalten. Viele Unternehmen haben firmeneigene Masterfolien, die das Präsentationsdesign vorgeben.

Handlungskomplex 05: Präsentationen reflektieren

01 Feedback

Ein Feedback bietet die Möglichkeit für eine **konstruktive und sachliche Kritik.** Dabei versteht sich Feedback immer als Angebot, auf Stärken und Schwächen hinzuweisen, ohne jemanden abzuurteilen. Wenn man Feedback gibt, sollte es fair, ehrlich, sachlich, positiv verstärkend und aufbauend sein. Derjenige, der das Feedback erhält, kann bestimmen, ob er Feedback möchte. Er sollte aktiv zuhören, geduldig sein und selbst Feedback geben, also Rückmeldung geben, ob die Information für ihn hilfreich war.

Handlungskomplex 06: Kalkulationstabellen erstellen und Berechnungen durchführen

01 Grundlegende Befehle und Funktionen der Tabellenkalkulation gemäß veröffentlichter Befehlsliste

Excel deutet die Eingaben des Benutzers u.a. als Text, Zahl, Prozentwert, Datum oder Berechnung:
- Als **Text** wird eine Eingabe erkannt, sobald sie Buchstaben enthält.
- Als **Zahl** wird eine Eingabe erkannt, wenn sie ausschließlich aus den Ziffern 0 bis 9, dem Dezimalkomma und evtl. noch Währungszeichen besteht (z.B. 1234,45 €).

- **Prozentwerte** sind mit dem Prozentzeichen versehen. Prozentwerte sind eigentlich auch Zahlen, 100 % entspricht der Zahl 1.
- Ein **Datum** in Excel wird in den meisten gängigen Formaten erkannt, z.B. TT.MM.JJJJ. Datumswerte sind ebenso Zahlen. Der 01.01.1900 entspricht der Zahl 1, danach wird tageweise gezählt.
- Als **Berechnung** versteht Excel eine Eingabe, die mit dem Gleichheitszeichen „=" beginnt. Berechnungen haben meistens wieder Zahlen zum Ergebnis. Einige Funktionen bieten aber auch die Möglichkeit, Texte als Ergebnis ausgeben zu lassen.

Funktionen in Excel erledigen eine Vielzahl Berechnungen auf einmal und verarbeiten Werte zu einem neuen Ergebnis. Alle Funktionen sind in der Funktionsbibliothek gesammelt, die man unter Formeln›Funktionsbibliothek findet. Dort sind sie je nach Verwendungsbereich in Gruppen gegliedert. Einige Beispiele:

Gruppe	Bedeutung
AutoSumme	meistgebrauchte Funktionen: SUMME, MIN, MAX, ANZAHL und MITTELWERT
Zuletzt verwendet	die letzten zehn verwendeten Funktionen
Finanzmathematik	Funktionen für die Berechnung von Finanzdaten
Logisch	Aussagen über Zellinhalte prüfen
Text	Texte auswerten und verändern
Datum und Uhrzeit	Berechnungen mit Datum und Uhrzeit erleichtern, z.B. DATUM
Nachschlagen und Verweisen	Werte von anderer Stelle des Arbeitsblatts auslesen, z.B. SVERWEIS
Mathematik und Trigonometrie	spezielle mathematische Funktionen, zum Beispiel SINUS, COSINUS, WURZEL, FAKULTÄT
Mehr Funktionen	weitere Funktionen, die über das Arbeitsblatt informieren, aus der Statistik und aus weiteren Themenbereichen

02 Datenbasis

Eine **Datenbasis** bezeichnet eine Menge an Daten, die in einem bestimmten Zusammenhang gespeichert oder benötigt werden. Vor der Erstellung einer Kalkulationstabelle müssen Sie diese Datenbasis ermitteln.

Beispiele für Datenbasen

• die Umsätze eines Kunden • Personaldaten, z.B. die Jahre der Betriebszugehörigkeit	• Gewinne und Verluste im letzten Quartal • Rechnungsbeträge über Anschaffungen im Bereich EDV in den letzten fünf Jahren

---

Je nachdem, welche Daten Sie benötigen, wenden Sie sich an die zuständigen Mitarbeiter. Möglicherweise liegen relevante Daten schon als Excel-Tabelle oder in einem ähnlichen Format, das sie einlesen können, vor. Dann brauchen Sie die Daten nicht erneut einzutragen.

Praxistipps

• Prüfen Sie, ob Ihre Datenbasis vollständig, aktuell und fehlerfrei ist. • Prüfen Sie Ihre Daten schon vor Beginn der Berechnung auf Plausibilität. Erscheinen Beträge zu hoch oder zu niedrig? • Prüfen Sie auch Ihre Zwischen- und Endergebnisse auf Plausibilität.	• Nutzen Sie eine Funktion in Excel nur, wenn Ihnen Sinn und Arbeitsweise der Funktion bewusst sind. • Kommentieren Sie Berechnungen im Arbeitsblatt genau und sorgfältig, damit jeder zukünftige Nutzer dies nachvollziehen kann. • Achten Sie auch bei Berechnungen auf Datensicherheit und Datenschutz.

---

03 Tabellenaufbau

Excel-Dateien sind Arbeitsmappen, die aus mehreren **Arbeitsblättern** (Tabellen) bestehen. Die Arbeitsblätter wiederum bestehen aus **Zellen**, die in **Zeilen** und **Spalten** angeordnet sind. Der Nutzer kann in jede Zelle Text oder Zahlen eingeben oder darin mit **Formeln** Berechnungen durchführen.

04 Tabellenfunktionen

Im kaufmännischen Bereich benötigt man besonders häufig die Grundfunktionen SUMME, MITTELWERT sowie die MIN- und die MAX-Funktionen.

Die kaufmännisch meist benötigten Grundfunktionen

SUMME: addiert schnell größere Datenmengen	MITTELWERT: errechnet den Durchschnitt (das arithmetische Mittel) einer Datenmenge	MIN- und MAX-Funktion: gibt den kleinsten bzw. größten Wert innerhalb des Bezugsbereichs aus

---

05 Formeln und Bezüge

Für Berechnungen muss man in die Zellen **Formeln** eintragen. Sie beginnen immer mit dem Gleichheitszeichen. Hinter dem Gleichheitszeichen wechseln sich Operanden mit Operatoren ab.
- Operanden sind das, was verrechnet wird, z.B. Zahlenwerte
- Operatoren geben an, wie verrechnet wird, z.B. Plus-/Minus-/Mal-/Geteilt-Zeichen

Auch Funktionen können in Formeln verwendet werden.

Oft steht in einer Zelle ein Wert, mit dem man an anderer Stelle weiterrechnen möchte. Mit **Bezügen** verweist man auf solche Zellen. Bezüge sind wie Zeiger: Sie zeigen Excel in einer Formel, mit welchen Zellen es rechnen soll. Man unterscheidet zwischen relativen und absoluten Bezügen: **Relative Bezüge** wandern beim Kopieren der Formel mit. **Absolute Bezüge** zeigen auch nach dem Kopieren immer auf dieselbe Zelle.

06 Layout

Die wichtigsten **Formatierungsfunktionen** (Schriftart, Ausrichtung usw.) findet man auf der Registerkarte Start. Der Aufbau von Excel ist dem von Microsoft Word sehr ähnlich, sodass man sich auf Anhieb zurechtfindet. Zu beachten ist hierbei, dass sich die gewählte Formatierung nur auf die gerade markierten Zellen bezieht und nicht wie in Word auf die gesamte Zeile.

Handlungskomplex 07: Daten in Diagrammen darstellen

01 Diagrammtypen

- **Säulendiagramm:** Stellt gut Entwicklungen in einem Zeitraum dar. Die Anzahl der gegebenen Daten darf nicht zu groß sein, da es sonst unübersichtlich wird.
- **Liniendiagramm:** Geeignet bei einer großen Menge von Daten, die grafisch dargestellt werden sollen, wie z.B. bei Aktienkursen. Pro Zahl, die dargestellt werden soll, wird nur ein Punkt auf einer Linie benötigt. Dadurch wird der Verlauf gut ersichtlich.

- **Balkendiagramm:** nicht zur Darstellung von zeitlichen Verläufen wählen (es ist für Betrachter ungewohnt, die vertikale Achse als Zeitachse zu verwenden). Sinnvoll ist es bei Vergleichen von qualitativen Kriterien.
- **Kreisdiagramm** (Tortendiagramm): zeigt auf einen Blick, wie etwas verteilt ist (z.B. bei Wahlen).
- **Punktdiagramm:** eignet sich gut zur Visualisierung von Abhängigkeiten einzelner Werte

02 Gestaltung

Wenn man ausschließlich das dargestellte Diagramm als Informationsquelle betrachtet, gehen wichtige Informationen des ursprünglichen Datenmaterials verloren. Deshalb gibt es in Excel die Möglichkeit, über die Schaltfläche Diagrammtools das Diagramm mit Überschriften und weiteren **Daten** zu ergänzen. Man kann auch die Position der **Legende** verändern und die vorhandenen Daten beschriften.

Auch die **Formatierung** des Diagramms bietet vielfältige Möglichkeiten. So können z.B. die jeweiligen Schriftarten, die Darstellungsform oder auch die einzelnen Farben der Linien in der Registerkarte Diagrammtools geändert werden.

Achten Sie auf eine gute **Skalierung** der Achsen im Diagramm. Dies erleichtert es, das Diagramm abzulesen, außerdem wird es so meistens noch aussagekräftiger. Klicken Sie hierzu die zu skalierende Achse mit der rechten Maustaste an und wählen dann „Achse formatieren…". Hier können dann das Minimum, das Maximum und das Intervall der Achse angegeben werden.

03 Auswertung

Anhand von Diagrammen kann man einen bestimmten Verlauf von Daten erkennen, Größen miteinander vergleichen, einen Trend ablesen und Daten interpretieren.
- Zunächst achtet man auf die Beschriftung und die Legende des Diagramms: Was wird dargestellt?
- Dann werden die wichtigsten Punkt abgelesen: Gibt es Hoch- oder Tiefpunkte?
- Kann man Trends ablesen und vergleichen?
- Ist es möglich, aus dem Diagrammverlauf Vorhersagen für die zukünftige Entwicklung zu machen?

Handlungskomplex 08: Tabellen und Diagramme dokumentenübergreifend verwenden

01 Tabellen und Diagramme als integraler Bestandteil von Office-Anwendungen

Wenn das Diagramm nicht zusammen mit der Datentabelle auf einer Seite dargestellt werden soll, gibt es die Möglichkeit, das Diagramm in ein eigenes Tabellenblatt zu verschieben. Mittels eines

Klicks auf die rechte Maustaste kann man den Punkt „Diagramm verschieben" wählen. Anschließend wählt man „Neues Blatt" und vergibt einen geeigneten Namen.

Mit den Funktionen **Kopieren** und **Einfügen** kann man das Diagramm auch in andere Programme einfügen, z.B. in Word. Möchte man in Word eine **Verknüpfung** auf das Diagramm gestalten, markiert und kopiert man es in Excel und wählt in Word Start›Einfügen›Inhalte einfügen...›Verknüpfung Einfügen. Der Vorteil hierbei ist, dass eine Änderung der Daten in Excel automatisch in Word übernommen wird.

Handlungskomplex 09: Dokumente pflegen und archivieren

01 Speicherort

Die Microsoft-Office-Programme bieten zwei Möglichkeiten an, eine Datei zu sichern. Sie können (und sollten) sie in regelmäßigen Abständen mittels des Symbols „Speichern" in der Schaltfläche für den Schnellzugriff speichern. Dies bietet sich zur regelmäßigen Sicherung des Dokuments, während Sie es bearbeiten, an. Einen Dateinamen und einen Speicherort haben Sie beim ersten Speichervorgang vergeben. Über den Menüpunkt „Speichern unter" können Sie die Datei unter einem anderen Namen und ggf. einem neuen Speicherort sichern. Die Datei mit dem vorherigen Namen bleibt am alten Ort erhalten.

Im Navigationsbereich eines jeden Ordnerfensters können Bibliotheken aufgerufen werden. Diese Bibliotheken umfassen die Ordner, in denen standardmäßig Ihre eigenen Dateien gespeichert werden: Word- Dokumente, Excel-Tabellen, PowerPoint-Präsentationen usw. werden in der Bibliothek „Dokumente" gespeichert. Bilder, Musik und Videos werden in den entsprechenden Bibliotheken gespeichert. Bibliotheken sind keine gewöhnlichen Ordner. Vielmehr umfasst eine Bibliothek mehrere Ordner. Sie können sogar selbst Ordner hinzufügen, die in einer Bibliothek angezeigt werden sollen.

02 Speicherhäufigkeit

Der erste Speichervorgang einer neuen Datei geschieht in dem Moment, in dem man sie anlegt.

Solange man an einer Datei arbeitet, sollte man regelmäßig (z.B. alle zehn Minuten) speichern, um Datenverluste auszuschließen.

Hierzu bietet sich die Tastenkombination „Strg s" an. Sobald man eine Datei schließt, fragen alle Office-Programme den Benutzer, ob er die letzten Änderungen speichern möchte.

Gängige Dateitypen

Dateityp	Endung	Dateiart	Typische Größe – meist...
Access-Datenbank Access-Datenbank (1995–2003)	*.accdb *.mdb	Datenbank	im Bereich einiger Megabytes, bei Großdatenbanken größer
Graphics Interchange Format JPEG-Dateiaustauschformat Portable Network Graphics Tagged Image File Format Bitmap Windows-Metadatei (Dateiaustauschformat)	*.gif *.jpg/.jpeg *.png *.tif *.bmp *.wmf	Grafikdatei	wenige Kilobytes bis hin zu mehreren Megabytes, abhängig von Qualität und Auflösung (Pixelanzahl)
Portable Document Format	*.pdf	programmunabhängiges Dokument (Formatierungen bleiben erhalten)	im Bereich einiger Megabytes, abhängig von der Länge des Dokuments
Rich-Text-Format	*.rtf	älteres Textformat von Microsoft	mehrere Kilobytes bis hin zu einigen Megabytes
Nur-Text-Format	*.txt	einfache Textdatei ohne Formatierungen	nur wenige Kilobytes
Hypertext Markup Language	*.htm/.html	Website	einige Kilobytes bis hin zu einigen Megabytes
MPEG-2 Audio Layer III Windows Media Audio	*.mp3 *.wma	Audiodatei	eine Minute Musik benötigt ca. 1–2 Megabytes an Speicherplatz
Windows Media Video MPEG IV (Moving Pictures Experts Group) Flash Video (z.B. YouTube)	*.wmv *.mp4 *.flv/ *.swf	Videodatei	mehrere Megabytes für kurze Videos bis hin zu einigen Gigabytes für Filme in hoher Auflösung
komprimierte Datei	*.zip *.rar	Formate für komprimierte Dateien zwecks Einsparung von Speicherplatz	sehr unterschiedlich, in der Praxis zwischen wenigen Kilobytes bis hin zu vielen Gigabytes
ausführbare Datei	*.exe	eine ausführbare Anwendung	sehr unterschiedlich, meist im Bereich einiger Megabytes

03 Regeln für Dateinamenvergabe

Ein Dateiname besteht aus zwei Teilen, die durch einen Punkt voneinander getrennt sind: dem Dokumentennamen und einer Abkürzung, die den Dateityp angibt. Anhand der Abkürzung kann man erkennen, in welchem Programm die Datei erstellt wurde. Der Dateiname kann frei gewählt werden, man sollte aber beim Speichern grundsätzlich darauf achten, einen aussagekräftigen Dateinamen zu verwenden. Sonst geht die Übersicht schnell verloren.

Die Dateiendung bestimmt, mit welchem Programm eine Datei geöffnet wird. Sie darf nicht geändert werden. Stimmt die Dateiendung nicht, ist die Datei unbrauchbar.

04 Dateiformate

Auf der vorherigen Seite sind gängige Dateiformate bzw. -typen zusammengestellt.

05 Vervielfältigen

Sicherungskopien von den Dateien, an denen man gerade arbeitet, sollten in regelmäßigen Abständen durchgeführt werden. Hierfür bieten sich tägliche Sicherungen auf hochwertigen Datenträgern an, die räumlich getrennt vom Computer gelagert werden.

Auch automatische Verfahren können hier zur Anwendung kommen, z.B. eine nächtliche Sicherung auf Bandkassette oder ein automatisches Überwachen und Sichern von Ordnern und Dateien in der Cloud.

Eine zeitlich langfristig angelegte Sicherung, die nicht mehr verändert wird, wird **Archivierung** genannt. Hierfür gibt es gesetzliche Festlegungen für die Zeiträume, im Allgemeinen sind dies zehn Jahre oder mehr. Auch hierfür sind hochwertige Magnetbänder, optische Medien oder Festplatten vorgesehen.

Um Dokumente zum Archivieren zu vervielfältigen, gibt es jedoch auch nicht-digitale Wege:
- Man kann Papierdokumente mit dem **Kopiergerät** beliebig oft kopieren und in verschiedenen Aufbewahrungsbehältern (Ordner, Hängeregistratur usw.) archivieren.
- Man kann Dateien über einen **Drucker** ausdrucken und ebenfalls als Papierdokument archivieren.

- Eingehende Papierdokumente, die nicht in elektronischer Form vorliegen, können mit dem **Scanner** gescannt und elektronisch gespeichert werden. Ein Scanner ist ein Gerät, das in der Lage ist, sogenannte Aufsichtsvorlagen (Papierdokumente, Dias, Strichcodes usw.) zu digitalisieren und in Dateien umzuwandeln.

Bei der betrieblichen Archivierung von Dokumenten müssen die unternehmensinternen Regeln beachtet werden:
- Der **Ablageplan** ist eine schriftliche Arbeitsanweisung mit genauen Hinweisen zur Vorbereitung und Einordnung der Ablage und sorgt für einen rationellen und immer gleichen Ablauf der Ablage.
- Für die Zuordnung der Wertigkeiten ist der **Schriftgutkatalog** hilfreich: Man kann in ihm nachschlagen, welche Belegarten in der Firma vorhanden sind und wie lange diese jeweils aus gesetzlichen oder betrieblichen Gründen aufzubewahren sind. Auch der jeweilige Aufbewahrungsort kann hier vermerkt werden.
- Zusätzlich ist ein sogenannter **Aktenplan** oder **Informationsstrukturplan** sinnvoll. Dies ist eine numerische Auflistung aller Schriftstücke in ihrem inhaltlichen Zusammenhang. Meist wird das dekadische Ordnungssystem verwendet.

Handlungskomplex 10: Dateien exportieren und importieren

01 Export und Import von Dateien

Für den Import und Export von Dateien gibt es zahlreiche Wege: den Versand bzw. Empfang mittels **E-Mail**, die Speicherung und Weitergabe auf einem **Speichermedium** (z.B. USB-Stick) oder die Nutzung von **Filehosting**-Diensten (z.B. Dropbox), mittels derer Dateien übers Internet von jedem Rechner abgerufen und somit auch geteilt werden können.

Viele Unternehmen haben jedoch strenge Sicherheitsregeln für den Import und den Export von Dateien auf firmeninternen PCs, um schädliche Software zu verhindern und gleichzeitig dem Datenschutz zu entsprechen. Es gilt, diese Regeln zu beachten. Im Zweifelsfalle lohnt es sich, den Systemadministrator um Rat zu fragen.

Funktion 0103   Bürowirtschaftliche Abläufe

Handlungskomplex 01: Bedarf an Büromaterial planen, beschaffen und verwalten

Kurzer Blick in den Betriebsalltag

Was ist heute mit der Auszubildenden Tüley los? Sie läuft schon eine ganze Weile von Büro zu Büro und überall die gleiche Frage: „Hallo, habt ihr vielleicht noch übrige Ordner, die wir für die Ablage der Lieferscheine nutzen können?" Und jedes mal die gleiche Antwort, dass leider keine mehr vorrätig seien. Doch dann hat Tüley Glück und kann bei Frau Bernle noch einen Ordner ergattern...

In jedem Unternehmen wird Büromaterial wie bspw. Ordner, Papier, Toner für die Drucker, Hängeregister, Stifte, Kleber u.v.m. in den einzelnen Abteilungen verwendet, um damit die tägliche Arbeit zu erledigen. Ohne diese Materialien würden viele Arbeitsprozesse ins Stocken geraten oder sogar unerledigt bleiben, z.B. wenn kein Papier für das Ausdrucken von Angeboten oder Rechnungen mehr vorrätig wäre. Um solche oder ähnliche Probleme zu vermeiden, muss das vorhandene Büromaterial regelmäßig überprüft und bei Bedarf nach bestellt werden.

01 Büromaterial lagern und verwalten

In manchen Unternehmen wird Büromaterial zentral an einem Ort (z.B. eigener Raum) oder dezentral bei den einzelnen Abteilungen (z.B. in Schränken oder Regalen) aufbewahrt. Die Ausgabe an die Mitarbeiter kann dabei sehr einfach und unkompliziert sein, indem sich jeder das holt was er braucht. Alternativ muss es bei einem zuständigen Mitarbeiter schriftlich angefordert werden.

Der Verbrauch bzw. der noch vorhandene Bestand an Büromaterial kann dabei entweder über eine Sichtkontrolle oder über geführte Listen ermittelt werden.

Sichtkontrolle	Weder der Bestand noch Verbrauch von Büromaterial wird dokumentiert. So muss von Zeit zu Zeit die noch vorhandene Menge durch Nachschauen überprüft werden.
Listen	Zu- oder Abgänge an Büromaterial werden in handschriftliche oder elektronische (z.B. Excel) Listen eingetragen und ermöglichen immer eine aktuelle Übersicht über den vorhandenen Bestand.

Merke: Der Bestand ist die zu einem bestimmten Zeitpunkt vorhandene Menge an Büromaterial.

02 Bedarf an Büromaterial ermitteln

Wie Tüley im Eingangsbeispiel feststellen musste, war in fast allen Abteilungen der vorhandene Bestand an Ordnern aufgebraucht, ohne dass jemand zuvor eine Neubestellung veranlasst hatte. Welche **Art von Büromaterial** nun nachbestellt werden muss (**qualitativer Bedarf**, siehe S. 74) steht bereits fest. Nur die **Menge** (**quantitativer Bedarf**, siehe S. 74 f.) ist noch unklar. Diese hängt davon ab, wie viele Ordner bis zur nächsten Bestellung vermutlich verbraucht werden. Die Bestellmenge kann daher entweder durch eine konkrete Umfrage bei den einzelnen Abteilungen erhoben oder durch Erfahrungswerte der Vergangenheit festgelegt werden.

Merke: Der Bedarf ist die Menge (quantitativ) und Art (qualitativ) von Büromaterial, die beschafft werden soll.

Soll künftig vermieden werden, dass Büromaterial ausgeht und keine Bestellung veranlasst wurde, kann ein **Mindest**- (siehe S. 75) und **Meldebestand** (siehe S. 75) für Büromaterial festgelegt werden. Der Meldebestand sorgt dafür, dass bei Erreichen einer bestimmten Menge eine neue Bestellung ausgelöst wird, so dass bei Lieferung der Ware trotzdem noch der Mindestbestand vorhanden ist.

03 Beschaffung von Büromaterial

Nachdem der Bedarf an Büromaterial feststeht, kann die Bestellmenge festgelegt werden. Diese hängt einerseits vom quantitativen Bedarf ab, also wie viel benötigt wird. Andererseits wird die Bestellmenge auch vom **Höchstbestand** (siehe S. 75) begrenzt, der die maximale Kapazität des Büromateriallagers angibt.

kleine Bestellmenge	• mehrere Bestellungen notwendig
	• höhere Beschaffungskosten, z.B. Versandkosten des Lieferers
große Bestellmenge	• weniger Bestellungen notwendig
	• Ausnutzung von Mengenrabatt möglich
	• geringere Beschaffungskosten

Während es bei der Beschaffung von Lager- und Produktionsvorräten sehr strenge Beschaffungsvorgaben gibt und häufig nur die optimale Bestellmenge (siehe S. 82) beschafft wird, lohnt ein solch striktes Vorgehen bei Büromaterial nicht. Viele Unternehmen halten daher immer einen größeren Vorrat und bestellen, wenn dieser zur Neige geht. Angebotsvergleiche können dann von Zeit zu Zeit durchgeführt werden, um günstige Angebote auszunutzen.

Handlungskomplex 02: Posteingang und -ausgang bearbeiten

Merke: Schriftliche Mitteilungen (in elektronischer oder Papierform) gehen bei Unternehmen täglich ein und aus und werden als Post bezeichnet. Neben dem Brief als klassische Form gibt es heutzutage weitere wie z.B. den E-Postbrief (Online-Brief), die E-Mail, die De-E-Mail.

01 Postvollmachten

Der Umgang mit Post ist im Unternehmen eine wichtige, aber auch vertrauensvolle Aufgabe, um den Inhalt von betrieblicher oder auch privater Post vor unberechtigten Personen zu schützen (Brief- und Postgeheimnis). Für die Bearbeitung der ein- und ausgehenden Post sind daher in den meisten Fällen bestimmte Personen zuständig. Diese erhalten eine sog. Postvollmacht, um alle Aufgaben rund um die Post zu erledigen.

Merke: Eine (allgemeine) Postvollmacht berechtigt die bevollmächtigte Person, die tägliche Post zu empfangen und zu bearbeiten, sodass sie an die jeweiligen Empfänger weitergeleitet werden kann. Eine besondere Postvollmacht erlaubt zusätzlich die Annahme von Sendungen mit dem Vermerk „Eigenhändig" oder auch Post- und Zahlungsanweisungsbeträge.

02 Posteingang bearbeiten

Kurzer Blick in den Betriebsalltag

Man könnte Frau Voigt fast als die gute Seele bei der BE Partners KG bezeichnen, denn sie kümmert sich täglich um die vielen eingehenden Briefe und sonstigen Sendungen. Einen Großteil davon holt sie direkt bei der Post aus einem angemieteten Postfach. Bevor die Mitarbeiter dann ihre jeweilige Post morgens um 9 Uhr bekommen, hat sie schon viele Arbeitsschritte hinter sich: öffnen der Post, sortieren, kontrollieren, dokumentieren und verteilen. Und das jeden Tag auf's Neue.

Ablauf der Posteingangsbearbeitung

Eingang der Post
(Zustellung oder Abholung)

↓   Hilfsmittel

Vorsortieren in
- vertrauliche Geschäftspost für die Geschäftsleitung, Personalabteilung oder den Betriebsrat   →   Sortierkörbe oder -fächer für jede Art von Post
- allgemeine Geschäftspost
- Privatpost   →   Irrläufer werden an den Postdienstleister zurückgegeben, damit sie dem richtigen Empfänger zugestellt werden können.
- Irrläufer

↓

Öffnen der allgemeinen Geschäftspost   →   Handbrieföffner, elektronische Öffner, Brieföffnungsmaschine

↓

Entnahme und **Kontrolle** der Dokumente   Durchleuchtungsmaschine
- Datumskontrolle (Poststempel und Briefdatum, um Terminunstimmigkeiten sofort zu erkennen, z.B. bei Zahlungsfristen)
- Leerkontrolle der Briefhülle   →
- Anlagenkontrolle (alle Anlagen vorhanden, evtl. bei Absender Fehlendes anfordern)

↓

Eingangsstempel anbringen
Bei wichtigen Dokumenten (z.B. Zeugnissen, Urkunden, Verträgen) Stempel auf Eingangskuvert oder separatem Zettel anbringen.   →   Handeingangsstempel, Eingangsstempelmaschine

↓

Eintrag ins **Posteingangsbuch** (elektronische oder Papierform)   →   Auskunft über Verbleib und evtl. Bearbeitungssatus eines Schreibens

↓

Feinsortieren nach einzelnen Abteilungen und Mitarbeitern   →   Sortierfächer, Mappen, u.Ä.

↓

Verteilen der Post   →   Briefkorbanlagen, Postschließfächer, Rohrpost, Schriftguttransportanlagen, Aktenaufzug, Förderbänder, Rohrpost, usw.

In vielen Unternehmen wird die Eingangspost von Postboten oder privaten Dienstleistern (mit Bringservice) zugestellt. Bei sehr großen Mengen an Post können Postfächer in einer Postfiliale gemietet werden. Die eingehende Post (außer Sendungen mit Vermerk „Eigenhändig", Postzustellungsaufträge, Express-Sendungen, Pakete oder Päckchen) wird dort hinterlegt und kann im Laufe des Tages von einem Mitarbeiter des Unternehmens abgeholt werden.

Wie der dargestellte Ablauf zeigt, sind in der Poststelle schon viele Tätigkeiten durchgeführt worden bis die Mitarbeiter ihre tägliche Post erhalten und weiter bearbeiten können. Diese können entweder manuell per Hand oder mit Hilfe maschineller/elektronischer Posteingangssysteme erfolgen, die bestimmte Aufgaben (z.B. öffnen, einscannen, digital verteilen, usw.) übernehmen. Die Bearbeitung elektronischer bzw. elektronisch erhaltener Post (z.B. E-Postbriefe, E-Mails, Faxe) geht deutlich schneller, da nicht alle Bearbeitungsschritte notwendig sind.

Merke: Bei Postsendungen mit den Zusätzen „vertraulich", „eigenhändig", „persönlich" oder bei denen der Mitarbeiter vor dem Unternehmensnamen steht handelt es sich um Privatpost.

03 Postausgang bearbeiten

Kurzer Blick in den Betriebsalltag

Kaum hat Frau Voigt die gesamte Eingangspost bearbeitet und verteilt, kommen bereits die ersten Sendungen zum Verschicken. Auch hier muss sie ein wachsames Auge haben, denn nicht alles wird gleich verschickt oder kostet gleich viel Porto.

Auch wenn heutzutage in Unternehmen schon sehr viel Ausgangspost per E-Mail verschickt wird, sind die klassischen Sendungen keineswegs wegzudenken. Gerade auch für wichtige Schreiben wie z.B. Angebote, Kundenrechnungen oder Verträge nutzt man die klassische Form der Beförderung.

Merke: Die Ausgangspost sollte so bearbeitet werden, dass sie ohne Verzögerung beim Empfänger ankommt. Als Nachweis für eine pünktliche Versendung ist der Poststempel mit Datum ausschlaggebend und nicht das Datum des Briefes.

Ablauf der Postausgangsbearbeitung

Kontrolle der Ausgangspost
- Briefe sind unterschrieben?
- Anlagen sind vorhanden?
- Adresse ist vorhanden und vollständig?
- Kopie für interne Ablage ist vorhanden?

↓

Hilfsmittel

Adressieren des Kuverts
(bei Fensterbriefhüllen nicht notwendig)

→ Adressiermaschine

↓

Zusammentragen aller Unterlagen für ein Kuvert
(Brief, Anlagen, Prospekte und andere Dokumente)

→ manuell per Hand oder
maschinell (Zusammentragmaschine)

↓

Falzen der DIN A4-Dokumente auf kleineres Format
(nicht bei Verträgen, Urkunden, Zeugnissen)
kleinere Briefhüllen sparen Porto

→ manuell per Hand oder
maschinell (Falzmaschine)

↓

Kuvertieren
gefalzte DIN A4-Dokumente passen in Versand-
hüllen der B- und C-Formate

→ Kuvertiermaschine

↓

Schließen

→ Briefschließmaschine

↓

Wiegen zur Ermittlung des Portos
- Unterfrankierung (zu wenig Porto): die Sendung
kommt zum Absender zurück und es verstreichen
evtl. wichtige Termine
- Überfrankierung (zu viel Porto): zusätzliche
Kosten entstehenden

→ Briefwaage

↓

Frankieren (= Freimachen)
→ Porto hängt von der Sendungsart, Gewicht, Größe und den möglichen Zusatzleistungen ab

→ manuelle oder maschinelle Frankierma-
schine
Neben der klassischen Briefmarke
(Postwertzeichen) gibt es bspw. noch
die Digitalmarke und das Handyporto.

↓

Vermerk im **Postausgangsbuch** von
- Datum und Art der Sendung
- Empfänger
- Absender (Abteilung, Mitarbeiter)
- Name des Postanbieters
- evtl. genutzte Zusatzleistungen

→ Postausgangsbuch (digital oder in
Papierform)

↓

Versenden durch Übergabe an Postdienstleister

Wesentliche Sendungsarten und ihre Einsatzmöglichkeiten		
Postkarte	unaufwendig und preiswert für kurze Mitteilungen	Es müssen jeweils Mindest- und Maximalgrößen sowie Gewichtsgrenzen eingehalten werden. Das Entgelt richtet sich nach der Beförderungsart.
Standardbrief	normale Geschäftsbriefe	
Kompaktbrief	umfangreichere Geschäftsbriefe	
Großbrief	z.B. Zeugnisse, Bewerbungsmappen	
Maxibrief	z.B. Angebotsunterlagen, Geschäftsberichte	
Versandformen für das Marketing	Infobrief (z.B. Werbebriefe, Kataloge), Infopost (nach Postleitzahlen sortiert), Büchersendung, Postwurfsendung (Werbebriefe an einen Stadtteil), Werbeantwort (voradressiert, Empfänger zahlt das Porto, Warensendung).	

Zusatzleistung Einschreiben

Müssen wichtige Dokumente wie bspw. Kündigungen oder Verträge verschickt werden, können Zusatzleistungen wie das Einschreiben der Deutschen Post AG genutzt werden. Die Zusatzleistung wird auf der Briefhülle vermerkt.

Einschreiben	• Einlieferungsschein bestätigt Abgabe und Versendung • Empfangsbescheinigung bestätigt Aushändigung an Empfänger oder Familienangehörigen, Bevollmächtigen, usw. • Empfangsbescheinigung kann über Online-Portal vom Absender eingesehen werden
Einschreiben Einwurf	• Zusteller quittiert Einwurf in Briefkasten oder Postfach • keine persönliche Übergabe
Einschreiben Eigenhändig	• persönliche Übergabe an Empfänger oder Bevollmächtigten
Einschreiben Rückschein	• Absender erhält Empfangsbescheinigung zurück gesandt
Einschreiben Eigenhändig mit Rückschein	• Kombination aus „Eigenhändig" und „Rückschein"

04 Zustell-Dienstleister

Bis zur Liberalisierung des Postmarktes hatte die Deutsche Post AG das alleinige Recht zur Beförderung von Postsendungen. Seitdem dürfen aber auch andere Anbieter, sog. **KEP-Dienstleister (Kurier-, Express- und Postdienste)** Briefe, Pakete und andere Sendungen befördern. Die Unterschiede liegen oftmals in der Schnelligkeit und den Beförderungskosten einer Sendung.

KEP-Dienstleister

↓	↓	↓
Kurierdienst	**Expressdienst**	**Postdienst**
Kurier holt Sendungen beim Absender persönlich ab und befördert sie bis zum Empfänger	Sendungen werden über ein Umschlagzentrum zum Ziel befördert, oftmals mit fest vereinbartem Auslieferungstermin	Beförderung von Briefen und/oder Paketen

→ z.B.	→ z.B.	→ z.B.
Stadt- und Direktkuriere	DHL Express, TNT Express, FedEx, Hermes	Deutsche Post AG, PIN Mail, DHL Paket, UPS, DPD, usw.

Handlungskomplex 03: Dokumente verwalten, ablegen und wiederfinden

Kurzer Blick in den Betriebsalltag

Die Auszubildende Tüley wird von Frau Bauer in den Keller geschickt, um dort aus dem Archiv einige alte Unterlagen für einen Kunden zu holen. Nach einer kurzen Einweisung, wo sie ungefähr suchen muss, macht sie sich an die Arbeit: doch zunächst tauchen nur längst verstaubte Dokumente auf, einige davon schon mehrere Jahre alt. Warum man diese alten Unterlagen noch aufhebt, geht es Tüley durch den Kopf als sie plötzlich die richtigen Dokumente in der Hand hält.

> Merke: Der Begriff Ablage bezeichnet den Ort und auch die Art der Aufbewahrung von Dokumenten. Eine langfristige Ablage nennt man auch Archiv.

01 Aufbewahrungspflicht für Dokumente

In Unternehmen fallen täglich eine Vielzahl an Dokumenten an, die so lange benötigt werden, bis die damit verbundene Aufgabe erledigt ist, z.B. Warenbestellung aufgrund eines Angebots. Ob die Dokumente danach im Papierkorb oder in der Ablage landen, hängt von ihrem (Informations-)Wert für das Unternehmen ab. Siehe hierzu die erste Übersicht auf der folgenden Seite.

02 Dokumente aufbewahren

Wie bereits Tüley im Eingangsbeispiel feststellen musste, befinden sich nicht immer alle Dokumente direkt am Arbeitsplatz. Je nachdem wie häufig diese genutzt werden, gibt es verschiedene Ablageorte. Siehe auch dazu die zweite Übersicht auf der folgenden Seite.

Aufbewahrungsgründe mit Beispielen und Aufbewahrungsfristen

betriebl. Aufbewahrungsgründe	**Dokumente ohne Wert** besitzen keinen interessanten Inhalt oder wurden unverlangt zugesandt. Sie können sofort vernichtet werden.	• Werbeprospekte und –flyer • Postwurfsendungen
	Dokumente mit Tageswert besitzen nur einmalige Informationen, die nach Bearbeitung und/oder Kenntnisnahme vernichtet werden können.	• unverlangte Angebote • Kurzmitteilungen • Einladungsschreiben (bis der Termin im Kalender notiert ist) • Tageszeitungen
	Dokumente mit Prüfwert werden für eine bestimmte Zeit zur Bearbeitung von Aufgaben benötigt und können danach vernichtet werden.	• Preislisten • Bewerbungsunterlagen bis zur Auswahl eines Bewerbers • angefordertes Angebot
	Dokumente mit Dauerwert sind längerfristig von Interesse oder haben besondere Bedeutung für das Unternehmen. Sie sollten dauerhaft aufbewahrt werden und dürfen erst nach Anweisung der Unternehmensleitung vernichtet werden.	• Gründungsunterlagen • historische Unterlagen • Patente • Urkunden (Meisterbrief)
gesetzl. Aufbewahrungsgründe	**Dokumente mit Gesetzeswert** müssen aufgrund gesetzlicher Vorschriften (HGB, AO) für eine bestimmte Frist – meist 6 oder 10 Jahre – aufbewahrt werden. Die Aufbewahrungsfrist beginnt mit dem Ende des Kalenderjahres (also 31.12.), in dem das Dokument entstanden ist.	**10 Jahre** • Jahresabschlüsse (Bilanz, GuV) • Inventare • Handelsbücher (Lager-, Warenein- und -ausgangsbücher) • Buchungsbelege (Rechnungen, Bankauszüge, Gutschriften, Kassenbelege) **6 Jahre: Handelsbriefe, z.B.** • Angebote mit Auftragsfolge • Anfragen mit Auftragsfolge • Bestellungen • Lieferscheine

Aufbewahrungsorte

Arbeitsplatzablage	In unmittelbarer Nähe zum Schreibtisch des Mitarbeiters, z.B. in der Schublade oder einem Schrank.
Bereichs- bzw. Abteilungsablage	Zentral in einem Raum oder Teil eines Großraumbüros und wird von mehreren Mitarbeitern genutzt, z.B. Ablage aller Rechnungen in der Buchhaltung.
Zentralablage (= Registratur)	Zentral im Unternehmen von allen Abteilungen gemeinsam genutzt, z.B. Kundenbelege in einem Raum im Erdgeschoss des Gebäudes.
Archiv	Wichtige oder dauerhaft aufzubewahrende Dokumente werden sicher gegen Feuer, Wasser und Diebstahl geschützt und sind meist nicht ohne weiteres zugänglich, z.B. historische Unterlagen, der Gesellschaftervertrag.

Neben der Aufbewahrung in Papierform können Dokumente auch in elektronischer Form auf Datenträgern und Servern abgelegt und archiviert werden. Für die Verwaltung und Pflege nutzen Unternehmen sog. Dokumentenmanagementsysteme (DMS) (siehe S. 19). Allerdings müssen Jahresabschlüsse und Eröffnungsbilanzen im Original erhalten bleiben.

02.1 Ordnung ist alles!

Damit in der Ablage auch die jeweiligen Dokumente wieder aufgefunden werden, müssen sie nach einem bestimmten System abgelegt werden. Dies gilt übrigens auch für die elektronische Dokumentenablage, wenngleich auch dort moderne Suchsysteme das Wiederauffinden erleichtern.

Merke: In einem Schriftgutkatalog werden alle Arten von Dokumenten aufgelistet, die im Unternehmen gewöhnlich vorkommen. Zusätzlich notiert man jeweils Aufbewahrungsfrist und -ort.

Der Ablageplan basiert auf dem Schriftgutkatalog und gibt Arbeitsanweisungen/-schritte vor, wie die Ablage durchzuführen ist (Ordnungssystem der Dokumente, zuständige Mitarbeiter, Ablageform).

Der Akten- bzw. Informationsstrukturplan ist eine Übersicht über alle Dokumente aller Abteilungen und deren Ablageort.

Damit Dokumente in einer Ablage immer nach demselben Prinzip abgelegt und wieder gefunden werden, gibt es **Ordnungssysteme**:

alphabetisch (ABC-Regel)	Dokumente werden alphabetisch abgelegt, z.B. nach dem Namen der Kunden
nummerisch	Dokumente erhalten eine eindeutige Nummer und werden nach der Reihenfolge abgelegt, z.B. 2474-0014 = Kundennummer 2474 und Rechnung Nr. 14
alpha-nummerisch	Dokumente erhalten eine Buchstaben-Zahlen-Kombination und werden danach abgelegt, z.B. K-0.. für alle Kassenbelege der Kasse mit fortlaufender Nummer
chronologisch	Dokumente werden nach ihrem Datum abgelegt • kaufmännische Heftung: das aktuellste Datum liegt oben auf • Behördenheftung: das aktuellste Datum liegt unten
mnemotechnisch	Dokumente werden mit einer Kombination aus Zahlen und Abkürzungen versehen, z.B. AR883 für eine Kundenrechnung mit der fortlaufenden Nr. 883
symbolisch	Dokumente erhalten Symbole oder Piktogramme und werden danach abgelegt
farblich	gleichartige Dokumente farblich gleich markiert und danach abgelegt

02.2 Formen der Ablage

Dokumente können unterschiedlich abgelegt werden:
- lose: die Dokumente werden einzeln abgelegt ohne eine feste Verbindung miteinander
- geheftet: die Dokumente werden gelocht und in einem Ordner oder Hefter abgelegt
- gebunden: mehrere Dokumente werden wie bei einem Buch zusammen gebunden (verklebt bzw. mit Spiralbindung)

In **Einzelakten** werden alle Dokumente zusammengefasst, die zusammengehören wie z.B. Dokumente zu einer Person (Arbeitsvertrag, Beurteilungen, usw.) oder einem Kundenauftrag (Anfrage, Angebot und Bestellung eines Kunden).

In **Sammelakten** werden mehrere Dokumente zusammengefasst, die aber voneinander unabhängig sind wie z.B. alle Rechnungen von Lieferanten, usw.

Merke: Ein Schriftgutbehälter enthält mehrere Dokumente lose oder geheftet. Typische Behälter sind z.B. Ordner, Hefter, Hängemappen, Stehsammler, usw.

Liegende Ablage
Die einzelnen Dokumente werden mit oder ohne Schriftgutbehälter z.B. in Ablagefächern, -körben, Regalen, Schränken oder einfach auf dem Schreibtisch übereinander liegend abgelegt.

Vorteile	Nachteile
• geeignet für Dokumente, die noch bearbeitet werden	• nicht übersichtlich, da alles über- und untereinander liegt
• schnell verfügbar, sofern der Stapel nicht zu groß ist	• umständliche Bearbeitung, falls im Stapel gesucht werden muss
• preisgünstig, da keine besonderen Ablagesysteme erforderlich sind	• zusammengehörende Dokumente können im Stapel „verloren" gehen
• platzsparend vor allem für Altakten, die nicht mehr gebraucht werden	

Stehende Ablage (auch: bibliothekarische Ablage)
Mehrere Dokumente werden lose oder geheftet, meist durch Trennblätter getrennt, in stehenden Schriftgutbehältern (z.B. Ordner, Stehsammler) aufbewahrt.

a) Ordnerablage

Vorteile	Nachteile
• übersichtlich durch Register, Trennblätter, -streifen • Dokumente gehen durch die Heftung nicht verloren • gute Raumausnutzung • geeignet für Sammelakten	• zur Dokumentenentnahme muss der gesamte Ordner bewegt werden • Lochen und Sortieren erfordert Zeit • Platzverschwendung durch Totraum (Hebelmechanik des Ordners) oder bei nicht vollem Ordner

b) Stehsammler (Lose-Blatt-Sammlung)

Vorteile	Nachteile
• übersichtliche Gliederung durch unterschiedliche Farben, Ziffern, usw. am Stehsammler • schnelle Ablage, da keine Lochung und Heftung • bessere Raumausnutzung, da kein Totraum • geeignet für schmale Einzelakten • kostengünstig in der Anschaffung	• erscheint evtl. als ungeordnet • unsicher, da keine Heftung • feststehende Breite des Behälters, auch wenn nur zur Hälfte genutzt (Platzverschwendung)

Hängende Ablage
Mehrere Dokumente können lose oder geheftet in den Schriftgutbehälter eingelegt werden. Bei der **Pendelablage (laterale Hängeregistratur)** sind die Schriftgutbehälter nach unten geöffnet, während sie bei der **vertikalen Hängeregistratur** nach oben geöffnet sind.

Vorteile	Nachteile
• geeignet für schmale Einzelakten • gute Übersicht durch Reiter oder farbige Kennzeichnung • Zeitersparnis, falls Dokumente lose abgelegt werden • schneller Zugriff • flexibel, da neue Behälter an jeder Stelle dazwischen gehängt werden können • gute Raumausnutzung	• nicht geeignet für Sammelakten • Schriftgutbehälter können herausfallen • Dokumente können ohne Heftung herausfallen

Handlungskomplex 04: Arbeitsabläufe gestalten und verbessern

Kurzer Blick in den Betriebsalltag

Ein Blick auf die Uhr verrät, in knapp vier Stunden wollte Franz Seydlitz eigentlich nach Hause gehen und später weiter zu einem Konzert. Aber auf seinem Schreibtisch stapeln sich noch diverse Unterlagen für die Ablage, Notizzettel und Belege, die mit Frau Wagner aus der Buchhaltung unbedingt heute noch besprochen werden müssen. Ob das heute noch alles zu bewältigen ist?

01 Aufgaben strukturieren

Viele Mitarbeiter wie Herr Seydlitz stehen häufig vor der Frage, welche Aufgaben sie zuerst erledigen sollen und welche noch verschoben werden können. Um bei einer Vielzahl von Aufgaben den Überblick nicht zu verlieren, bietet sich eine To-Do-Liste an.

Merke: Eine Aufgabe ist ein Auftrag, den man freiwillig oder verpflichtend (meist im Rahmen eines Arbeitsverhältnisses) übernommen hat und bearbeiten muss. Eine To-Do-Liste – auch: Liste offener Posten (LOP) – enthält alle Aufgaben eines Tages ohne besondere Sortierung.

Eine To-Do-Liste sollte in Papierform erstellt werden, um so einen besseren Überblick über alle offenen Aufgaben zu erhalten und ohne dass Aufgaben „aus den Augen" geraten. Es können auch Mindmaps oder elektronische Listen (z.B. Excel, eigene Software-Programme) hilfreich sein. Letztere bieten oftmals zusätzlich Erinnerungs-, Sortier- und weitere Funktionen an.

Die Aufgaben der To-Do-Liste können in der notierten Reihenfolge abgearbeitet werden. Oftmals ist es aber sinnvoll, die wichtigeren Aufgaben herauszufinden und diese als erstes zu bearbeiten. Dazu notiert man die Wichtigkeit, Dringlichkeit (z.B. Abgabetermine) oder eine andere Art von Priorität neben den Aufgaben. Hilfreich kann es auch sein, gleichartige Aufgaben (z.B. verschiedene Telefonate) zusammen zu fassen und auf einmal zu bearbeiten. Erledigte Aufgaben können abgehakt werden und verdeutlichen gleichzeitig Arbeitsleistung und Fortschritt während eines Tages.

Bei vielen Aufgaben können diese auch auf mehrere To-Do-Listen (täglich, wöchentlich, monatlich, usw.) verteilt werden. Größere Aufgaben werden in Teilaufgaben unterteilt (Salami-Taktik) und schrittweise bearbeitet, das die Übersichtlichkeit verbessert.

Kommen bestimmte Aufgaben immer wieder vor oder wiederholen sich regelmäßig, lohnt sich die Anfertigung einer Checkliste.

Merke: Eine Checkliste enthält alle Teilaufgaben, die bei einer größeren Aufgabe zu erledigen sind.

02 Arbeitszeit sinnvoll einteilen – Methoden des Zeitmanagements

Abteilungsleiter und andere Vorgesetzte haben meistens eine Reihe ganz unterschiedlicher Aufgaben zu bewältigen. Manche von diesen Aufgaben sind oftmals reine Routinetätigkeiten, andere sind hingegen für die weitere geschäftliche oder berufliche Entwicklung wichtig, wie z.B. Gewinnung von Kunden, Einstellung eines Mitarbeiters, usw. Um den Überblick dabei nicht zu verlieren, müssen Vorgesetzte unwichtige Aufgaben herausfiltern und die Arbeitszeit für wichtige Aufgaben sinnvoll einteilen.

Merke: Eine Aufgabe ist umso wichtiger, je negativer die Folgen bei fehlender oder verspäteter Bearbeitung ausfallen können, wie z.B. fehlender Umsatz nach Weggang eines Kunden, Imageverlust aufgrund erneut mangelhafter Ware, usw.

ABC-Analyse

Aufgaben lassen sich ähnlich wie Lieferanten, Kunden oder Lagergüter in unterschiedliche Kategorien einteilen. Wie wichtig eine Kategorie und die darin befindlichen Aufgaben sind, hängt von den Zielen (z.B. Umsatzsteigerung) ab, die mit der jeweiligen Aufgabe (z.B. Gewinnung neuer Kunden) erreicht werden sollen.

A-Aufgabe ↓ sehr wichtig	Haupt-, Kern- oder Schlüsselaufgaben (z.B. Verhandlungen mit einem neuen Großkunden), die nicht an andere Mitarbeiter delegiert werden sollten. Diese Aufgaben erfordern oftmals kreative oder planerische Tätigkeiten und gehören zu den Führungsfunktionen von Vorgesetzten.
B-Aufgabe ↓ weniger wichtig	Aufgaben, die erst nach den A-Aufgaben erledigt werden müssen, da sie weniger wichtig sind, z.B. Auswahl eines neuen Praktikanten für das nächste Jahr.
C-Aufgabe ↓ Routinetätigkeiten	Viele Aufgaben sind Routinetätigkeiten, die einen Großteil der täglichen Arbeitszeit beanspruchen und daher an andere Mitarbeiter delegiert werden können, z.B. Erstellen von Ausgangsrechnungen.

Eisenhower-Matrix

Aufgaben werden nicht nur nach ihrer Wichtigkeit (Erreichung des Ziels) für den Vorgesetzten selbst, sondern auch nach Dringlichkeit (Zeitbezug, Termine pünktlich einhalten) unterschieden.

	Die Aufgabe ist...	Der Vorgesetzte sollte die Aufgabe...
A-Aufgabe	wichtig + dringend	sofort selbst erledigen.
	Beispiel: Kündigung eines Mitarbeiters	
B-Aufgabe	wichtig + nicht dringend	selbst erledigen oder in Teilaufgaben unterteilen. Die Bearbeitung kann zu einem späteren Zeitpunkt erfolgen.
	Beispiel: Auswahl eines neuen Auszubildenden für das nächste Jahr	
C-Aufgabe	unwichtig + dringend	an Mitarbeiter delegieren, damit sie diese sofort erledigen.
	Beispiel: Bearbeitung einer Kundenanfrage	
D-Aufgabe	unwichtig + nicht dringend	... nicht weiter beachten.
	Beispiel: allgemeine Werbung per Post	

03 Arbeitsabläufe verbessern – Methoden des Selbstmanagements

Kurzer Blick in den Betriebsalltag

Jetzt hatte sich Florian Hamm für den heutigen Tag doch extra alle Aufgaben auf einer To-Do-Liste sorgfältig notiert. Ein Blick auf die Liste zur Mittagszeit zeigt jedoch, dass er trotzdem nicht alles geschafft hat. Und jetzt nach dem Mittagessen kann er sich so gar nicht konzentrieren, obwohl nun ein wichtiges Telefongespräch mit einem Kunden anstehen würde.

Auch wenn man seinen Tagesablauf noch so gründlich vorgeplant hat, können immer wieder **Störungen** auftreten oder Aufgaben dauern aufgrund von **Zeitdieben** (z.B. fehlen Unterlagen, um eine Aufgabe zu erledigen, sich bei Aufgaben verzetteln, Leistungs-/Konzentrationstief nach der Mittagspause) länger als gedacht.

Selbstbeobachtung und -kontrolle

Beobachtet man seinen täglichen Arbeitsablauf etwas genauer, können solche Störfaktoren und Zeitdiebe erkannt und bei der nächsten Planung bewusst vermieden (z.B. laute Gespräche der Kollegen stören die Konzentration) oder berücksichtigt (z.B. zusätzliche Zeit für E-Mails einplanen) werden. Bei unerledigten Aufgaben sollte man auch immer versuchen herauszufinden, warum sie nicht oder nur teilweise erledigt wurden. Auf diese Weise lässt sich der eigene Arbeitsalltag noch besser organisieren und die Arbeit deutlich effektiver erledigen.

Ziele setzen und überprüfen

Mit der Erstellung einer To-Do-Liste hatte sich Florian Hamm bereits gewisse Ziele für den heutigen Arbeitstag überlegt. So waren es für ihn vermutlich neben der Erledigung aller Aufgaben (z.B. Kundenanfragen beantworten, Angebote formulieren) ohne aber Wichtiges zu vergessen (**unternehmerisches Ziel**) sicher auch Ziele wie den Tag stressfrei und ohne Fehler zu meistern, um später einmal durch eine gute Arbeitsleistung eine attraktive Stelle zu bekommen (**berufliches Ziel**). Hat man sich Ziele überlegt, so lenken diese den eigenen Blick noch stärker auf die jeweiligen Aufgaben und Tätigkeiten und fördern damit die Erreichung des Ziels. Wichtig hierbei ist aber, dass sie konkret formuliert und auch erreicht und kontrollierbar sein sollten.

Aufgaben

? 1: Beschreiben Sie den qualitativen und quantitativen Bedarf an Büromaterial.

? 2: Erläutern Sie die Postvollmachten.

? 3: Nennen Sie die wesentlichen Schritte bei der Bearbeitung der Eingangspost.

? 4: Welche Besonderheiten treten auf, wenn Post elektronisch eingeht?

? 5: Nennen Sie die wesentlichen Schritte bei der Bearbeitung der Ausgangspost.

? 6: Erläutern Sie die Zusatzleistung „Einschreiben Übergabe mit Rückschein" und nennen Sie Beispiele für dessen Anwendung.

? 7: Beschreiben Sie die KEP-Dienste.

? 8: Grenzen Sie Dokumente mit Tages-, Prüf-, Dauer- und Gesetzeswert anhand von passenden Beispielen voneinander ab.

? 9: Beschreiben Sie verschiedene Ort, an denen Dokumente aufbewahrt werden können. Geben Sie auch an, wann diese Art der Ablage angewendet werden sollte.

? 10: Beschreiben Sie verschiedene Ordnungssysteme.

? 11: Was versteht man unter einer To-Do-Liste und wie sollte man sie sinnvollerweise einsetzen?

? 12: Beschreiben Sie mit Hilfe der beiden folgenden Methoden, wie Sie ihre Arbeitszeit sinnvoller einteilen können.
- ABC-Analyse
- Eisenhower-Matrix

Funktion 0104 Koordinations- und Organisationsaufgaben

Handlungskomplex 01: Termine planen, koordinieren und überwachen

Kurzer Blick in den Betriebsalltag

Heute ist wieder einer der Tage, auf den Dörthe Epstein gerne verzichten würde: sie eilt von einem Termin zum anderen, zwischendurch ein kurzes Meeting mit ihren Kollegen/-innen aus der Werbeagentur und dann noch der auswärtige Kundentermin, den sie pünktlich schaffen muss ... vielleicht kann die Sekretärin den ein oder anderen Termin doch noch verschieben?

01 Arten von Terminen

Merke: Ein Termin ist ein feststehender Zeitpunkt, an dem eine Besprechung, Konferenz oder ein anderes wichtiges Ereignis stattfindet.

Termine nach dem Ort	
intern	Der Termin findet im Unternehmen selbst statt, z.B. das Meeting von Dörthe Epstein mit den Kollegen/-innen der Werbeagentur.
extern	Der Termin findet außer Haus an einem anderen Ort statt, z.B. Termin bei einem Kunden.

Termine nach der Veränderbarkeit	
fest	Unabhängig von der eigenen Teilnahme findet der Termin auf jeden Fall statt, wie z.B. Messe der Druckereibranche in Berlin am 15. März.
flexibel bzw. variabel	Der Termin wird zwischen den Beteiligten vereinbart und kann nachträglich verändert werden, z.B. Gespräch zwischen Dörthe Epstein und einem Mitarbeiter.

Merke: Finden Termine gleichzeitig statt, müssen Prioritäten gesetzt werden: Feste Termine haben immer Vorrang vor variablen und externe Termine haben immer Vorrang vor internen.

Zusätzlich lassen sich noch weitere Terminarten unterscheiden:

Termine nach der Fristigkeit (Planungszeitraum)[1]	
kurzfristig	Der Termin findet in wenigen Tagen oder Wochen statt, z.B. das Vorstellungsgespräch eines neuen Mitarbeiters.
mittelfristig	Der Termin findet in den nächsten Monaten, Quartalen, Halbjahr statt, z.B. das monatliche Meeting über die Absatzzahlen.
längerfristig	Der Termin findet in einem Jahr statt, z.B. die nächste Messe für Werbeagenturen.
langfristig	Der Termin findet in den nächsten Jahren statt, z.B. Einweihung des zwei Jahre lang gebauten neuen Verwaltungsgebäudes der BE Partners KG.
Termine nach der Wichtigkeit (Aufschiebbarkeit)	
dringend	Dieser Termin muss wahrgenommen werden, z.B. Zahlung einer Steuerschuld.
wichtig	Dieser Termin ist für die Geschäftsbeziehung wichtig und sollte daher wahrgenommen werden, z.B. das erste Kontakttreffen mit einem neuen Lieferanten.
zukunftsentscheidend	Dieser Termin ist für die weitere Entwicklung einer Person oder des Unternehmens wichtig und sollte unbedingt wahrgenommen werden, z.B. Personalbeurteilungsgespräch oder Banktermin über einen Kredit.

[1] Eine Einteilung in kurz-, mittel- und langfristig gibt es auch bei Krediten (S. 240 f.). Hier gilt aber: kurzfristig bis zu einem Jahr, mittelfristig bis zu vier Jahren, langfristig ab vier Jahren Laufzeit.

02 Termine planen und überwachen sowie Hilfsmittel nutzen

Merke: Für alle Beteiligten muss zunächst ein passender Termin gefunden und mit ihnen vereinbart werden. Der gefundene Termin wird in einem Kalender oder anderem Hilfsmittel eingetragen und bis zum Eintreten überwacht.

02.1 Termine finden und vereinbaren

Rahmenbedingungen beeinflussen die Terminplanung für eine Veranstaltung. So sollten Feier- und Brückentage, Betriebs- oder Schulferien berücksichtigt werden. Ebenso müssen die benötigten Ressourcen (z.B. Raumanzahl und -größe, Präsentationsmedien) am gewünschten Termin verfügbar sein. Hängt die Veranstaltung von bestimmten Teilnehmern (z.B. Referenten, Leiter der Veranstaltung) ab, sollte zunächst mit diesen Personen der Termin abgestimmt werden. Danach kann der gefundene Termin den übrigen Teilnehmern bekannt gegeben und schriftlich bestätigt werden.

Hilfsmittel zur Terminfindung:
- persönliches bzw. telefonisches Gespräch mit den Beteiligten
- elektronische Kommunikation (E-Mail) mit den beteiligten Personen
- Online-Dienste zur Abstimmung von Terminen wie z.B. Doodle, Fasterplan, Schedule Once, TimeBridge
- Outlookkalender und Terminanfrage über Outlook

02.2 Termine vormerken

Vereinbarte und von den Teilnehmern bestätigte Termine sollten unmittelbar in einen Terminplaner eingetragen werden. Außerdem ist es sinnvoll, weitere Details zu notieren:
- Anlass und Zweck des Termins (evtl. notwendige Unterlagen)
- Ort, Raum und Dauer
- Teilnehmer

Merke: Termine und zu erledigende Aufgaben sollten immer schriftlich fixiert werden, um sie nicht aus den Augen zu verlieren.

Es gibt eine Reihe von Hilfsmitteln zur Terminvormerkung:
- **Jahresübersichten** (Jahresplaner, Leporelloblätter). Diese bieten ausreichend Platz und ermöglichen eine langfristige Planung z.B. für Messetermine oder die Urlaubsplanung.
- Monats- und **Wochenkalender** eignen sich für eine mittelfristige Planung wie z.B. wichtige Steuertermine.
- **Tageskalender** unterstützen die kurzfristige Planung bis auf einzelne Stunden bspw. für ein Meeting am Nachmittag.
- **Zeitplanbuch** oder **Timer** bieten sich bei der Anwendung von Zeitmanagementmethoden besonders an.
- **Elektronischer Terminkalender** bzw. **-planer** ermöglichen gute Handhabung und bieten flexible Zusatzfunktionen, z.B.:
  - automatische Erinnerung an einen Termin,
  - automatische Wiederholung von Terminen (Terminserie, Geburtstagsfunktion).
  - Angabe von Prioritäten bei mehreren Terminen.

Elektronische Terminplaner sind auf vielen elektronischen Geräten (z.B. Smartphone, Tablet) verfügbar und können ihre Termine synchronisieren (auf allen Geräten aktualisieren).

- **Wiedervorlagemappen** bieten die Möglichkeit, Dokumente für einzelne Tage oder Monate zu sammeln und zu verwahren. Eine tägliche Kontrolle stellt die notwendigen Unterlagen bereit und garantiert, dass kein Termin versäumt wird.

Für Projekte mit mehreren aufeinander aufbauenden Terminen eignen sich **Balken-** bzw. **Gantt-Diagramme** oder auch **Planungstafeln**. Sie bieten auf einen Blick alle wichtigen Teilschritte, deren Ausführungsdauer und Anfangs- oder Endtermine. Außerdem zeigen sie Abhängigkeiten einzelner Teilschritte auf.

02.3 Termine überwachen

Für bestimmte, gesetzlich vorgeschriebene Ereignisse wie bspw. Steuerzahlungen müssen die Termine unbedingt eingehalten werden. Dies gilt aber auch für geschäftliche Termine, insbesondere dann, wenn bestimmte Vorarbeiten erledigt werden müssen.

Merke: Termintreue bedeutet, dass Termine eingehalten werden.

Manchmal lassen sich bei Bedarf Termine verschieben. Bei einer Terminverschiebung muss mit den betroffenen Personen Kontakt aufgenommen und eine Verschiebung vereinbart werden. Lässt sich dies nicht umsetzen, muss, vor allem bei externen Terminen, mit Folgen gerechnet werden, z.B. keine Möglichkeit zum Skontoabzug bei Bezahlung einer überfälligen Lieferantenrechnung, ausbleibende Geschäftsbeziehung mit einem neuen Kunden aufgrund des verpassten Termins. Als Hilfsmittel (siehe 02.2) eignen sich hierfür besonders solche, die einen Überblick über eine längere Zeitspanne ermöglichen, wie bspw. Wochen- und Jahresplaner, elektronische Kalender mit eingestellter Erinnerungsfunktion vor dem jeweiligen Termin.

Handlungskomplex 02: Veranstaltungen vorbereiten, betreuen und nachbereiten

Kurzer Blick in den Betriebsalltag

„Hallo Frau Bernle. Ich hätte gerne mit Herrn Bastian gesprochen. Ist er da?"
„Hallo Frau Kolder. Leider nein. Herr Bastian ist in einer Sitzung ähm nein Besprechung. Oder (Frau Bernle macht eine kurze Pause und grübelt) ... Auf jeden Fall hat er gerade einen wichtigen Termin mit neuen Lieferanten und kann nicht gestört werden."
„Schade. Dann werde ich ihm eine kurze E-Mail schreiben ... Bis dann, Frau Bernle."

01 Arten von Veranstaltungen

Merke: Bei einer Veranstaltung kommen meist Mitarbeiter/innen zusammen, um sich zu einem bestimmten Thema über den aktuellen Stand und/oder ihre Meinung auszutauschen. Meist geschieht dies in mündlicher Form.

In Unternehmen sind die häufigsten Arten von Veranstaltungen:

- In **Sitzungen** tauschen sich mehrere Personen über ein Thema aus, diskutieren darüber und/oder erarbeiten ein gemeinsames Ergebnis. Die Einladungen erfolgen mündlich oder schriftlich mit Angabe der Tagesordnungspunkte (Themen) und Nennung des Sitzungsleiters. Es wird ein Protokoll angefertigt.
- Eine **Besprechung** ist meist eine kleine Gruppe von Personen, die ohne besondere Formalitäten (Einladung, Protokoll) stattfindet, um Informationen auszutauschen.

Je nach Anlass, Zielsetzung, Teilnehmer(zahl) und Dauer lassen sich weitere Veranstaltungsformen unterscheiden:

- Konferenzen (Austausch von Informationen oder Bekanntgabe von Entscheidungen)
- Telefonkonferenzen
- Veranstaltungen im Vertriebs- und Marketingbereich (z.B. Messen, Vertretertagungen)
- Weiterbildungsveranstaltungen (z.B. Lehrgänge, Seminare, Webinare, Tagungen)

Veranstaltungen finden statt, um u.a. folgende Ziele zu erreichen:

- Informationen erhalten, austauschen und weitergeben
- Ideen finden und ausarbeiten
- Entscheidungen treffen
- Probleme erkennen und lösen

02 Veranstaltungen vorbereiten

Merke: Vorbereitung ist alles! Für eine gelungene Veranstaltung ist es entscheidend, die wichtigsten Details im Vorfeld zu klären.

Checklisten erleichtern die Vorbereitungen, denn sie enthalten bereits die wichtigsten Planungsschritte und -phasen. Außerdem können sie bereits im Vorfeld auf mögliche organisatorische Schwachstellen (z.B. notwendige Vorlaufzeit zur Buchung eines Catering) hinweisen.

Woran sollte bei der Vorbereitung einer Veranstaltung gedacht werden?	
• **Veranstaltungsort:** Räumlichkeiten (intern oder extern angemietet) in passender Größe und mit der notwendigen Präsentationstechnik auswählen. Der ausgewählte Ort sollte grundsätzlich die Erreichung des Veranstaltungsziels unterstützen. • **Inhalte:** Mögliche Tagesordnungspunkte sammeln und in eine sinnvolle Reihenfolge bringen. Je nach Veranstaltung liefern die Teilnehmer die Inhalte oder sie können Inhalte beitragen. • **Teilnehmer:** Das gewünschte Ziel einer Veranstaltung (z.B. Entscheidung über eine bestimmte Werbemaßnahme) bestimmt, welche Teilnehmer eingeladen werden (z.B. Mitarbeiter/innen der Werbeabteilung). Je nach Veranstaltung ergibt sich die Teilnahme aus der Aufbauorganisation des Unternehmens (ein bestimmter Kreis an Führungskräften und Mitarbeitern ist einzuladen). Ferner ist zu klären, ob betriebsfremde Personen z.B. als Referent für einen Vortrag beauftragt werden müssen.	• **Terminfindung:** Steht der Teilnehmerkreis fest, kann der passende Termin gefunden werden (siehe „Termine", Seite 62). • **Zeitpunkt** und **Dauer:** Die Tagesordnung bestimmen die Dauer der Veranstaltung und damit auch deren Beginn und Ende. • **Catering:** Die Veranstaltungsdauer beeinflusst, ob und wie umfangreich eine Verpflegung erforderlich ist. Bei größeren Veranstaltungen empfiehlt sich ein Catering-Service, der sich dann meist auch um Geschirr kümmert. • **Kosten:** Art und Umfang der Veranstaltung bestimmen die Höhe der Kosten und ob diese im Rahmen des Budgets liegen. Bei internen Veranstaltungen fallen meist keine oder geringe Kosten an, bei externen Veranstaltungen entstehen oft Fahrtkosten oder Kosten für Übernachtung und Rahmenprogramm bei mehrtägiger Dauer. Sollen die die Teilnehmer einen Beitrag leisten, sollten diese bereits bei Anmeldung über die Kostenbeteiligung informiert werden.

Vorteile bei internen Veranstaltungen:	**Vorteile bei externen Veranstaltungen:**
• kurze Wege für die Teilnehmer, da im eigenen Unternehmen • geringe Kosten, da Fahrtkosten entfallen • kurze Abwesenheitszeiten der Teilnehmer vom Arbeitsplatz, falls die Veranstaltung nicht ganztägig ist • betriebliche Arbeitsmittel stehen bereit	• ruhige Umgebung und weniger Ablenkungen durch Kollegen/innen, da nicht im eigenen Unternehmen • entspannte Atmosphäre durch andere Umgebung • meist professionelle Präsentationstechnik vorhanden

Nach Abschluss aller Vorbereitungen, werden die Teilnehmer unter Angabe folgender Informationen eingeladen:
- Nennung des Termins und der Themen
- Angabe von Beginn und Ende der Veranstaltung
- Ablauf der Veranstaltung (Tagesordnungspunkte)
- Angaben zum Veranstaltungsort und den genauen Räumlichkeiten

03 Veranstaltungen durchführen

Kurz **vor Beginn** der Veranstaltung sollte nochmals geprüft werden, ob alle geplanten Vorbereitungen umgesetzt wurden u.a.:

- Präsentationstechnik (z.B. Beamer, Laptop) ist vorhanden und funktionsbereit
- Veranstaltungsraum ist vorbereitet (z.B. Stühle, Sitzordnung)
- Materialien zur Veranstaltung (z.B. Handout, Schreibgeräte, Notizzettel, Flipchart, Moderationsmaterial) ist vorhanden
- Catering ist geliefert und angerichtet
- Teilnehmerliste in der aktuellen Fassung und evtl. Namensschilder liegen bereit
- Türschild („Bitte nicht stören") ist angebracht

Wird ein Protokoll angefertigt, muss der Protokollant (Ersteller) anwesend sein und über die Protokollart informiert werden.

Mit **Beginn** der Veranstaltung begrüßt der Sitzungsleiter alle Anwesenden, stellt eingeladene Referenten vor und gibt Hinweise zur weiteren Organisation (z.B. Pause, Unterlagen) und Verlauf der Veranstaltung.

Kurz vor **Ende** der Veranstaltung sollten die wichtigsten Informationen und/oder Ergebnisse nochmals zusammengefasst werden, ehe die Teilnehmer und anwesenden Referenten dann verabschiedet werden. An dieser Stelle bietet es sich an, mögliche weitere Termine mit den Anwesenden abzustimmen sowie eine mündliche oder schriftliche Feedbackrunde zu beginnen.

04 Veranstaltungen nachbereiten

Nach Abschluss der Veranstaltung sollte der Erfolg, d.h. die Erreichung der gesetzten Ziele, überprüft werden. Hierzu bietet es sich an, die Veranstaltung selbst zu beurteilen sowie das erhaltene Feedback auszuwerten und Rückschlüsse für weitere Veranstaltungen zu gewinnen. Auf diese Weise erhält man auch (inhaltliche) Vorschläge oder Verbesserungen.

Neben der Beurteilung der Veranstaltung stehen ebenfalls folgende Tätigkeiten an:

- Tagungsraum aufräumen, d.h. ursprüngliche Sitz- und Tischordnung wieder herstellen, die Präsentationstechnik abbauen und wegräumen

- Rechnungen für Catering sowie das Honorar der Referenten bezahlen
- angefallene Kosten ermitteln und mit dem vorhandenen Budget abgleichen sowie Ursachen für Abweichungen feststellen
- Informationsmaterial an die Teilnehmer versenden bzw. verteilen
- Dankschreiben an den Referenten formulieren und versenden
- Protokoll anfertigen und den betroffenen Personen zur Genehmigung senden
- evtl. weitere Folgeveranstaltungen planen oder verwerfen

05 Protokolle

Merke: Ein Protokoll ist eine Mit- (sofort während der Veranstaltung) oder Niederschrift (im Nachhinein der Veranstaltung) der sachlichen Inhalte, des Verlaufs und/oder dem Ergebnis einer Veranstaltung oder Gerichtsverhandlung.

Merke: Der Ersteller oder auch Schriftführer eines Protokolls ist der Protokollant. Als neutrale Person einer Veranstaltung fließt seine Meinung nicht in das Protokoll mit ein.

Nach Anfertigung muss ein Protokoll vom Ersteller unterschrieben als auch von den Teilnehmern der Veranstaltung genehmigt werden. Hierzu kann es entweder unter Angabe einer Widerspruchsfrist an sie versendet oder in der nächsten Sitzung des Gremiums, sofern es sich um die gleichen Teilnehmer handelt, genehmigt werden. Danach gilt der Inhalt des Protokolls als verbindlich.

Ist ein Protokoll erstellt, unterschrieben und genehmigt, handelt es sich um eine förmliche (Privat-)Urkunde, die bspw. bei Rechtsstreitigkeiten Beweiskraft besitzt. Damit wird die Richtigkeit der niedergeschriebenen Inhalte (z.B. herbeigeführte Beschlüsse) dokumentiert. Aus diesem Grund darf ein unterschriebenes Protokoll auch nicht mehr geändert werden. Vorhandene Fehler müssen entweder in einem neuen Protokoll mit erneuter Unterzeichnung oder im nächsten Protokoll dokumentiert werden. Verfälschungen werden strafrechtlich verfolgt.

Merke: Ein Protokoll muss immer unmissverständlich, eindeutig und je nach verfolgtem Zweck ausreichend ausführlich sein.

Protokolle erfüllen unterschiedliche Zwecke:

Informationsgrundlage	→	für Personen, die an der Sitzung oder Besprechung nicht teilge-nommen haben
Gedächtnisstütze	→	für anwesende Teilnehmer, insbesondere wenn sie keine eigenen Aufzeichnungen angefertigt haben
Dokumentation	→	von Sachverhalten, die Gegenstand der Veranstaltung waren
Arbeitsgrundlage	→	für weiterführende Tätigkeiten oder Folgeveranstaltungen
Kontrollinstrument	→	um zu überprüfen, ob vergebene Aufträge durch die jeweiligen Personen erledigt wurden
Beweismittel	→	für Äußerungen der Teilnehmer, gefasste Beschlüsse und verteil-te Aufgaben oder Kompetenzen

05.1 Arten von Protokollen

Merke: Der Zweck eines Protokolls bestimmt auch seine Art. Protokolle wer-den grundsätzlich im Präsens (Gegenwart) geschrieben, um dem Leser das Gefühl zu geben, dabei gewesen zu sein. Ausnahme: das Gedächtnisprotokoll wird in der Vergangenheit formuliert.

Art	Merkmale	Vorteile	Nachteile
Wort-protokoll	wortwörtliche Niederschrift von Allem, was gesagt wurde sowie vorhandener Zwischenmeldungen Aussagen der Teilnehmer in direk-ter Rede Beispiel: Reden von Politikern im Bundestag, Gerichtsverhandlun-gen	• sehr genaues Protokoll durch wörtliche Mit-schrift • höchste Beweis-kraft durch wortwörtlichen Inhalt	• zeit- u. kostenintensiv in der Erstellung • erfordert höchste Konzentration des Protokollanten • ermöglicht kein kurzes Überfliegen, da sehr ausführlich
Verlaufs-protokoll	eingebrachte Argumente und er-zielte Ergebnisse werden festge-halten Aussagen der Teilnehmer stehen in indirekter Rede (Konjunktiv) Beispiel: Jahressitzung des schuli-schen Fördervereins	• Entscheidungen sind gut nach-vollziehbar • übersichtlicher als ein Wortpro-tokoll	• zeitintensiv beim Niederschreiben der Argumente und deren Verlauf • erfordert leistungs-und konzentrations-fähige Protokollanten
Kurz-protokoll	enthält einen kurzen Bericht der Veranstaltung (evtl. in Stichwor-ten) ohne auf den genauen Verlauf einzugehen in indirekter Rede (Konjunktiv) Beispiel: wöchentliches Meeting über den Stand aktueller Werbe-maßnahmen	• übersichtlich aufgrund der Kürze • schnell zu erstellen	• Argumente können bei der Niederschrift übersehen werden • Argumente erhalten im Protokoll nicht das notwendige Gewicht

Ergebnis- bzw. Beschluss- protokoll	enthält nur Ergebnisse (z.B. allgemeine Meinung bei der Abschlussdiskussion) oder gefasste Beschlüsse (Abstimmung mit ja / nein / Enthaltungen) Ergebnisse in wörtlicher Rede Beispiel: jährliche Wahl für das Amt der/s Klassensprecher/in	• sehr schnell zu erstellen • weniger aufwendig als andere Protokollarten	• enthält keine Informationen über den Verlauf der Veranstaltung (z.B. Gesprächsatmosphäre) • wichtige Argumente für die Beschlussfassung gehen nicht aus dem Protokoll hervor
Sofort- bzw. Simultan- protokoll	während der Veranstaltung wird das Protokoll bereits erstellt Hilfsmittel: mobile Geräte wie Laptop, Tablet, usw. in indirekter Rede (Konjunktiv) Beispiel: Wahl des Klassensprechers	• Protokoll kann bereits am Ende der Veranstaltung verteilt werden • kein weiterer Arbeitsaufwand zur Erstellung	• nur bei Ergebnis- bzw. Beschlussprotokoll sinnvoll umsetzbar
Foto- protokoll	visuell dargestellte Inhalte bzw. Ergebnisse auf bspw. Flipchart, Tafel, usw. werden als Protokoll fotografisch festgehalten Beispiel: Sitzung der Design-Abteilung zu einem neuen Logo	• sehr schnell machbar • grafische Inhalte der Veranstaltung können festgehalten werden	• nur Ergebnisse werden festgehalten • es fehlen Argumente oder Diskussionen, die zum Ergebnis geführt haben • technische Geräte zur Erstellung der Fotos notwendig
Gedächt- nisproto- koll	ein Teilnehmer der Veranstaltung erstellt im Nachhinein eine Niederschrift, da kein Protokollant anwesend oder erwünscht war Beispiel: Kreditberatungsgespräch zwischen Geschäftsführer und Bank	• kann im Nachhinein erstellt werden	• evtl. fehlen wichtige Inhalte oder Details des Veranstaltungsverlaufs • Protokoll ist nicht beweiskräftig

05.2 Erstellen des Protokolls

Vorbereitung ist alles. Bevor der Protokollant in der Veranstaltung mit dem Schreiben beginnt, sollte er einen Blick auf die Teilnehmerliste werfen, um sich bereits die Teilnehmer einzuprägen und mögliche Abkürzungen zu überlegen. Dies beschleunigt das spätere Mitschreiben personenbezogener Aussagen wesentlich. Außerdem sollte er sich mit der Tagesordnung vertraut machen, um bereits die Reihenfolge der Themen und die jeweiligen Redner bzw. Referenten zu kennen.

Musterprotokoll

BE Partners KG
Schlesienstraße 490 – 492
53119 Bonn
☎ +49 228 1236-0
🖨 +49 228 1236-111
✉ info@bepartners.de
🖥 www.bepartners.de

Kurzprotokoll

Datum	11. Dezember 20..
Ort	Büro Herr Seydlitz
Dauer	08:00 – 08:15 Uhr
Teilnehmer	Herr Seydlitz, Gesprächsführer Herr Neuhaus, Auszubildender Frau Bernle, Protokollantin
TOP:	1. Unentschuldigte Fehltage des Herrn Neuhaus

Besprechungsinhalt:

Herr Seydlitz teilt Herrn Neuhaus mit, dass er mit dem Klassenlehrer von Herrn Neuhaus gesprochen hat und darüber informiert wurde, dass Herr Neuhaus bereits 5 Fehltage in 12 Wochen hat, davon sind 2 Tage unentschuldigt.

Auf die Nachfrage von Herrn Seydlitz nach dem Grund für die unentschuldigten Fehltage, teilt Herr Neuhaus mit, er habe Kopfschmerzen gehabt. Herr Seydlitz hält die Aussage für wenig glaubhaft und legt deshalb fest:

- Herr Neuhaus muss jeden Krankheitstag in der Schule und im Betrieb mit einem ärztlichen Attest belegen.
- Die beiden unentschuldigten Tage in der Schule bleiben mit allen Konsequenzen für Herrn Neuhaus unentschuldigt.
- Herr Seydlitz informiert sich regelmäßig in der Schule über das weitere Verhalten von Herrn Neuhaus.
- Sollte Herr Neuhaus weitere unentschuldigte Fehltage ansammeln, muss er mit der Kündigung rechnen.

Datum, Unterschrift Sitzungsleiter/-in	Datum, Unterschrift Protokollführer/-in
13.12.20.., Franz Seydlitz	*12.12.20.., Edith Bernle*

Verteiler
Geschäftsleitung
Personalabteilung
Herr Neuhaus

Beim **Erstellen (Mitschreiben)** des Protokolls sollte der Protokollant bereits versuchen, wichtige Informationen hervorzuheben und die Inhalte zu jedem Tagesordnungspunkt zu strukturieren und zu gliedern. Unter Berücksichtigung der gewünschten Protokollart, kann dabei schon der Umfang und die Details des Protokolls bestimmt werden.

Jedes Protokoll – unabhängig von seiner Art – weist bestimmte **Bestandteile** auf. Der Protokollkopf, der Mittelteil sowie der Protokollschluss bilden dabei zusammen den Protokollrahmen, also das gesamte Protokollformular.

Der Protokollkopf besteht aus folgenden Elementen:
- Firma und Kontaktdaten
- Art des Protokolls
- Art der Veranstaltung
- Ort, Datum, Beginn und Ende der Veranstaltung
- Teilnehmerliste
- Tagesordnungspunkte

Abwesende Teilnehmer können entweder direkt hinter ihrer Nennung in der Teilnehmerliste als abwesend gekennzeichnet werden oder in einem eigenen Bereich für Abwesenheiten im Protokollkopf.

Der Verteiler (Liste von Personen, die das Protokoll nach Erstellung erhalten) kann entweder im Protokollkopf oder im –schluss stehen. Ebenso verhält es sich mit einem möglichen Hinweis auf die nächste Veranstaltung.

Im Mittelteil des Protokolls werden alle – je nach Protokollart – relevanten Informationen zur Veranstaltung (Inhalte, Diskussionen, Entscheidungen, usw.) festgehalten. Ebenso wird hier vermerkt, welche Aufgabe von einzelnen Teilnehmern bis zu welchem Termin erledigt werden müssen.

Der Protokollschluss beendet das Protokoll offiziell und enthält meist folgende Elemente:
- Datum und Unterschrift des Protokollführers
- Datum und Unterschrift des Sitzungsvorsitzenden
- Verteiler, sofern dieser noch nicht im Protokollkopf genannt ist

Aufgaben

? 1: Erläutern Sie, was man unter einem betrieblichen Termin versteht.

? 2: Unterscheiden Sie interne / externe sowie feste / variable Termine anhand passender Beispiele.

? 3: Erläutern Sie, weshalb dringende, wichtige und zukunftsentscheidende Termine im Unternehmen keinesfalls vernachlässigt werden sollten.

? 4: Sie planen eine Fortbildung für Ihre Kollegen/innen der Personalabteilung.
a. Beschreiben Sie Ihre Vorgehensweise bei der Terminfindung.
b. Welche Hilfsmittel können Sie nutzen, um diesen Termin langfristig vorauszuplanen?

? 5: Unterscheiden Sie Sitzungen und Besprechungen anhand eines passenden Beispiels.

? 6: Welche Rolle spielen Checklisten bei der Vorbereitung von Veranstaltungen?

? 7: Weshalb ist es manchmal besser, eine Veranstaltung im eigenen Unternehmen stattfinden zu lassen?

? 8: Weshalb werden bei vielen Veranstaltungen Protokolle angefertigt?

? 9: Protokolle besitzen Beweiskraft. Nehmen Sie zu dieser Aussage Stellung.

Prüfungsgebiet 02: Geschäftsprozesse

Funktion 0201 Beschaffung von Material und Dienstleistungen

Handlungskomplex 01: Material-und Dienstleistungsbedarf ermitteln

01 Aufgaben der Beschaffungsplanung

Möchte ein Unternehmen Waren einkaufen, so sollte vorab eine Planung durchgeführt werden (Beschaffungsplanung). Für diese Planung ergeben sich folgende Fragen:

- Was wird gekauft?
- Wie viel wird gekauft?
- Wann wird gekauft?
- Wo wird gekauft?

Tabellarisch kann die **Beschaffungsplanung** wie folgt dargestellt werden:

Fragestellung	Fachbegriff	Inhalte
Was?	Beschaffungsobjekt	• Bedarfsermittlung • Bedarfsarten • Sortimentsgestaltung
Wie viel?	Mengenplanung	• Bestandsermittlung • Große oder kleine Bestellmengen • Optimale Bestellmenge
Wann?	Zeitplanung	• Bestellpunktverfahren • Bestellrhythmusverfahren • Just-in-time-Bestellung
Wo?	Bezugsquellenplanung	• Interne Bezugsquellen • Externe Bezugsquellen

02 Bestandsermittlung

Sie ermittelt die Menge (Stückzahl), die im Lager liegt. Wichtige Begriffe der Bestandsermittlung sind:

Fachbegriffe (Angabe in Stück)	Bedeutung
Mindestbestand (= Sicherheitsbestand oder eiserner Bestand)	Diese Menge sollte immer für Notfälle auf Lager sein. Ziel: kein Produktionsstopp.
Höchstbestand	Maximale Lagerkapazität: Dieser Bestand kann aus Platzgründen nicht überschritten werden.
Meldebestand	Bei diesem Bestand sollte die Einkaufsabteilung benachrichtigt werden, damit neue Waren bestellt werden.
Durchschnittlicher Lagerbestand	Er gibt an, wie viel Stück von einer Ware im Durchschnitt auf Lager sind.
Optimaler Lagerbestand	Ist der Bestand mit den geringsten Lager- und Beschaffungskosten.
Optimale Bestellmenge	Ist die Menge, bei der die Kosten der Bestellung und die Kosten der Lagerung am geringsten sind (Fachbegriff: Bestellmengenoptimierung).

Je nachdem, welche Größe gesucht wird, kann jedes Unternehmen auf seine Daten digital oder manuell zugreifen.

- **Digital**: Die digitale Verwaltung der Lagerzu- und -abgänge wird zunehmend praktiziert. Dies vereinfacht und beschleunigt den Prozess- und Betriebsablauf.
- **Papierform**: Lagerzu- und -abgänge können auch manuell (in Papierform) festgehalten werden. Die Eintragungen erfolgen i.d.R. auf einer **Lagerdispositionskarte**.

Ein Beispiel für eine Lagerdispositionskarte zeigt die folgende Seite. Mit diesen Daten (Lagerzu- und -abgängen) aus der Lagerdispositionskarte kann immer der durchschnittliche Lagerbestand ermittelt werden. Dieser Wert wird später für die Berechnung der optimalen Bestellmenge benötigt. Es gibt dazu zwei Wege:

Wege	Formel für den durchschnittlichen Lagerbestand (Ø-LB)
1. Weg	$\text{Ø-LB} = \dfrac{\text{Anfangsbestand} + 12 \text{ Monatsbestände}}{13}$
2. Weg	$\text{Ø-LB} = \dfrac{\text{Anfangsbestand} + \text{Endbestand}}{2}$

Im nachfolgenden Beispiel werden beide Rechnungen gezeigt.

Beispiel: Lagerdispositionskarte und Berechnung des Ø-Lagerbestands

Lagerdispositionskarte Nr. 12587	Lieferer: Großhändler		
Einstandspreis	290,00 €		
Artikel: Palette Kopierpapier			

Datum	Eingang	Ausgang	Bestand
01. Jan			15
15. Jan	14		
25. Jan		3	
11. Feb		6	
09. März		4	
14. März	11		
05. Mai		9	
22. Mai	7		
02. Jun		4	
16. Aug	3		
29. Aug		5	
06. Okt		2	
26. Okt		4	
07. Nov	8		
19. Nov		3	
01. Dez		6	
15. Dez	21		
20. Dez		7	

a) Erster Berechnungsweg:
Laut Formel werden der Anfangsbestand und die 12 Monatsendbestände (blau) benötigt. Diese werden jeweils mit den Zu- und Abgängen berechnet:

Datum	Zugang	Abgang	Bestand	Rechenwege	
01. Jan			15		
15. Jan	14		29	15 + 14	= 29 Stück
25. Jan		3	26	29 – 3	= 26 Stück
11. Feb		6	20	26 – 6	= 20 Stück
09. März		4	16	20 – 4	= 16 Stück
14. März	11		27	16 + 11	= 27 Stück
05. Mai		9	18	27 – 9	= 18 Stück
22. Mai	7		25	18 + 7	= 25 Stück
02. Jun		4	21	25 – 4	= 21 Stück

16. Aug	3		24	21 + 3	= 24 Stück
29. Aug		5	19	24 – 5	= 19 Stück
06. Okt		2	17	19 – 2	= 17 Stück
26. Okt		4	13	17 – 4	= 13 Stück
07. Nov	8		21	13 + 8	= 21 Stück
19. Nov		3	18	21 – 3	= 18 Stück
01. Dez		6	12	18 – 6	= 12 Stück
15. Dez	21		33	12 + 21	= 33 Stück
20. Dez		7	26	33 – 7	= 26 Stück

Die blau markierten Werte zeigen jeweils die Endbestände für den jeweiligen Monat. Der durchschnittliche Lagerbestand ist (Monatswerte von Jan bis Dez):

$$\text{Ø-LB} = \frac{\begin{array}{l}15 \text{ (AB)} + 26 \text{ (Jan)} + 20 \text{ (Feb)} + 27 \text{ (März)} + 27 \text{ (Apr)} + 25 \text{ (Mai)} + 21 \text{ (Jun)} \\ + 21 \text{ (Jul)} + 19 \text{ (Aug)} + 19 \text{ (Sep)} + 13 \text{ (Okt)} + 18 \text{ (Nov)} + 26 \text{ (Dez)}\end{array}}{13}$$

= 21,31 Stück (aufgerundet 22 Stück).

Beachte:
In den Monaten April, Juli und September sind keine Lagerbewegungen, d.h. keine Zu- und Abgänge. Daher wird für diese Monate der **Endbestand des Vormonats** als Stückzahl notiert.

b) Zweiter Berechnungsweg:
Ist in der Aufgabe nur ein Anfangs- und Endbestand gegeben (AB = 15 Stück und EB = 26 Stück), dann ist der durchschnittliche Lagerbestand:

$$\text{Ø-LB} = \frac{15 \text{ Stück} + 26 \text{ Stück}}{2} = 20{,}5 \text{ Stück (21 Stück)}$$

Hinweis: Die Ergebnisse sind unterschiedlich. Der erste Berechnungsweg ist exakter.

03 Bedarfsermittlung

Die Bedarfsermittlung berechnet, wann und wie viel Stück einer Ware gekauft werden sollen mit dem Ziel, keinen Engpass in der Produktion zu haben und dennoch wirtschaftlich einzukaufen. Es gibt vier Berechnungsmethoden, die nachfolgend gezeigt werden:
1. Die ABC-Analyse (Seite 78)
2. Der Bestellzeitpunkt (Seite 81)
3. Der Lieferzeitpunkt (Seite 82) und
4. Die optimale Bestellmenge (Seite 82)

1. ABC-Analyse

Unternehmen kaufen Waren und lagern diese. Für diese Lagerung fallen Kosten an. Ziel ist, diese Kosten gering zu halten: Teure Waren sollten schnell aus dem Lager genommen werden, billige hingegen könnten länger im Lager liegen bleiben. Mit der ABC-Analyse werden die Waren nach ihrer Wertigkeit (€-Beträge) und ihrer Menge (Stück) eingeteilt:	Güter	Wert des Gutes (in €)	Menge auf Lager (in Stück)
	A-Gut	Teuer (z.B. Fahrradgestell)	Wenige Stück
	B-Gut	Mittelteuer (z.B. Fahrradreifen)	Mittlere Stück
	C-Gut	Günstig (z.B. Schrauben für die Montage eines Fahrrads)	Viele Stück

Jedes Unternehmen legt selbst fest, bis zu wie viel Prozent es von A-Gütern, B-Gütern oder C-Gütern spricht. Beispielsweise kann es wie folgt aussehen:	Güter	Wert pro Gut (in %)	Menge pro Gut (in %)
	A-Gut	75 %	5 %
	B-Gut	20 %	20 %
	C-Gut	5 %	75 %

In den meisten Aufgaben wird in der ABC-Analyse mit kumulierten Werten gerechnet. Kumuliert bedeutet, dass alle vorhergehenden Werte aufaddiert werden (z.B. Sie geben heute 50 € aus und morgen 80 €, dann haben Sie kumuliert insgesamt 130 € ausgegeben). Tabellarisch sieht die Kumulation der Prozentwerte wie nebenstehend aus:	Güter	Wert pro Gut (in %) kumuliert	Menge pro Gut (in %) kumuliert
	A-Gut	75 %	5 %
	B-Gut	95 % (= 75 % + 20 %)	25 % (= 5 % + 20 %)
	C-Gut	100 % (= 75 % + 20 % + 5 %)	100 % (= 5 % + 20 % + 75 %)

Die Einteilung aller Güter in A- Güter, B- Güter und C-Güter ist nur mit kumulierten Zahlen möglich, entweder:

1. ABC-Zuordnung über kumulierten Wert (in %)
2. ABC-Zuordnung über kumulierte Menge (in %)

Beide Wege folgen derselben Systematik. Im Folgenden wird ein Beispiel mit kumulierten Werten dargestellt.

Beispiel

Ein Unternehmen (Fahrradproduktion) stellt Fahrräder her. Dafür bezieht es unterschiedliche Güter, z.B. Fahrradgestelle, Fahrradreifen, Schrauben etc. Zur Berechnung benötigen Sie folgende Daten:

ABC-Analyse eines Beispielunternehmens (Fahrradproduktion)

Güter	Anzahl in Stück	Preise in €	Einkaufswert in €	Rang	Einkaufswert % einzeln	Einkaufswert % kumuliert	ABC-Zuordnung		ABC %	ABC % kumuliert	ABC-Zuordnung
Muttern	5.000	1€							75%	0%	A
Schaltung	500	150 €							20%	75%	B
Federgabel	250	250 €							5%	95%	C
Bremsen	500	120 €								100%	
Beleuchtung	1.000	70 €									
Kabel	1.500	45 €									
Fahrradgestell	500	400 €									
Pedale	500	50 €									
Fahrradreifen	1.000	80 €									
Schrauben	15.000	0,50 €									
Summe											

Im ersten Schritt ermitteln Sie den Einkaufswert in Euro und die Rangfolge der Einkaufswerte. Alle Güter werden aufsteigend nach der Rangfolge sortiert:

Güter	Anzahl in Stück	Preise in €	Einkaufswert in €	Rang	Einkaufswert % einzeln	Einkaufswert % kumuliert	ABC-Zuordnung		ABC %	ABC % kumuliert	ABC-Zuordnung
Fahrradgestell	500	400 €	200.000 €	1					75%	0%	A
Fahrradreifen	1.000	80 €	80.000 €	2					20%	75%	B
Schaltung	500	150 €	75.000 €	3					5%	95%	C
Beleuchtung	1.000	70 €	70.000 €	4						100%	
Kabel	1.500	45 €	67.500 €	5							
Federgabel	250	250 €	62.500 €	6							
Bremsen	500	120 €	60.000 €	7							
Pedale	500	50 €	25.000 €	8							
Schrauben	15.000	0,50 €	7.500 €	9							
Muttern	5.000	1€	5.000 €	10							
Summe											

Es werden anschließend die Einkaufswerte (in %) einzeln und kumuliert berechnet:

Güter	Anzahl in Stück	Preise in €	Einkaufswert in €	Rang	Einkaufswert % einzeln	Einkaufswert % kumuliert	ABC-Zuordn.	ABC %	ABC % kumuliert	ABC-Analyse
Fahrradgestell	500	400 €	200.000 €	1	30,65 %	30,65 %		75 %	0 %	A
Fahrradreifen	1.000	80 €	80.000 €	2	12,26 %	42,91 %		20 %	75 %	B
Schaltung	500	150 €	75.000 €	3	11,49 %	54,40 %		5 %	95 %	C
Beleuchtung	1.000	70 €	70.000 €	4	10,73 %	65,13 %			100 %	
Kabel	1.500	45 €	67.500 €	5	10,34 %	75,47 %				
Federgabel	250	250 €	62.500 €	6	9,58 %	85,05 %				
Bremsen	500	120 €	60.000 €	7	9,20 %	94,25 %				
Pedale	500	50 €	25.000 €	8	3,83 %	98,08 %				
Schrauben	15.000	0,50 €	7.500 €	9	1,15 %	99,23 %				
Muttern	5.000	1 €	5.000 €	10	0,77 %	100,00 %				
Summe			652.500 €							

Abschließend wird die ABC-Zuordnung durchgeführt:

Güter	Anzahl in Stück	Preise in €	Einkaufswert in €	Rang	Einkaufswert % einzeln	Einkaufswert % kumuliert	ABC-Zuordn.	ABC %	ABC % kumuliert	ABC-Zuordn.
Fahrradgestell	500	400 €	200.000 €	1	30,65 %	30,65 %	A	75 %	0 %	A
Fahrradreifen	1.000	80 €	80.000 €	2	12,26 %	42,91 %	A	20 %	75 %	B
Schaltung	500	150 €	75.000 €	3	11,49 %	54,40 %	A	5 %	95 %	C
Beleuchtung	1.000	70 €	70.000 €	4	10,73 %	65,13 %	A		100 %	
Kabel	1.500	45 €	67.500 €	5	10,34 %	75,47 %	B			
Federgabel	250	250 €	62.500 €	6	9,58 %	85,05 %	B			
Bremsen	500	120 €	60.000 €	7	9,20 %	94,25 %	B			
Pedale	500	50 €	25.000 €	8	3,83 %	98,08 %	C			
Schrauben	15.000	0,50 €	7.500 €	9	1,15 %	99,23 %	C			
Muttern	5.000	1 €	5.000 €	10	0,77 %	100,00 %	C			
Summe			652.500 €							

Vergleichen Sie die kumulierten Einkaufswerte (%) mit den Daten der rechten Tabelle, so erkennen Sie, dass die ersten vier Güter sich zu einer Summe von 65,13 % addieren. Somit sind diese vier Güter A-Güter. Bis zur kumulierten %-Zahl von 94,25 % sind die Güter B-Güter und danach sehen Sie die C-Güter. Addieren Sie die Kabel (Rang 5) zu den ersten vier Gütern hinzu, dann erhalten Sie kumuliert 75,47 % - das sind jedoch mehr als 75 %. Daher gehört dieses Gut nicht mehr zu den A-Gütern. Nachfolgend dazu eine grafische Darstellung.

ABC-Analyse (kumulierte Werte in %)

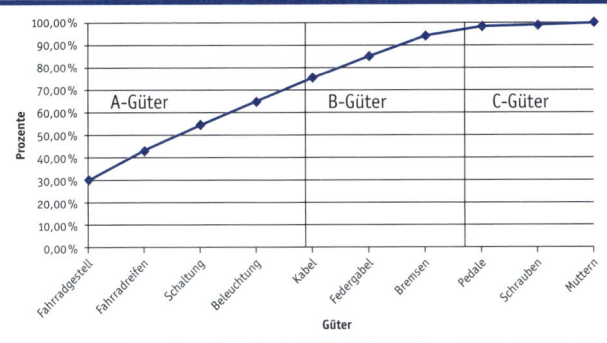

2. Bestellzeitpunkt

Der Bestellzeitpunkt ist der Tag, an dem die Bestellung aufgegeben wird. Es gibt zwei Verfahren:

Verfahren	Merkmale
Bestellrhythmus-verfahren	• Bestellung in gleichbleibenden Zeitintervallen (Beispiel siehe unten) • sinnvoll bei gleichmäßigem Verbrauch
Bestellpunkt-verfahren	• Bestellung erfolgt, wenn Meldebestand erreicht ist • sinnvoll bei nicht gleichmäßigem Verbrauch • es wird anlassbezogen bestellt

Beispiel für das Bestellrhythmusverfahren:

Ein Unternehmen kauft Kopierpapier in Paletten. Der Monatsanfangsbestand beträgt 8 Paletten, pro Tag z.B. wird eine Palette verbraucht. Der Mindestbestand beträgt 2, der Höchstbestand 8 Paletten. Die Lieferung von neuen Paletten dauert 2 Tage. Um den Tag der Bestellung zu ermitteln, muss zunächst der Meldebestand berechnet werden. Beachte: Nach der Meldung an den Einkauf müssen die Lieferzeiten sowie unser täglicher Verbrauch berücksichtigt werden. Die Ermittlung des Meldebestandes erfolgt mit folgender Formel:

Meldebestand = Mindestbestand + (Tagesverbrauch · Lieferzeit)

Sie erhalten: Meldebestand = 2 Paletten + (1 Palette · 2 Tage) = 4 Paletten

Ist der Meldebestand von 4 Paletten Kopierpapier erreicht, dann geht eine Neubestellung von 6 Paletten von der Einkaufsabteilung raus (8 Paletten – 2 Paletten), damit der Höchstbestand nicht überschritten wird.

Zur Verdeutlichung werden die Lagerbestandsveränderungen als Grafik dargestellt. Dazu sind folgende Schritte sinnvoll:

1. Tabellarische Darstellung der Lagerveränderungen
2. Grafische Darstellung der Lagerveränderungen

Zu 1: Tabellarische Darstellung der Lagerveränderungen

Der zeitliche Verlauf für einen Monat sieht wie folgt aus:

Tage	1	2	3	4	5	6	7	8	9	10	11	12	13	14	15	16	17	18	19	[..]	25	[..]	30
Bestand	8	7	6	5	4	3	6 2	7	6	5	4	3	6 2	7	6	5	4	3	6 2		6 2		3

Am 5. Tag Bestellung von 6 Paletten, damit am 7. Tag … | Am 11. Tag Bestellung von 6 Paletten, damit am 13. Tag … | Am 17. Tag Bestellung von 6 Paletten, damit am 19. Tag …

… die Lieferung kommt und der **Mindestbestand (2)** nicht unterschritten und der **Höchstbestand (8)** nicht überschritten wird.

Zu 2: Grafische Darstellung der Lagerveränderungen

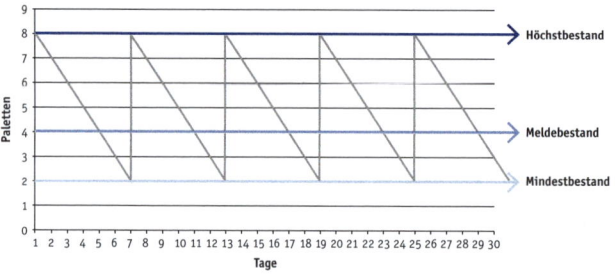

3. Lieferzeitpunkt

Der Lieferzeitpunkt ist der Tag, an dem die gekaufte Ware geliefert wird (im Beispiel oben: Tag 7, Tag 13, Tag 19, etc.).

4. Optimale Bestellmenge

Die optimale Bestellmenge ist die Menge, bei der die Summe aus den Bestellkosten und Lagerkosten am geringsten ist. Fachlich ist dies die Bestellmengenoptimierung.

Beispiel

Beim Kauf von Paletten Kopierpapier zum Einstandspreis von 290,00 € fallen fixe Kosten pro Bestellung in Höhe von 55,00 € an. Der Lagerhaltungskostensatz ist 10 % und der gesamte Jahresverbrauch an Paletten Kopierpapier beträgt 60 Stück.
Zu ermitteln ist die optimale Bestellmenge.

Die klassische Berechnung der optimalen Bestellmenge wird i.d.R. in folgender Tabelle dargestellt:

Anzahl der Bestellungen pro Jahr	Bestell-menge (in Stück)	Durchschnitt-licher Lager-bestand (in Stück)	Durchschnitt-licher Lager-bestand (in €)	Lager-kosten (in €)	Bestell-kosten (in €)	Gesamtkosten (Lagerkosten + Bestellkosten)

Zunächst eine kurze Erläuterung der Begriffe:

- Die **Anzahl der Bestellungen** meint, wie oft das Unternehmen im Jahr die Ware bestellt.
- **Bestellmenge** ist die Stückzahl, die bei einer Bestellung bestellt wird (wir bestellen z.B. 6 Mal pro Jahr jeweils 10 Paletten).
- Der **durchschnittliche Lagerbestand in Stück (Ø-LB)** meint den einfachen Durchschnitt und wird ermittelt, indem die Bestellmenge durch die Zahl 2 geteilt wird.
- Der durchschnittliche Lagerbestand in € (Ø-LB in €) ist ein Eurobetrag. Beispiel: Wenn der durchschnittliche Lagerbestand in Stück = 30 und der Einstandspreis einer Palette 290,00 € beträgt, dann ist der Euro-betrag des durchschnittlichen Lagerbestandes 30 Stück · 290,00 € = 8.700,00 €.
- Die **Lagerkosten** sind die Kosten, die für die Lagerung der Ware entstehen (z.B. Strom, Miete). Diese werden mit einem Lagerhaltungskostenzinssatz berechnet. Ist dieser mit 10 % angegeben, so betragen die Lagerkosten z.B. 8.700,00 € · 10 % = 870,00 €.
- Die **Bestellkosten** sind die gleichbleibenden (= fixen) Kosten, die pro Bestellung anfallen (z.B. Büromaterial, Telefonkosten).
- Die **Gesamtkosten** ergeben sich aus der Summe der Lager- und der Bestellkosten. Ziel ist, dass diese Kosten sehr gering sind.

Beispiel Fortsetzung

Wir wenden nun die Begriffe und Formeln an und führen die Berechnung durch, wenn wir einmal im gesamten Jahr bestellen. In der unteren Tabelle sehen Sie die Berechnungen von 1-10 Bestellungen pro Jahr:

Begriffe	Formeln	Berechnungen
Bestellmenge in Stück	$\text{B-Menge} = \dfrac{\text{Jahresbedarf}}{\text{Anzahl der Bestellungen}}$	$\text{B-Menge} = \dfrac{60}{1} = 60 \text{ Stück}$
Durchschnittlicher Lagerbestand in Stück	$\text{Ø-LB} = \dfrac{\text{Bestellmenge}}{2}$	$\text{Ø-LB} = \dfrac{60}{2} = 30 \text{ Stück}$
Durchschnittlicher Lagerbestand in €	Ø-LB (in €) = Ø-LB · Einstandspreis	Ø-LB (in €) = 30 · 290,00 € = 8.700,00 €
Lagerkosten in €	Lagerkosten = Ø-LB (in €) · Lagerhaltungskostensatz	L-Kosten = 8.700,00 € · 10 % = 870,00 €
Bestellkosten in €	Bestellkosten = Bestellfixe Kosten · Anzahl Bestellung	B-Kosten = 55,00 € · 1 = 55,00 €
Gesamtkosten	Gesamtkosten = Lagerkosten + Bestellkosten	G-Kosten = 870,00 € + 55,00 € = 925,00 €

Für 1 bis 10 Bestellungen erhalten Sie folgende Tabelle:

Anzahl der Bestellungen pro Jahr	Bestellmenge (Stück)	Durchschnittl. Lagerbestand (Stück)	Durchschnittl. Lagerbestand (€)	Lagerkosten (€)	Bestellkosten (€)	Gesamtkosten (Lagerkosten + Bestellkosten)
1	60	30	8.700,00 €	870,00 €	55,00 €	925,00 €
2	30	15	4.350,00 €	435,00 €	110,00 €	545,00 €
3	20	10	2.900,00 €	290,00 €	165,00 €	455,00 €
4	15	7,5	2.175,00 €	217,50 €	220,00 €	437,50 €
5	12	6	1.740,00 €	174,00 €	275,00 €	449,00 €
6	10	5	1.450,00 €	145,00 €	330,00 €	475,00 €
7	8,57	4,29	1.242,86 €	124,29 €	385,00 €	509,29 €
8	7,5	3,75	1.087,50 €	108,75 €	440,00 €	548,75 €
9	6,67	3,33	966,67 €	96,67 €	495,00 €	591,67 €
10	6	3	870,00 €	87,00 €	550,00 €	637,00 €

Bei einer Bestellmenge von 15 Paletten Kopierpapier sind die Gesamtkosten am geringsten. Die optimale Bestellhäufigkeit liegt somit bei viermal im Jahr.

Die Berechnung der optimalen Bestellmenge wird oft auch grafisch dargestellt, darin erkennt man die optimale Bestellhäufigkeit am Schnittpunkt.

Optimale Bestellmenge

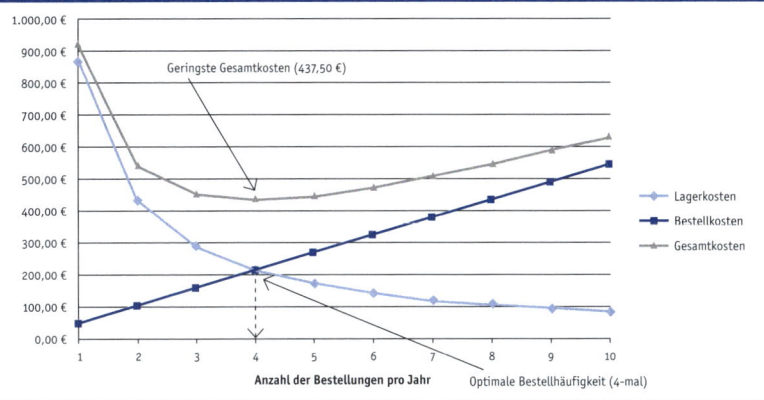

04 Nachhaltigkeit

Nachhaltigkeit in diesem Zusammenhang meint, dass die Berechnungen immer wieder überprüft werden. Beispiel: Ändern sich die Einstandspreise, die Bestellkosten pro Bestellung oder der Lagerkostensatz, so werden sich die optimale Bestellmenge oder die Ergebnisse der ABC-Analyse verändern.

Außerdem muss immer der ökologische Aspekt berücksichtigt werden (z.B. umweltschonend durch wenige Transporte).

Handlungskomplex 02: Bezugsquellen ermitteln, Auswahl begründen und dabei Beschaffungsrichtlinien sowie Rahmenverträge beachten

01 Interne und externe Bezugsquellen

Ein Unternehmen sollte sich stets über die Angebote verschiedener Lieferanten informieren. So erfährt es von neuen Produkten, von Angebotsaktionen, zusätzlichen Serviceangeboten etc. und bleibt damit auf einem aktuellen Stand.

Möchte ein Unternehmen Waren oder Dienstleistungen bestellen, muss es sich darüber informieren, wo es diese bestellen und kaufen kann. Das nennt man Bezugsquellen – die Quelle (den Ort), an der das Unternehmen seine Waren oder Dienstleistungen einkauft (bezieht).

Es gibt zwei Möglichkeiten, diese Bezugsquellen zu ermitteln:

	Interne Bezugsquellen	Externe Bezugsquellen
Definition	Bezugsquellen, die dem Unternehmen bereits vorliegen (= innerbetriebliche Informationsquelle): z.B. ehemalige und aktuelle Lieferanten	Bezugsquellen, die das Unternehmen noch nicht genutzt hat bzw. ihm noch nicht bekannt waren (= außerbetriebliche Informationsquelle): Bei diesem Lieferanten hat das Unternehmen noch nicht bestellt.
Beispiele	• eigene Lieferantendatei • eigene Artikeldatei • alte Angebote • alte Lieferscheine	• Fachzeitschriften, Kataloge, Prospekte • Internet • IHK, Handwerkskammer • Branchenverzeichnis, „Wer liefert was", „ABC der deutschen Wirtschaft", Gelbe Seiten • Fachmessen, Vertreterbesuche
Vorteile:	• langjährige Lieferantenbeziehung • bekannte Produkte, bekannte Ansprechpartner, etc. • geringe Suchkosten	• evtl. geringere Preise • größere Produktvielfalt • evtl. Neu-Lieferanten-Rabatt
Nachteile:	Betriebsblindheit	unbekannter Lieferant (zuverlässig?) unbekannte Geschäftsbeziehung

02 Beschaffungsrichtlinien

Um neue Lieferanten auszuwählen, erstellen viele Unternehmen eine interne Checkliste.

Beispiele für Kriterien bzw. Richtlinien einer Checkliste

• nur Lieferanten im Umkreis von 100 km
• nur Lieferanten, die in Deutschland produzieren
• nur Lieferanten, die eine 24-Stunden-Hotline anbieten
• nur Lieferanten, die innerhalb von einer Woche liefern können

03 Rahmenverträge mit Lieferanten

Ist das Unternehmen mit einem Lieferanten zufrieden, möchte es langfristig mit ihm zusammenarbeiten und von ihm beliefert werden. Dazu werden oft Rahmenverträge geschlossen:

Definition: Ein Rahmenvertrag ist ein Vertrag zwischen einem Kunden und einem Lieferanten (Käufer und Verkäufer), der zu einer festen Zusammenarbeit und Lieferung verpflichtet.

Ziel: Die Rahmenbedingungen bleiben bei jedem Kauf/bei jeder Lieferung gleich und müssen nicht neu verhandelt werden (gleichbleibender Rahmen für die Kaufverträge).

Mögliche Inhalte eines Rahmenvertrags	
• Lieferfristen	• Zahlungsbedingungen
• Lieferbedingungen	• Vertragsdauer bzw. Kündigungsfrist

Handlungskomplex 03: Angebote einholen, prüfen, vergleichen und Entscheidungen begründen

01 Anfrage

Definition: Eine Anfrage ist eine unverbindliche Informationseinholung mit dem Ziel, ein konkretes Angebot zu erhalten und einen Kaufvertrag abzuschließen.

Beispiel

Ein Unternehmen (Käufer) möchte Kopierpapier kaufen. Dazu fragt es zwei oder mehrere Lieferanten (Verkäufer) an. Das ist eine Anfrage. Sie ist für den Käufer und den Verkäufer unverbindlich und hat keine rechtlichen Folgen.

Inhalte einer Anfrage:
- Welches Produkt soll gekauft werden?
- Welche Menge soll gekauft werden?
- Wann ist der gewünschte Liefertermin?
- Wie ist der Preis für das Produkt?
- Wie sind die Zahlungsbedingungen?
- Wie sind die Lieferbedingungen?
- Bitte um ein verbindliches Angebot bis...

02 Angebot

Beispiel

Auf die Anfrage des Unternehmens haben zwei Lieferanten geantwortet und konkrete Informationen geschickt. Das ist ein Angebot.

Das Angebot des Lieferanten (= Verkäufer) ist i.d.R. **verbindlich**. Wichtig ist, dass das Angebot konkret an den Käufer gerichtet ist.

Unterscheidungskriterien zwischen unverbindlich und verbindlich		
	unverbindlich	**verbindlich**
Empfänger	an die Allgemeinheit adressiert, kein konkreter Empfänger	Empfänger ist konkret genannt
Gültigkeit	Zeitraum ist nicht angegeben	Zeitraum ist festgelegt (Angebot gilt bis …)
Verhand-lungsbasis	Informationen sind verhandelbar	Informationen sind i.d.R. nicht verhandelbar und fest vorgegeben (3 % Skonto, Lieferung innerhalb von 14 Tagen, 10 % Anzahlung, …)

Hinweis: Es sind Mischformulierungen möglich, d.h. falls ein Angebot trotz konkretem Empfänger und festgelegtem Zeitraum eine Freizeichnungsklausel enthält, ist dieses Angebot immer unverbindlich.

Bindungsfristen für ein Angebot
Bindungsfrist bedeutet, wie lange ein verbindliches Angebot gültig ist.
- Unter Anwesenden: Das Angebot gilt nur, solange die Personen miteinander sprechen oder telefonieren.
- Unter Abwesenden (Brief, E-Mail, Fax): Das Angebot gilt solange, wie eine Antwort unter normalen Umständen dauern würde (Brief 1 Woche, Fax, E-Mail 1 Tag).

Ausnahmen (grundsätzlich unverbindliches Angebot)
- Der Verkäufer schließt die Bindung an das Angebot ausdrücklich aus (z.B. mit den Worten „freibleibend" oder „unverbindlich" = Freizeichnungsklauseln).
- Das Angebot ist an die Allgemeinheit gerichtet (z.B. Prospekte, Schaufensterauslagen, Homepage) und nicht konkret an unser Unternehmen. Diese Form der Angebote sind Anpreisungen.

Welchen Inhalt sollte ein verbindliches Angebot haben?
- Name des Käufers und Verkäufers
- Nennung des Produktes (Artikelnummer, Farbe, kurze Beschreibung)
- Menge
- Preis mit der Information über Preisnachlässe (Rabatte, Skonto)
- Information über Bezugskosten (Details siehe unten)
- Lieferbedingungen (Details siehe unten)
- Zahlungsbedingungen (Frist in Tagen für Skonto, Anzahlungen, Währungs-Formalitäten)
- Erfüllungsort (Details siehe unten)
- Gerichtsstand (Details siehe unten)
- Eigentumsvorbehalt (Details siehe unten).

Details zu den Inhalten eines verbindlichen Angebots:
- **Bezugskosten** sind der Eurobetrag, den der Käufer für den Transport der Ware bezahlt. Diese sind in den Lieferbedingungen definiert.
- **Lieferbedingungen** regeln, welche Transportkosten der Verkäufer bzw. der Käufer zu bezahlen hat. Diese Kosten werden auch Frachtkosten genannt. Den Betrag, den der Käufer bezahlt, nennt man Bezugskosten.

Folgende Vereinbarungen können getroffen werden:

Klauseln der Lieferbedingungen

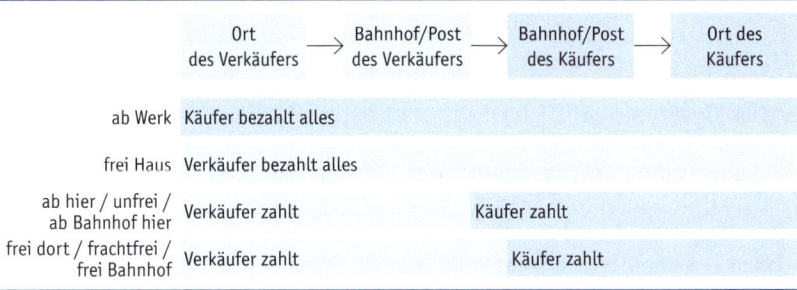

	Ort des Verkäufers	→	Bahnhof/Post des Verkäufers	→	Bahnhof/Post des Käufers	→	Ort des Käufers
ab Werk	Käufer bezahlt alles						
frei Haus	Verkäufer bezahlt alles						
ab hier / unfrei / ab Bahnhof hier	Verkäufer zahlt				Käufer zahlt		
frei dort / frachtfrei / frei Bahnhof	Verkäufer zahlt				Käufer zahlt		

Ist im Kaufvertrag nichts vereinbart, gilt „ab Werk".

- Der **Erfüllungsort** ist der Ort, an dem die Ware bzw. das Geld übergeben werden muss (Erfüllung des Kaufvertrages).

> **Gesetzliche Regelung:**
>
> - Übergabe der Ware: Ort des Verkäufers („Warenschulden sind Holschulden"): Käufer muss die Ware beim Verkäufer abholen.
>   Folge: Geht die Ware auf dem Weg zum Käufer verloren, haftet der Verkäufer nicht mehr und der Käufer wird sich in der Praxis an den Spediteur oder den Paketdienst wenden.
>
> - Übergabe des Geldes: Ort des Käufers, aber „Geldschulden sind Schickschulden". Daher ist der Käufer verpflichtet, das Geld zu verschicken bzw. zu überweisen.
>   Folge: Geht das Geld auf dem Weg zum Verkäufer verloren, muss der Käufer nachweisen, dass er das Geld überwiesen bzw. verschickt hat. Kann er dies, haftet der Käufer nicht mehr und in der Praxis muss sich der Verkäufer an die Bank oder an die Post wenden.

Hinweis: Ist im Vertrag keine Regelung genannt, gilt die gesetzliche Regelung. Vertraglich ist jede andere Regelung zulässig.

- Der **Gerichtsstand** ist der Ort, an dem der Vertragspartner verklagt werden muss, der seine Pflichten aus dem Kaufvertrag nicht erfüllt hat.

> **Gesetzliche Regelung:**
>
> Gerichtsstand ist immer Ort des Schuldners (Waren- bzw. Geldschuldner).
> - Zahlt der Käufer nicht: Gerichtsstand ist der Ort des Käufers
> - Hat der Verkäufer die Ware nicht versandt: Gerichtsstand ist der Ort des Verkäufers.

Hinweis: Ist im Vertrag keine Regelung genannt, gilt die gesetzliche Regelung. Kaufleute (= Nicht-Privatleute) können einen anderen Gerichtsstand vereinbaren.

Zusammenfassung		
	Für den Verkäufer gilt:	Für den Käufer gilt:
Erfüllungsort	Ort des Verkäufers	Ort des Käufers
Gerichtsstand	Ort des Verkäufers	Ort des Käufers

- Der **Eigentumsvorbehalt** ist eine Absicherung für den Verkäufer, um ihm zu garantieren, dass er bei Nichtzahlung des Käufers seine Ware zurückerhält. Denn es gilt: „Die Ware bleibt bis zur vollständigen Bezahlung des Kaufpreises das Eigentum des Verkäufers".

Exkurs zum Begriff Eigentum und Besitz

- **Eigentümer** ist der, der die rechtliche Herrschaft über einen Gegenstand hat. Damit hat der Eigentümer das Recht, über sein Eigentum zu bestimmen. Sollte der Käufer nicht bezahlen, kann der Eigentümer seine Ware zurückverlangen und z.B. an jemand anderen verkaufen.

- **Besitzer** ist der, der die tatsächliche Herrschaft über einen Gegenstand hat. Er kann den Gegenstand benutzen, solange der Eigentümer ihm das erlaubt, z.B. Mietwagen.

Man unterscheidet:

Einfacher Eigentumsvorbehalt

Mit der Übergabe der Ware wird der Käufer Besitzer der Ware, nicht Eigentümer. Eigentümer bleibt der Verkäufer. Zahlt der Käufer die Ware nicht oder nur teilweise, so kann der Verkäufer die Ware zurückverlangen.

Vor der Bezahlung des kompletten Kaufpreises:		**Nach** der Bezahlung des kompletten Kaufpreises:	
Verkäufer	↔ Käufer	Verkäufer	↔ Käufer
Eigentümer	Besitzer		Eigentümer und Besitzer

Der Eigentumsvorbehalt erlischt (Verkäufer ist kein Eigentümer mehr und hat kein Recht mehr auf Rückgabe der Ware), wenn
- die Ware weiterverkauft wurde oder
- die Ware verbraucht oder verarbeitet wurde.

Verlängerter Eigentumsvorbehalt

- Bei Weiterverkauf der Ware muss der Käufer den Kaufpreis für den Weiterverkauf an den Verkäufer abtreten.
- Bei Weiterverarbeitung wird der hergestellte Gegenstand an den Verkäufer zur Sicherung abgetreten (Verkäufer = Eigentümer, Käufer = Besitzer).

Achtung: Der Eigentumsvorbehalt ist nicht automatisch gesetzlich geregelt. Er muss vom Verkäufer ausdrücklich formuliert werden (im Kaufvertrag oder auf der Rechnung).

Praxis: Der Verkäufer sollte zu seiner eigenen Sicherheit immer den verlängerten Eigentumsvorbehalt vereinbaren.

Allgemeine Geschäftsbedingungen (AGB)

Vertragsfreiheit bedeutet: Grundsätzlich kann jeder mit jedem Verträge mit beliebigem Inhalt abschließen.
Inhalt eines Vertrags:

* Kann gesetzlich geregelt sein (z.B. Kauf eines Grundstückes nur gültig mit einem Notarvertrag).
* Kann individuell festgelegt werden (z.B. Kauf eines Computers).

Bei individuellen Vertragsinhalten werden gerne vorformulierte Vertragsbedingungen verwendet, das sind die AGBs. Sie sind meist das Kleingedruckte auf der Rückseite eines Vertrages. Sie beinhalten z.B. Regelungen zur Rückgabe und zum Umtausch, zur Bezahlung oder zum Eigentumsvorbehalt.

Vorteile der AGBs:
* Standardisierung von Verträgen
* Zeit- und Kostenersparnis bei Vertragsabschlüssen

Nachteile der AGBs:
* meist sehr klein gedruckt
* umfangreich, daher werden sie vom Käufer selten gelesen (z.B. könnten verdeckte Kosten verborgen sein)

Hinweis: Der Verkäufer muss den Käufer auf vorhandene AGBs hinweisen und eine Zustimmung einholen.

03 Angebotsvergleich

Beispiel

Ein Unternehmen kauft z.B. Waren für die Produktion, Büromaterial, Büromöbel etc. Um das günstigste bzw. beste Produkt zu kaufen, holt unser Unternehmen Angebote von verschiedenen Lieferanten (Anbietern, Verkäufern) ein. Diese Angebote werden nach verschiedenen Kriterien miteinander verglichen. Dann entscheidet sich das Unternehmen für einen der Lieferanten.

Der Preis einer Ware wird über die **Bezugskalkulation** ermittelt. Kalkulation bedeutet die Berechnung von Einkaufs- bzw. Verkaufspreisen.

Die Berechnung der Einkaufspreise nennt man Bezugs- bzw. Einkaufskalkulation, die Berechnung der Verkaufspreise nennt man Verkaufskalkulation (siehe im Folgenden in Abschnitt 05).

Die **Begriffe** der Bezugskalkulation sind:

Formel	Erläuterung	Beispiel
Listeneinkaufspreis brutto	wird vom Liefanten vorgegeben (Katalogpreis)	Katalogpreis, Preis auf Internetseite
– Steuer	Mehrwertsteuer, speziell Vorsteuer, da Einkauf; i.d.R. vom Finanzamt rückerstattet	i.d.R. 19 %, 7 % bei Lebensmitteln und Zeitschriften/Büchern
= Listeneinkaufspreis netto		
– Rabatt	Ermäßigung in %	• Mengenrabatt für Einkauf großer Mengen • Händlerrabatt für Weiterverkäufer • Personalrabatt für Mitarbeiter des Unternehmens • Messerabatt (Einkauf auf Messen)
= Zieleinkaufspreis		
– Skonto	Ermäßigung in % für schnelles Bezahlen.	i.d.R. maximal 3 %, z.B. Rechnung zahlbar in 30 Tagen oder in 10 Tagen mit 3 % Skonto
= Bareinkaufspreis		
+ Bezugskosten	Kosten für den Transport, die der Käufer bezahlen muss	• Transportkosten, -versicherung • Verpackungsmaterial • evt. Zoll
= Einstandspreis bzw. Bezugspreis		
Die Reihenfolge der Berechnung ist immer identisch.		

Beispiel Darstellung der Formel mit Prozent-Zahlen für die Bezugskalkulation mit 15 % Rabatt und 3 % Skonto

	Formel	%
1. Schritt:	Listeneinkaufspreis brutto	119 %
–	Steuer	19 %
=	Listeneinkaufspreis netto	100 %
2. Schritt:	Listeneinkaufspreis netto	100 %
–	Rabatt	15 %
=	Zieleinkaufspreis	85 %
3. Schritt:	Zieleinkaufspreis	100 %
–	Skonto	3 %
=	Bareinkaufspreis	97 %
4. Schritt:	Bareinkaufspreis	100 %
+	Bezugskosten	Eurobetrag
=	Einstandspreis bzw. Bezugspreis (BP)	

Hinweis: Die Bezugskosten können als Eurobetrag pro Stück, als Eurobetrag für die Gesamtlieferung oder als Prozentangabe erfolgen.

Beispiel für einen Angebotsvergleich

Ein Unternehmen möchte Kopierpapier kaufen. Dazu liegen zwei Angebote vor:
- Angebot 1: 5 Paletten je 320 € brutto, Mengenrabatt 10 %, Skonto 2 %, Lieferung frei Haus
- Angebot 2: 5 Paletten je 299 € brutto, Mengenrabatt 5 %, kein Skonto, Bezugskosten pauschal 100 €.

Die Bezugskalkulation für beide Angebote ergibt (Rechenweg folgt danach):

	Formel	Angebot 1		Angebot 2	
		%	Euro	%	Euro
		Einzelpreis brutto: 320 €		Einzelpreis brutto: 299 €	
1. Schritt:	Listeneinkaufspreis brutto	119 %	1.600,00 €	119 %	1.450,00 €
	− Steuer	19 %	255,46 €	19 %	231,51 €
	= Listeneinkaufspreis netto	100 %	1.344,54 €	100 %	1.218,49 €
2. Schritt:	Listeneinkaufspreis netto	100 %	1.344,54 €	100 %	1.218,49 €
	− Rabatt	10 %	134,45 €	5 %	60,92 €
	= Zieleinkaufspreis	90 %	1.210,08 €	95 %	1.157,56 €
3. Schritt:	Zieleinkaufspreis	100 %	1.210,08 €	100 %	1.157,56 €
	− Skonto	2 %	24,20 €	0 %	0,00 €
	= Bareinkaufspreis	98 %	1.185,88 €	100 %	1.157,56 €
4. Schritt:	Bareinkaufspreis	100 %	1.185,88 €	100 %	1.157,56 €
	+ Bezugskosten	Eurobetrag	0,00 €	Eurobetrag	100,00 €
	= Einstandspreis bzw. Bezugspreis (BP)		**1.185,88 €**		**1.257,56 €**

Angebot 1 ist um ca. 70 € günstiger als Angebot 2.

Daher entscheidet sich das Unternehmen – im Rahmen der Bezugskalkulation – für Angebot 1.

Hinweis: Sollte eine Rechnungsgröße nicht gegeben sein, so bleibt das Kalkulationsschema bestehen und die fehlende Größe wird mit 0 € eingetragen.

Die Rechenwege für Angebot 1 werden in der folgenden Tabelle gezeigt (hier wird nur das günstigste Angebot mit Rechenwegen dargestellt):

	Angebot 1		
Formel	%	Euro	Rechenweg:
1. Schritt:	Einzelpreis brutto: 320 €		
Listeneinkaufspreis brutto	119 %	1.600,00 €	= 5 · 320 €
– Steuer	19 %	255,46 €	= 1.600 € · 19/119
= Listeneinkaufspreis netto	100 %	1.344,54 €	= 1.600 € - 255,46 € oder 1.600 € · 100 / 119
2. Schritt:			
Listeneinkaufspreis netto	100 %	1.344,54 €	
– Rabatt	10 %	134,45 €	= 1.344,54 € · 10/100
= Zieleinkaufspreis	90 %	1.210,08 €	= 1.344,54 € - 134,45 € oder 1.344,54 € · 90 / 100
3. Schritt:			
Zieleinkaufspreis	100 %	1.210,08 €	
– Skonto	2 %	24,20 €	= 1.210,08 € · 2/100
= Bareinkaufspreis	98 %	1.185,88 €	= 1.210,08 € - 24,20 € oder 1.210,08 € · 98 / 100
4. Schritt:			
Bareinkaufspreis	100 %	1.185,88 €	
+ Bezugskosten	Euro	0,00 €	
= Einstandspreis bzw. Bezugspreis (BP)		**1.185,88 €**	= 1.185,88 € + 0 €

Die Bezugskalkulation verwendet man, um den günstigsten Preis zu ermitteln (**quantitativer Angebotsvergleich**).

Die **Nutzwertanalyse** wird genutzt, um den besten Lieferanten nach mehreren Kriterien auszuwählen (**qualitativer Angebotsvergleich**).

Diese Entscheidungshilfe erfolgt firmenintern nach subjektiven Kriterien und Gewichtungen.

Die **Kriterien** können z.B. sein:
- Lieferzeit
- Pünktlichkeit der Lieferung
- Service (Reklamation, Umtausch)
- Qualität der Ware
- Zahlungsziel

Die Berechnung erfolgt in drei Schritten.

1. Schritt: Die Kriterien werden nach ihrer Wichtigkeit gewichtet, beispielsweise nach folgenden Prozentsätzen:

Kriterium	Gewichtung in %
Lieferzeit	15 %
Pünktlichkeit	25 %
Service	35 %
Qualität	10 %
Zahlungsziel	15 %
Summe	100 %

2. Schritt: Dann wird jedes Angebot nach obigen Kriterien bewertet; (Punktebewertung von 1 = schlecht bis 10 = sehr gut)
So ergibt sich z.B.:

Kriterium	Angebot 1	Angebot 2
Lieferzeit	7	8
Pünktlichkeit	8	9
Service	7	9
Qualität	8	6
Zahlungsziel	10	8
Summe	**40**	**40**

Hinweis: Die Summe beider Angebote muss gleich sein.

3. Schritt: Kombination der Gewichtung mit der Bewertung

Kriterium	Angebot 1		Angebot 2	
	Rechenweg	Ergebnis	Rechenweg	Ergebnis
Lieferzeit	= 15 % · 7	1,05	= 15 % · 8	1,2
Pünktlichkeit	= 25 % · 8	2	= 25 % · 9	2,25
Service	= 35 % · 7	2,45	= 35 % · 9	3,15
Qualität	= 10 % · 8	0,8	= 10 % · 6	0,6
Zahlungsziel	= 15 % · 10	1,5	= 15 % · 8	1,2
Summe		**7,8**		**8,4**

Das Angebot 2 hat die höhere Punktzahl (8,4). Daher fällt – nach der Nutzwertanalyse – die Entscheidung auf den Lieferanten 2, nach der Bezugskalkulation auf den Lieferanten 1.

Die Nutzwertanalyse ist i.d.R. aussagefähiger, da mehrere Kriterien beachtet werden.

Handlungskomplex 04: Bestellungen durchführen

01 Bestellungen

Eine Bestellung ist eine Aufforderung an den Verkäufer, eine Ware an den Käufer (= Besteller) zu liefern. Sie kann mündlich oder schriftlich erfolgen. Für Beweiszwecke ist die schriftliche Bestellung zu bevorzugen.

Die Bestellung ist ein verbindlicher Bestandteil des Kaufvertrags (= Antrag).

Es gibt zwei Möglichkeiten:
1. Die Bestellung ist der erste Schritt (= Antrag, ohne vorhergehendes verbindliches Angebot) → ein Kaufvertrag kommt noch nicht zustande.
2. Die Bestellung ist die Antwort auf ein verbindliches Angebot (= Annahme) → der Kaufvertrag kommt zustande.

Aufbau und Inhalt der Bestellung
Es gibt keine Formvorschriften. Es empfiehlt sich, folgende Inhalte in eine Bestellung aufzunehmen:
• Name und Anschrift des Käufers mit Kontaktdaten
• Name der Ware (am besten mit Artikelnummer)
• gewünschte Menge
• vereinbarter Preis (meist aus Angebot)
• gewünschter Liefertermin und -ort
• Liefer- und Zahlungsbedingungen

Der Aufbau einer Bestellung entspricht dem eines Briefes.

Baustein A = Einleitung (Bezug auf das Angebot)	Sehr geehrter Herr Reiter, vielen Dank für Ihr Angebot vom 17.05.XX
Baustein B = Mittelteil (Angaben der Bestellung)	Wir bestellen zu den von Ihnen genannten Konditionen: 150 Taschenrechner „Ultra" zu einem Nettopreis von 8,50 /Stück. Wir erhalten zusätzlich 12 % Rabatt. Sollten wir innerhalb von 10 Tagen bezahlen, erhalten wir 3 % Skonto. Die Lieferung erfolgt frei Haus 3 Tage nach Erhalt der Bestellung.
Baustein C = Schlussteil (veränderbar)	Wir danken für Ihre schnelle Antwort und Ihre freundliche Beratung. Mit freundlichen Grüßen

Onlinebestellung
Viele Unternehmen bieten auf ihrer Homepage direkt die Möglichkeit für eine Bestellung an. Durch ein vorgegebenes Formular wird sichergestellt, dass kein Bestandteil der Bestellung vergessen wird. Zum Abschluss der Bestellung muss der Käufer die AGBs (Allgemeine Geschäftsbedingungen) und die Erklärung zum Datenschutz akzeptieren.

02 Vertragsarten

	Werkvertrag	Mietvertrag	Dienstvertrag
Definition	Erfüllung einer Leistung bis zum Erfolg gegen Bezahlung	Überlassen eines Gegenstandes auf Zeit und gegen Bezahlung	Im Gegensatz zum Werkvertrag muss hier kein Erfolg nachgewiesen werden.
Beispiele	Reparatur eines Fahrrads, Anfertigung einer Hochzeitstorte	Vermietung einer Wohnung, Vermietung eines Werkzeugs in einem Baumarkt	Ein Dozent unterrichtet (Dienstleistung), aber das Bestehen der Prüfung wird nicht garantiert. Ein Rechtsanwalt vertritt Sie vor Gericht. Das Gewinnen des Prozesses ist nicht Bestandteil des Dienstvertrages.

03 Kaufvertrag

Definition: Ein Kaufvertrag ist ein zweiseitiges Rechtsgeschäft (zwei übersteinstimmende Willenserklärungen) zur mangelfreien Übergabe und Abnahme von Gütern und Dienstleistungen gegen Bezahlung.

Die gesetzlichen Grundlagen zum Kaufvertrag und zu den Kaufvertragsstörungen finden Sie in den §§433 – 480 BGB.

Willenserklärung
Ein Kaufvertrag kommt durch zwei übereinstimmende Willenserklärungen (WE) zustande. Diese heißen immer
1. Antrag und
2. Annahme.

Es gibt zwei Möglichkeiten, je nachdem, ob der Antrag vom Verkäufer oder vom Käufer ausgeht (siehe Übersicht auf der folgenden Seite).

Zustandekommen
Ist ein Kaufvertrag zustande gekommen, gelten folgende Regeln:

Für den Inhalt eines Kaufvertrages gilt: Er kann formfrei gestaltet werden, es gibt keine gesetzlichen Vorschriften. Ausnahme: z.B. Kauf eines Grundstücks (nur mit notarieller Beurkundung).

Möglichkeiten des Zustandekommens eines Kaufvertrags	
1. Möglichkeit	**2. Möglichkeit**
1. WE: Antrag vom Verkäufer (z.B. durch ein verbindliches Angebot) 2. WE: Annahme durch den Käufer (z.B. durch die Bestellung)	1. WE: Antrag vom Käufer (z.B. durch eine Bestellung) 2. WE: Annahme vom Verkäufer (durch Lieferung der Ware)

1. WE: Antrag

Käufer ⇄ Verkäufer

2. WE Annahme

1. WE: Antrag

Käufer ⇄ Verkäufer

2. WE Annahme

Antrag
Ein Antrag ist der erste verbindliche Schritt für das Zustandekommen eines Kaufvertrages.
- Geht der Antrag vom Verkäufer aus, so ist es ein verbindliches Angebot.
- Geht der Antrag vom Käufer aus, ist es eine verbindliche Bestellung.

Annahme
Die Annahme ist der zweite verbindliche Schritt für das Zustandekommen eines Kaufvertrages.
- Geht die Annahme vom Verkäufer aus, so ist es die Auftragsbestätigung oder die Lieferung.
- Geht die Annahme vom Käufer aus, ist es die Bestellung.

Pflichten
- Verkäufer: mangelfreie Lieferung der Ware und Annahme des Geldes,
- Käufer: Warenannahme und Zahlungsverpflichtung.

Wenn eine der Pflichten nicht erfüllt wird, so treten **Kaufvertragsstörungen** auf (vgl. Handlungskomplexe 05 und 06 in diesem Kapitel sowie zum Thema „Auftragsabwicklung" im Teil 2 der Prüfung, S. 148).

An dieser Stelle folgt auf der nächsten Seite eine kurze Übersicht von möglichen relevanten Störungen.

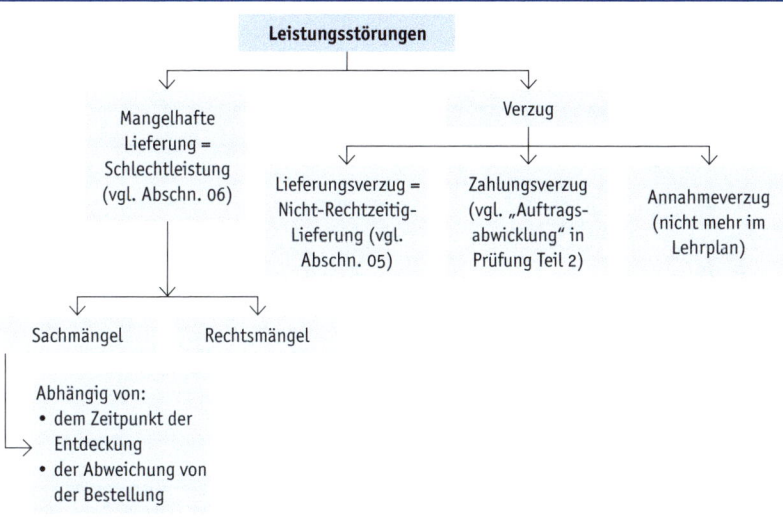

Nichtigkeit / Anfechtung

Unter gewissen Voraussetzungen kann ein Kaufvertrag trotz zwei übereinstimmender Willenserklärungen als ungültig erklärt (nichtig bzw. unwirksam) oder angefochten werden.

Nichtigkeit eines Kaufvertrags	
Ein Kaufvertrag ist ...	
unwirksam, z.B.: • Scherzgeschäft: „Ein Königreich für ein Bier" • Scheingeschäft: Verkauf von Apfelsaft zur Vertuschung, dass Alkohol geliefert wird. • Geschäftsunfähigkeit: Ein 5-Jähriger kauft 5 CDs • Formmangel: Verkauf eines Grundstücks ohne notarielle Beglaubigung • illegale Geschäfte: Verkäufe von Drogen • Sittenverstoß/Wuchergeschäfte • Verkauf/Kauf bei Trunkenheit	**schwebend unwirksam, z.B.:** • Vertrag mit beschränkt Geschäftsfähigen (Alter 7–17). • ein 7-Jähriger kauft 5 CDs • ein 16-Jähriger kauft ein Fahrrad
Folge	**Folge**
Der Kaufvertrag ist von Anfang an unwirksam = nichtig.	Der Kaufvertrag ist bei Zustimmung der Erziehungsberechtigten wirksam, bei Nicht-Zustimmung von Anfang an unwirksam. Ausnahme: Taschengeldparagraph oder bei einer Schenkung, wenn der Minderjährige einen rechtlichen Vorteil hat.

Anfechtbarkeit eines Kaufvertrags
Der Kaufvertrag ist zwar gültig, kann aber rückwirkend als nichtig (= unwirksam) erklärt werden.

Gründe für die Anfechtung			
	Irrtum	**Drohung**	**Täuschung**
Definition	(Tipp-) Fehler bei Preis oder bei Menge	Der Kaufvertrag wurde unter Androhung abgeschlossen.	Der Verkäufer macht absichtlich falsche Angaben.
Beispiel/e	Kauf von ... 10 statt 1 Stück 12,50 € statt 125 €	Wenn Du mein Auto nicht kaufst, werde ich Dein altes zerkratzen.	Kauf eines angeblich unfallfreien Autos. In der Werkstatt wird festgestellt, dass das Auto einen Unfall hatte.
Folge	Der Kaufvertrag ist zunächst wirksam. Widerruft ein Partner seine Willenserklärung, so ist der Kaufvertrag von Anfang an nichtig (= unwirksam). Der Beweis ist oft schwierig.		

Hinweis: Bei Irrtum unterscheidet man vier Irrtumsarten:
- Inhalts-Irrtum
- Erklärungs-Irrtum
- Übermittlungs-Irrtum
- Eigenschafts-Irrtum

Handlungskomplex 05: Liefertermine überwachen und bei Verzug mahnen

01 Just-in-time-Methode

Die Regelung „Lieferung just-in-time" wird v.a. in Unternehmen vereinbart, in denen produziert wird. Das bedeutet: Die Waren oder Zubehörteile für die Produktion werden nicht in einem Lager deponiert, sondern direkt an das Produktionsband angeliefert und nur kurze Zeit später in das Produkt eingebaut.

Beispiel

Bei einem Autohersteller werden heute die Autos A, B, C, D und E in beliebiger Reihenfolge in den Farben weiß, rot, blau, silber und schwarz produziert: A blau, E weiß, B rot, C silber, A schwarz etc. Die Anlieferung der z.B. passenden Stoßstangen muss nun in der exakt gleichen Reihenfolge erfolgen.

Vorteile der Just-in-time-Methode	Nachteile der Just-in-time-Methode
• kein Lager (nur für einen Mindestbestand) • geringe Lagerkosten	• sehr gute Planung erforderlich • bei Nicht-Rechtzeitig-Lieferung evtl. Produktionsstopp (hohe Kosten)

Die Just-in-time-Methode wird auch **fertigungssynchrone Anlieferung** genannt, weil sie synchron (also gleichzeitig, parallel) zur Fertigung (also Produktion der Produkte) stattfindet.

I.d.R. wird in einem Kaufvertrag ein konkreter Liefertermin vereinbart, z.B. Lieferung am 3.12. oder Lieferung in KW 44. Wird ein konkret genannter Liefertermin nicht eingehalten, kommt der Lieferant (= Verkäufer) in Lieferungsverzug = Nicht-Rechtzeitig-Lieferung.

02 Nicht-Rechtzeitig-Lieferung

Definition: Liefert ein Verkäufer (= Lieferant) die Ware nicht zum vereinbarten Termin an den Käufer, so hat er **nicht rechtzeitig geliefert**. Ein anderer (älterer) Begriff ist Lieferungsverzug.

Voraussetzungen
1. Fälligkeit der Lieferung
2. Verschulden des Lieferanten

Details

1. Fälligkeit der Lieferung

Man unterscheidet, ob eine Mahnung an den Lieferanten geschrieben werden muss oder nicht.

	Keine Mahnung erforderlich	Mahnung ist erforderlich
Beispiele	• Lieferung am 3.12. (Fixkauf) • Lieferung in KW 44 • Lieferung im Mai • Lieferung 30 Tage nach Bestellung • Lieferung bis Mitte Januar	• Lieferung nach Zahlungseingang • Lieferung sofort
Definition	Der Termin der Lieferung ist kalendarisch festgelegt (oder kann berechnet werden).	Der Termin für die Lieferung ist kalendarisch nicht exakt bestimmt; er kann auch nicht exakt berechnet werden.

Folgen	Keine Mahnung an den Lieferanten erforderlich.	Es ist eine Mahnung an den Lieferanten erforderlich! (Details zur Mahnung siehe Exkurs)
	↓	↓
	Lieferant ist sofort in Verzug.	Lieferant ist noch nicht in Verzug.
	↓	↓
	Der Käufer kann seine Rechte sofort geltend machen.	Der Käufer kann seine Rechte noch nicht geltend machen, er muss erst eine Mahnung an den Lieferanten schreiben.

∇

Exkurs: Mahnung

Eine Mahnung ist eine Aufforderung an den Lieferanten, die Ware an den Käufer zu liefern. I.d.R. ist sie schriftlich (Beweissicherung). Die Lieferung der Ware ist dann sofort fällig – eine weitere Fristsetzung muss nicht erfolgen.

Bestandteile einer Mahnung:
- Hinweis auf Fälligkeit der Ware und Verspätung
- Hinweis auf sofortige Lieferung
- Hinweis auf rechtliche Folgen (= Androhung)

2. Verschulden des Lieferanten

Der Lieferant hat die Waren nicht an den Käufer geliefert. Diese Nicht-Lieferung muss der Lieferant verschuldet haben.

Das Verschulden des Lieferers kann entstehen:
- vorsätzlich (bewusste Rechtsverletzung, z.B. Termin absichtlich nicht eingehalten),
- fahrlässig (die Sorgfaltspflicht wird nicht erfüllt, z.B. Termin übersehen oder falsch notiert) oder
- ohne Verschulden (z.B. Beeinflussung durch höhere Gewalt wie Unwetter und Streik).

Rechte beim Lieferungsverzug

Folgende Rechte kann ein Käufer geltend machen:
- auf Lieferung bestehen
- auf Lieferung bestehen und Schadensersatz fordern
- Rücktritt vom Kaufvertrag
- Rücktritt vom Kaufvertrag und Schadensersatz fordern
- Schadensersatz fordern und keine Warenlieferung mehr
- Ersatz vergeblicher Aufwendungen (Telefongebühren, Postgebühren ...)

Die Rechte sind abhängig davon, ob dem Verkäufer (= Lieferanten) eine zusätzliche angemessene Nachfrist gesetzt wurde (angemessen bedeutet, dass der Lieferant die Ware in einer ihm möglichen Zeit liefern kann, ohne dass er sie neu beschaffen muss).

Hinweis: Gilt nicht bei Mahnung.

Rechte des Käufers

Konkreter/ abstrakter Schaden

Definition: Schadensersatz ist i.d.R. ein Eurobetrag, den der Käufer bei Nicht-Lieferung erhält (= Recht auf Schadensersatz).

Wie wird dieser Schadensersatz berechnet? Das hängt davon ab, ob der entstandene Schaden konkret oder abstrakt ist:

	Konkreter Schaden	Abstrakter Schaden
Beispiele	• Nicht gelieferte Waren mussten mit einem Aufpreis von 25 € pro Stück als Ersatz beschafft werden. • Bei Produktionsstopp entsteht pro Stunde ein Schaden von 15.000 €.	• Imageverlust • Gesundheitsbeeinträchtigung (z.B. durch Rauchen)
Definition	Der entstandene Schaden des Käufers kann exakt (= konkret) berechnet werden. → Dieser Schaden ist in der Praxis leicht nachweisbar.	Der entstandene Schaden kann nicht konkret berechnet werden. Er muss geschätzt werden. → Dieser Schaden ist in der Praxis schwer nachweisbar.

Handlungskomplex 06: Bestellungen mit den Wareneingangsunterlagen vergleichen, Dienstleistungen abnehmen, bei Abweichungen Differenzen klären

Im Folgenden wird erläutert, welche Schritte zu beachten sind bzw. welche Rechte Sie haben, wenn die Leistungen zwar erbracht wurden, aber fehlerhaft sind.

01 Dienstleistungsabnahme

Bei der Abnahme der Dienstleistung (also der Kontrolle, ob die Leistung erfolgreich durchgeführt wurde) werden zwei Fälle unterschieden:

	Dienstleistung mit Erfolgsgarantie	**Dienstleistung ohne Erfolgsgarantie**
Beispiele	• Änderungsschneiderei: Riss im Kleid nähen und zwei neue Knöpfe anbringen • Handwerker: Reparatur der kaputten Heizung • Autowerkstatt: Reparatur des kaputten Auspuffs	• Dozent: Unterrichten des Fachs Rechnungswesen für die Prüfung • Rechtsanwalt: Vertretung eines Mandaten bei einem Prozess vor Gericht
Folgen	Bei der Dienstleistungs-Abnahme muss das gewünschte Ergebnis (der Erfolg) sichtbar und zur Zufriedenheit des Kunden erfüllt sein. Ist der Kunde nicht zufrieden, kann er Schritte aus der „Schlecht-Leistung" in Anspruch nehmen (siehe Unterkapitel 03).	Hier ist kein konkreter Erfolg messbar: Der Dozent garantiert nicht, dass die Prüfung bestanden wird, sondern „nur" das Unterrichten. Ein Anwalt garantiert nicht das Gewinnen des Prozesses, sondern seine Dienstleistung ist „nur" das Vertreten vor Gericht. Daher kann bei der Dienstleistungs-Abnahme kein Erfolg kontrolliert werden, sondern nur, ob die Dienstleistung erbracht wurde. So hat der Kunde z.B. bei Nichtbestehen der Prüfung oder bei Verlieren des Gerichtsprozesses keine weiteren Rechte.

02 Warenannahme

Bei der Anlieferung der Ware müssen einige Schritte beachtet werden. Tätigkeiten bei der Anlieferung sind:
- Kontrolle des Lieferscheins mit der Bestellung (Begleitpapiere)
- Kontrolle z.B. der gelieferten Kartons auf äußere Schäden (Verpackungsschäden)

Hinweise:
Den Inhalt der gelieferten Kartons kontrolliert in der Regel der Sachbearbeiter im Einkauf.
Wurde die Ware falsch oder unvollständig geliefert, so hat das Unternehmen Rechte (siehe Unterkapitel 03-Schlechtleistung).

Lagerung der gelieferten Ware

Nach der Anlieferung wird die Ware gelagert. Das sollte zügig passieren, um die Ware nicht zu beschädigen. In großen Unternehmen werden diese Tätigkeiten von den Mitarbeitern im Lager durchgeführt, die eine eigene Ausbildung durchlaufen haben (z.B. Fachkraft für Lagerwirtschaft).

Wichtig für den Lagerort:
Je nach Produkt muss beim Lagerort darauf geachtet werden:
- trockene, kühle bzw. dunkle Lagerung,
- gefährliche Stoffe getrennt lagern,
- Waren vor Diebstahl schützen.

03 Schlechtleistung

Die Ware wurde in Kartons angeliefert, und beim Öffnen der Kartons stellt der Mitarbeiter fest, dass die Ware schlecht oder falsch geliefert wurde (das BGB spricht nicht von einer Ware, sondern von einer Sache).
Man unterscheidet diverse Mängel (= Fehler), und der Käufer hat dann verschiedene Rechte.

Mängelarten

Man unterscheidet beim Sachmangel zwei Arten:
1. Erkennbarkeit des Mangels (offen, versteckt, arglistig verschwiegen) und
2. Abweichung von der Bestellung (Falschlieferung, Minderlieferung oder Mehrlieferung, Beschaffenheitsmangel).

Die folgende Übersicht stellt Details dazu dar.

Zu 1: Erkennbarkeit des Mangels

Begriff	Offener Mangel	Versteckter Mangel	Arglistig verschwiegener Mangel
Definition	Der Fehler ist sofort beim Auspacken der Ware erkennbar.	Der Fehler in der Ware ist erst erkennbar, wenn man die Ware benutzt.	Der Verkäufer kennt den versteckten Mangel, verschweigt ihn absichtlich dem Käufer.
Beispiele	• DIN A3- anstatt DIN A4-Papier • falsche Farbe wurde geliefert • falsche Menge	• Eine Vase ist nicht wasserdicht. • Bei einem Schrank klemmen nach kurzer Zeit Türen und Schubladen.	• Ein Auto hat einen Unfallschaden, der nicht offengelegt wird.

Zu 2: Abweichung von der Bestellung

Begriff	Falschlieferung (= Mangel in der Art)	Minderlieferung oder Mehrlieferung (= Mangel in der Menge)	Beschaffenheitsmangel (= fehlerhafte Ware)
Definition	Es wurde die falsche Ware geliefert.	Es wurde die richtige Ware geliefert, aber zu viel bzw. zu wenig.	Die Qualität der Ware entspricht nicht der im Kaufvertrag vereinbarten Qualität.
Beispiele	• Roggenmehl statt Dinkelmehl • DIN A3-Kopierpapier statt DIN A4-Kopierpapier	• Statt 1.000 kg Mehl wurden nur 800 kg geliefert. • Es wurden 5 statt 4 Paletten Kopierpapier geliefert.	• Das Kopierpapier hat eine andere Papierdichte. • Die Farbe ist nicht wasserfest.

Weitere Mängelarten
- Ein **Montagemangel** liegt vor, wenn einer Ware eine falsche Montageanleitung beiliegt.
- Neben dem **Sachmangel** kann ein **Rechtsmangel** vorliegen: ein Rechtsmangel liegt z. B. vor, wenn der Verkäufer nicht der rechtliche Eigentümer einer Sache ist und diese jedoch weiterverkauft.

Reklamationsfristen

Wurde eine fehlerhafte Ware geliefert, so hat der Käufer dies dem Verkäufer innerhalb einer Frist mitzuteilen. Diese Frist nennt man Reklamationsfrist. Sie ist abhängig davon, ob der Fehler bei der **Anlieferung** erkennbar war oder nicht (siehe oben).

Begriff	Offener Mangel	Versteckter Mangel oder Montagemangel	Arglistig verschwiegener Mangel
Reklamationsfrist	2 Jahre	2 Jahre	3 Jahre
Beginn der Frist	unverzüglich	unverzüglich ab Entdeckung	Ende des Jahres, in dem der Mangel erkannt wird

Hinweis: Sollte es sich um eine **gebrauchte** Ware handeln, so beträgt die Reklamationsfrist nur **ein Jahr** (muss im Vertrag genannt sein).

Gewährleistungsfristen

Stellt der Käufer erst nach mehrmaligem Gebrauch der Ware einen Mangel fest (eine Fotokamera funktioniert nicht mehr, ein Backofen heizt nicht mehr), so wünscht er, dass dieser Mangel vom Verkäufer behoben wird. Der Zeitraum, in dem der Verkäufer eine kaputte Ware austauscht oder repariert, nennt man Gewährleistungsfrist. Diese Frist beträgt bei Neuware 2 Jahre ab Kaufdatum (daher die Rechnung aufheben).

Voraussetzung: Der Fehler muss bereits bei der Übergabe bestanden haben. Es gilt: in den ersten 6 Monaten nach der Übergabe muss der Käufer nicht nachweisen, dass der Mangel bei der Übergabe schon vorhanden war. Danach (7 bis 24 Monate nach der Übergabe) muss der Käufer beweisen, dass der Mangel bereits bei der Übergabe vorlag (in der Praxis schwer, daher greift hier meist die Garantie des Verkäufers, siehe unten).

Rechte des Käufers: Der Käufer kann – je nach Aufwand für den Verkäufer – wählen zwischen
• Reparatur oder
• Neulieferung.

Die Gewährleistung ist gesetzlich vorgeschrieben.

Rechte des Käufers

Das folgende Schaubild zeigt die Rechte, die ein Käufer bei der Schlechtleistung geltend machen kann:

Der zweite Schritt (nachrangig) erfolgt erst dann, wenn
• die Nacherfüllung fehlgeschlagen ist (nach zweimaligem Versuch),

- die Nacherfüllung vom Verkäufer verweigert wird bzw. aufgrund unverhältnismäßig hoher Kosten unzumutbar ist,
- ein Fix- oder Zweckkauf vorliegt.

Rechte des Käufers

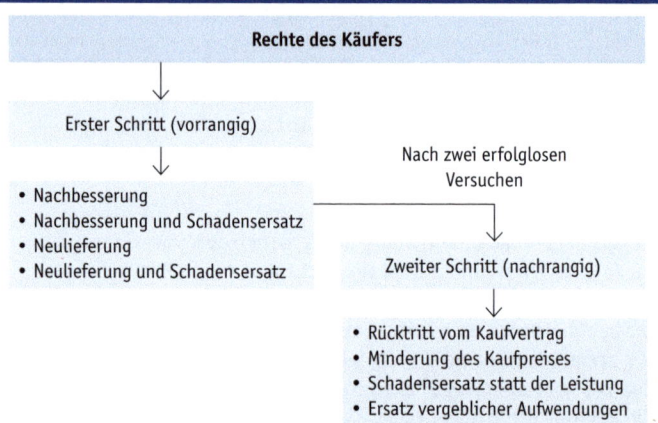

Garantie, Kulanz:

- Garantie:
  - ist nicht gesetzlich geregelt
  - ein freiwilliges Entgegenkommen des Verkäufers
  - erweitert die Rechte aus der gesetzlichen Gewährleistung
  - Beispiel: Verkäufer haftet auch für Mängel, die nach der Übergabe aufgetreten sind (i.d.R. nur Reparatur, keine Neulieferung)
  - Beispiel: Verkäufer verlängert die gesetzlich vorgeschriebene Gewährleistungsfrist
- Kulanz
  - ist nicht gesetzlich geregelt
  - ein freiwilliges Entgegenkommen des Verkäufers
  - Käufer hat kein Recht auf Kulanz
  - greift erst nach dem Ende der Gewährleistungs- oder Garantiefrist
  - Beispiel: Ein Verkäufer repariert die Ware oder tauscht sie komplett um (auch wenn die Gewährleistung bereits abgelaufen ist oder der Kassenzettel fehlt)

Aufgaben

? 1: Die Bike Like GmbH kauft Bremsen für ihre Fahrräder. Im Rahmen der Bedarfsermittlung ist festgestellt worden, dass der jährliche Verbrauch 24.000 Stück beträgt. Der Einstandspreis pro Stück beträgt 12,50 €. Die Controlling Abteilung gibt die Höhe der bestellfixen Kosten in Höhe von 600,-- € vor und einen Lagerkostensatz von 15%.

Ermitteln Sie tabellarisch mit Hilfe der Angaben die optimale Bestellmenge. Stellen Sie die Bestellkosten, die Lagerkosten und die Gesamtkosten in einer Grafik gegenüber.

? 2: Prüfen Sie, ob in den folgenden Fällen ein Kaufvertrag zustande gekommen ist und geben Sie jeweils eine Begründung an.

(1) Corinna erkundigt sich am 17.01.20.. telefonisch bei der Müller AG über den Preis von 100 Druckerpatronen. Die Müller AG schickt die Patronen zu. Corinna verweigert die Annahme.

(2) Rebekka sieht in einem Prospekt einen neuen Computer, der ihr gefällt. In der Bestellung gibt sie alle benötigen Informationen (Artikelnummer, Preis, gewünschte Lieferzeit ...) an.

(3) Carolin ist eine langjährige Kundin der Voltec GmbH. Heute ruft sie bei der Voltec GmbH an und bestellt 2 Kaffeemaschinen zum Preis von 500 Euro mit einer Lieferfrist von 2 Wochen. Die Voltec GmbH weist Carolin darauf hin, dass dies generell möglich sei, die Lieferfrist zur Zeit 3 Wochen betrage.

(4) Sibel erhält am 14.02 20...ein persönlich an sie adressiertes Angebot von der Olsten GmbH, die ihr das Gartenstuhlset „Toskana" für 200 € anbietet. Silbel bestellt am 17.05... telefonisch ein Set und ist hoch erfreut, dass noch ein Set vorrätig ist und in 2 Tagen losgeschickt wird.

? 3: Entscheiden Sie bei folgenden Fällen ob und welche Leistungsstörung vorliegt und begründen Sie Ihre Entscheidung. Prüfen Sie anschließend welche Rechte der Gläubiger gegenüber dem Schuldner hat.

(1) Für das 10jährige Firmenjubiläum soll ein Fotograf die Festlichkeit dokumentieren, damit die Homepage mit Bildern verschönert werden kann. Am Nachmittag des Festes erscheint kein Fotograf und auch telefonisch ist er nicht zu erreichen.

(2) Die Belegschaft (als Privatpersonen) hat sich für den Chef eine besondere Überraschung ausgedacht und bei einem Bäcker eine Torte mit einem Firmenlogo bestellt. Die Torte war ein voller

Erfolg, allerdings haben viele Mitarbeiter ihren finanziellen Beitrag nicht gezahlt. Die Torte ist am 16.10.2015 noch immer nicht vollständig bezahlt, obwohl als spätester Zahlungstermin der 14.10.2015 vereinbart war.

(3) Das Fitnessstudio TopFIT hat eine Palette Isodrinks bestellt, die am 12.09....um 7.30 Uhr (eine Stunde vor Studioöffnung) angeliefert werden sollen. Die Mitarbeiterin Mona Koch wurde beauftragt die Ware anzunehmen, doch diese schreibt sich versehentlich den 21.09....auf und so steht der Lieferant vor verschlossenen Türen.

(4) Irina Sonnenschein bittet den Verkäufer des Modehauses „Schick" in der Innenstadt von Mainz, den blauen Rock, der ihrer Größe entspricht, in schwarz zu bestellen und ihr an die angegebene Adresse zu übersenden. Nach Entgegennahme der bestellten Ware stellt Frau Sonnenschein fest, dass das Futter im Rock zerrissen ist. Nun überlegt sie, welche Maßnahmen sie auf Grund des festgestellten Mangels ergreifen soll.

Prüfungsgebiet 03: Arbeitsorganisation

Funktion 0301   Arbeitsplatzergonomie

Handlungskomplex 01: Vorschriften für Büroarbeitsplätze beachten

01 Vorschriften für Büroarbeitsplätze

Merke: Ein Arbeitsplatz ist dann ergonomisch gestaltet, wenn die Arbeitsmittel (z.B. Tisch, Stuhl, Software) sowie die Arbeitsbedingungen (z.B. farbliche Gestaltung, Größe, Belüftung des Raumes) an die Bedürfnisse des Arbeitnehmers (seine Gesundheit und Psyche) angepasst sind.

Dazu gibt es eine Reihe von Gesetzen und Vorschriften, u.a.:

Arbeitsschutzgesetz (ArbSchG)	verpflichtet Arbeitgeber, die Arbeitsbedingungen an aktuellen Erkenntnissen der Technik, Arbeitsmedizin und Hygiene auszurichten
Arbeitsstättenverordnung (ArbStättV)	enthält allgemeine Anforderungen an betrieblich genutzte Räume hinsichtlich Belüftung, Temperatur, Beleuchtung, Lärm, usw.
Arbeitssicherheitsgesetz (ASiG)	schreibt Einhaltung von Gesundheitsschutz und Arbeitssicherheit vor, die durch bestimmte Personen (z.B. Betriebsärzte) geprüft wird
Bildschirmarbeitsverordnung (BildschArbV)	enthält Vorschriften zur Vermeidung von körperlichen oder psychischen Belastungen durch Bildschirmgeräte
Unfallversicherung	Absicherung der Arbeitnehmer vor Unfällen oder Berufskrankheiten

Handlungskomplex 02: Möglichkeiten der Arbeitsplatz- und Arbeitsraumgestaltung

Kurzer Blick in den Betriebsalltag

Im Laufe seiner bisherigen Ausbildung ist Florian Hamm schon in einigen Abteilungen der BE Partners KG eingesetzt gewesen. Dabei waren nicht nur die unterschiedlichen Aufgabenbereiche sehr interessant, sondern auch die Büroräume, in denen die Mitarbeiter ihrer täglichen Arbeit nachgingen: Manche hatten ein Einzelbüro, andere teilten sich gemeinsam einen Raum, in wieder anderen Räumen waren Bilder und Pflanzen vorhanden oder die Wände bunt gestrichen...

01 Art und Größe des Arbeitsraumes

Merke: Die jeweils genutzte Art von Büroraum soll die Arbeitsprozesse und -abläufe der Mitarbeiter unterstützen.

Kleinraum-, Einpersonen- bzw. Einzelbüro

Dieser Büroraum wird nur von einer Person genutzt und ist oftmals Ausdruck der hierarchischen Position oder Tätigkeit, z.B. bei einem Abteilungsleiter.

Vorteile	Nachteile
• konzentriertes Arbeiten ohne Störungen oder Ablenkungen • vertrauliche Gespräche sind möglich • Besucher stören keine anderen Mitarbeiter	• kein direkter Kontakt zu anderen Mitarbeitern bei Fragen oder Weitergabe von Aufgaben • Arbeitnehmer arbeitet allein (isoliert) • Arbeitsmittel (Drucker, usw.) werden u.U. für jedes Einzelbüro benötigt • hoher Platzbedarf durch Wände und Gänge

Mehrpersonen- bzw. Gruppenraumbüro

Mehrere Mitarbeiter teilen sich einen Raum. Ihre Arbeitsplätze können dabei in Reihen hinter- oder nebeneinander als auch blockweise angeordnet sein, z.B. Arbeitsplätze im Kundenservice.

Vorteile	Nachteile
• Mitarbeiter können besser zusammenarbeiten • Teamarbeit wird gefördert • Kommunikation zwischen den Mitarbeitern wird gefördert • Arbeitsmittel (z.B. Drucker) können gemeinsam genutzt werden • Ablage kann gemeinsam genutzt werden	• Störungen durch Kollegen oder Besucher • Konzentrationsfähigkeit leidet unter den vorhandenen Störgeräuschen • vertrauliche Gespräche am Arbeitsplatz mit Kunden nur schwer möglich • Privatsphäre der Mitarbeiter nur teilweise vorhanden

Großraumbüro (heutzutage: Open Space)

Diese Büroraumart kommt ursprünglich aus Amerika und beschreibt einen einzigen Raum, in dem alle Mitarbeiter und ihre Vorgesetzten mit ihren Arbeitsplätzen untergebracht sind (Arbeitssaal). Im Laufe der Zeit haben sich weitere Arten gebildet, bei denen Trennwände und Pflanzen für eine Auflockerung der Arbeitsbereiche sorgen (Bürolandschaft, Raum-in-Raum-Konzept).

Vorteile	Nachteile
• Teamarbeit wird gefördert • schnelle Kommunikation zwischen den Mitarbeitern möglich • Arbeitsabläufe können reibungsloser ablaufen, da kurze Wege zwischen Mitarbeitern • Arbeitsmittel (z.B. Drucker) können gemeinsam genutzt werden • Raumabteilungen können evtl. verändert und so neue Arbeitsbereiche geschaffen werden • Mitarbeiter und Vorgesetzte arbeiten gemeinsam in einem Raum	• Störungen durch Kollegen oder Besucher • vertrauliche Gespräche z.B. mit Kunden nur schwer möglich • Privatsphäre der Mitarbeiter nur teilweise vorhanden • Beleuchtung, Temperatur und Luftfeuchtigkeit können meist nur zentral für den gesamten Raum eingestellt werden • Mitarbeiter können sich von Vorgesetzten überwacht fühlen

Neben der jeweiligen Büroraumart hat auch die **Größe des Arbeits-platzes** einen Einfluss auf das Wohlbefinden und damit auf die Qualität der Arbeitsergebnisse eines Mitarbeiters. Eine pauschale Gößenangabe ist schwierig. Dennoch gibt es in der Praxis unverbindliche Empfehlungen. So sollte ein Arbeitsplatz einschließlich der vorhandenen Möbel ca. 15 – 20 m² und ein reiner Bildschirm-arbeitsplatz ca. 8 – 10 m² groß sein.

02 Gestaltung der Arbeitsumgebung

Wie der Auszubildende im Einstiegsbeispiel beschrieben hat, können einzelne Büroräume ganz unterschiedlich gestaltet sein. Die Wahl der richtigen Beleuchtung, Luftregulierung, Lärmdämmung sowie Farbe und des Raumschmucks beeinflussen in bedeutendem Maße das Wohlbefinden des Mitarbeiters. Daher beschreiben die Arbeitsschutzgesetze klare Vorgaben hierfür:

Licht	Tageslicht ist grundsätzlich besser als künstliches Licht. Kann auf Kunstlicht jedoch nicht verzichtet werden, sollte folgendes berücksichtigt werden: • Deckenleuchten ermöglichen das gleichmäßige Ausleuchten des Raumes und des Arbeitsplatzes • Beleuchtungsstärke 500 – 2 000 Lux (Lux: Einheit für die Lichtstärke) • Beleuchtung von links (bei Rechtshändern) für einen sinnvollen Schattenwurf • Tageslichtröhren (= True-Light-Leuchten) verwenden, die dem Tageslicht ähnlich sind • Leuchtelemente sollten reflex-, blend- und flimmerfrei sein Merke: Die Beleuchtungsstärke sollte umso höher sein, je konzentrierter ein Mitarbeiter arbeitet.
Luft	Eine einwandfreie Belüftung schützt den Mitarbeiter vor giftigen Gasen, Dämpfen, Nebeln und anderen Giftstoffen. Dabei gelten folgende Vorgaben: • Temperatur: 20 – 22 °C (im Sommer bis 26 °C, um den Unterschied zwischen Innen- und Außentemperatur gering zu halten) • Sauerstoffanteil der Luft: 21 % • Luftbewegung: 0,1 – 0,2 m/Sekunde • Luftfeuchtigkeit: 40 – 50 % Merke: Die Leistungsfähigkeit eines Mitarbeiters sinkt mit höheren Temperaturen oder zu feuchter Luft. Regelmäßiges Stoßlüften von 5 – 10 Minuten bei weit geöffnetem Fenster verbessert die Luft erheblich.

Lärm	Lärm wirkt sich über Schallwellen direkt auf das Ohr aus und kann bei starker Belastung den Mitarbeiter krank machen. Je nach Arbeit wird die Art von Lärm unterschiedlich störend empfunden (z.B. Kinderlärm, Verkehrslärm, allgemeine Hintergrundgeräusche im Büro). Daher gelten folgende Vorgaben für die Lautstärke bzw. die Stärke von Lärm: <ul><li>bei anstrengender Arbeit: max. 35 – 45 dB</li><li>bei geistig anspruchsvoller Arbeit: max. 55 dB</li></ul> dB = Dezibel; Maßeinheit für den Druck von Schallwellen auf das Ohr Phon = Lautstärke des Schalls (1 Phon = 1 dB)

Maßnahmen zur Verringerung von Lärm...	
innerhalb des Gebäudes	**außerhalb des Gebäudes**
<ul><li>geräuscharme Geräte verwenden</li><li>laute Geräte in einen eigenen Raum oder Schallabdeckungen anbringen</li><li>Stellwände, Regale, Deckensegel, Teppiche, Vorhänge, Pflanzen verwenden</li></ul>	<ul><li>Einbau von Schallschutzwänden</li><li>Wandverkleidungen</li><li>spezielle Fensterverglasung</li></ul>

Farbe und Raumschmuck

Die farbliche Gestaltung wirkt sich nicht nur auf den Raum und dessen Wahrnehmung aus, sondern beeinflusst auch das Wohlbefinden der Mitarbeiter.

Temperaturwirkung
Neben der tatsächlichen Raumtemperatur wird ein Mitarbeiter auch von Farben in ähnlicher Weise beeinflusst:
- gelbliche Farben (rot, orange, gelb, grün, usw.) vermitteln einen warmen Eindruck
- bläuliche Farben (blaugrün, blauviolett, usw.) wirken hingegen kalt und kühl

Flächenwirkung
Farben wirken sich auf die Größenwahrnehmung eines Raumes aus. So wirkt ein Raum bei hellen Farben größer und bei dunklen Farben kleiner.

Psychologische Wirkung
Farben rufen beim Menschen Empfindungen oder Emotionen hervor und beeinflussen damit wiederum das Wohlbefinden.
- rot: anstrengend; Verbindung mit Gefahr bzw. Kraft; sollte nur in Maßen eingesetzt werden
- grün: natürlich; Blätter, Natur; angenehme Empfindung
- blau: beruhigend; Himmel, Meer; angenehme Empfindung
- gelb: lebhaft, kreativ; Wärme; kann die Konzentration verbessern

Neben der farblichen Gestaltung beeinflussen auch vorhandene Gegenstände (z.B. Bilder, Skulpturen, Möbel, Dekorationsartikel, usw.) die Erscheinung eines Raumes und damit das Wohlbefinden des Mitarbeiters. Oftmals werden die Möbel in einer bestimmten Anordnung platziert und folgen so dem fernöstlichen Prinzip des Feng-Shui.

03 Gestaltung des Arbeitsplatzes

Kurzer Blick in den Betriebsalltag

„Sah der vorhin schon so chaotisch aus...", schießt es Tina Welkenbrink durch den Kopf, als sie nach der Pause an ihren Schreibtisch zurückkehrt. Überall liegen Dokumente und Akten herum und stapeln sich sogar auf der Tastatur. Da sollte sie erst einiges wegräumen, ehe sie bequem wieder weiterarbeiten kann...

Zu einem Arbeitsplatz gehören neben **Möbeln** (z.B. Tisch, Stuhl, Rollcontainer, Regale, Schränke, usw.) auch die **Arbeitsmittel** (Computer, Drucker, Kopierer, Telefon, usw.) sowie die jeweiligen **Arbeitsunterlagen** (z.B. Dokumente, Akten, Fachbücher, usw.).

Büroarbeitstisch

Auf dem Markt gibt es heutzutage eine Vielzahl von unterschiedlichen Tischen: von ganz einfachen bis hin zu modernen, elektronisch verstellbaren Tischen, die sich zudem zu Stehpulten umbauen lassen. Trotz aller Unterschiede sollte ein ergonomischer Büroarbeitstisch folgende Merkmale aufweisen:

- standfest, erschütterungsfrei
- reflexions- und spiegelfreie Tischplatte, evtl. neigbar
- abgerundete Tischkanten
- Tischfläche mind. 160 x 80 cm
- Tischhöhe mind. 72 cm (Abweichung um bis zu 1,5 cm möglich), wenn möglich verstellbar
- ein ausreichender Beinraum (Höhe: mind. 65 cm, Breite: mind. 60 cm, Tiefe: mind. 60 cm)

Der Arbeitsalltag sollte an einem klassischen Büroarbeitstisch maximal 50 % im Sitzen und jeweils weitere 25 % im Stehen bzw. in der Bewegung verbracht werden. Stehpulte unterstützen dabei das Arbeiten im Stehen.

Bürostuhl

Zu einem Arbeitstisch gehört ein passender Bürostuhl, der ebenfalls ergonomischen Vorgaben entsprechen sollte:

Rückenlehne	• unterstützt dynamische Bewegungen des Mitarbeiters • verstellbare Höhe (bis zur Mitte des Schulterblattes) und Neigung • stützt Lendenwirbelbereich • kippsicher, auch beim nach hinten Lehnen

Sitz	• verstellbare Höhe nach unten bzw. oben
	• verstellbar auch im Sitzen
	• Sitzfläche vorne abgerundet
	• Sitzfläche mit atmungsaktivem Bezug
Untergestell	• beweglich durch Rollen oder Gleiter
	• mind. 5 Rollen oder Gleiter
	• kippsicher
	• wegrollsicher
	• Untergestell darf sich nicht versehentlich vom Oberteil loslösen

Um gesundheitliche Schäden durch eine längere **Sitzhaltung** zu vermeiden, wird empfohlen:

- Unterschenkel befinden sich im rechten Winkel zur Tischplatte
- Ellbogen befinden sich im rechten Winkel zum Oberarm
- Füße stehen mit der ganzen Fußfläche auf dem Boden
- auf der Sitzfläche gerade (kerzengerade) sitzen
- Abstand zwischen Augen und Bildschirm beträgt ca. 50 – 80 cm
- Blickrichtung der Augen ist leicht nach unten geneigt (Bildschirmoberkante nicht höher als Augen)

Bildschirm

Um die Augen vor Schäden und starker Beanspruchung zu schützen, gelten auch für Bildschirme bestimmte Vorgaben:

- flimmerfrei, platz- und stromsparend, strahlungsfrei, umweltfreundlich produziert (Nachweis über Gütesiegel)
- leicht neig- und drehbarer Bildschirm, um Lichtreflexionen und eine schlechte Körperhaltung zu vermeiden
- Monitorgröße mind. 19" diagonal (= 48,26 cm)
- hohe Reaktionszeit mit max. 5 ms (ms = Millisekunden)
- Bildschirmauflösung mind. 1.280 Zeilen mit je 1.024 Punkten
- gut lesbare Schriftzeichen

Ein Bildschirm steht richtig, wenn weder Lichtquellen noch das Tageslicht spiegeln oder blenden. Der Augenabstand sollte ca. 50 – 80 cm betragen, bei größeren Bildschirmen sogar 1 m.

Tastatur und Maus

Die Tastatur sollte genügend Platz bieten, um die Handballen bequem auflegen zu können. Gekrümmte Tastaturen unterstützen dabei die normale (anatomische) Handstellung. Aus gesundheitlichen Gründen empfiehlt es sich, die Tastatur regelmäßig von

Schmutz und Bakterien zu reinigen. Die Maus sollte ebenfalls anatomisch geformt sein, sodass die Hand bequem aufgelegt werden kann. Die richtige Platzierung von Tastatur und Maus auf der Arbeitsfläche erleichtern ihren Gebrauch.

04 Software-Ergonomie

Aus dem privaten oder beruflichen Umfeld ist jeder mit Software vertraut. Im privaten Bereich sollte Unterhaltungssoftware Spaß und Freude bereiten. Im beruflichen Bereich soll die eingesetzte Software hingegen in erster Linie die betrieblichen Prozesse unterstützen. Dies lässt sich umso leichter erreichen, je besser eine Software an das menschliche Arbeitsverhalten angepasst ist.

Eine Software sollte daher...
- auf die jeweilige Arbeitsaufgabe abgestimmt sein,
- reale betriebliche Arbeitsabläufe abbilden und berücksichtigen,
- sinnvolle Fehlermeldungen anzeigen,
- jederzeit eine Hilfefunktion anbieten,
- eine Vertrauensbasis erzeugen, damit der Mitarbeiter ohne das Gefühl einer Kontrolle oder Überwachung arbeiten kann.

05 Umwelt- und Gesundheitsschutz

Gesundheitliche Gefahren am Arbeitsplatz	Gegenmaßnahmen
Burn-out (= „ausgebrannt", kraftlos sein) Mitarbeiter (meist sog. Workaholics = Arbeitssüchtige) arbeitet über die normalen Arbeitszeiten hinaus und verzichtet auf notwendige Erholungsphasen (freie Tage, Urlaub) Symptome: Schwindel, Konzentrationsstörungen, Mutlosigkeit, Hörsturz, Verspannungen, Magenprobleme, Depression, usw.	• Arbeitszeit reduzieren • weniger per Handy / Smartphone erreichbar sein • Arbeit an Kollegen abgeben
(Dys)Stress Belastung, die der Mitarbeiter meist nicht oder nur schwer erfüllen kann und die durch Überforderung (z.B. Termin-, Leistungsdruck, ständige Störungen bei der Erledigung von Aufgaben, usw.) oder Unterforderung (z.B. langweilige, monotone Arbeit) entstehen kann	• Arbeitspausen machen • Arbeiten nach der eigenen Leistungskurve • Abschalten und anderen Tätigkeiten nachgehen, z.B. Unterhaltung mit Kollegen

Mobbing	• Betriebsrat und Vorgesetzten (bei
Mitarbeiter wird von Kollegen (= Mobbing) oder Vorgesetzten (= Bullying) über einen längeren Zeitraum schikaniert, terrorisiert, tyrannisiert und kann seiner Arbeit nicht mehr problemlos nachgehen	Bullying dessen Vorgesetzten) informieren
	• externe Hilfe in Anspruch nehmen
Folgen: innere und später tatsächliche Kündigung Symptome: Abnahme der Leistungsfähigkeit, Fehltage häufen sich, psychische Probleme, usw.	

Umweltschutz

Bei der Auswahl von Büromöbeln hängt die Kaufentscheidung einerseits von ergonomischen Überlegungen als auch z.B. von einer Ressourcen schonenden Herstellung oder der Langlebigkeit der Möbel ab. Zudem sollte bei Anschaffung auf eine spätere Recyclingfähigkeit geachtet werden. Ähnliche Überlegungen können auf alle genutzten Bürogeräte wie z.B. Drucker, Kopierer übertragen werden. Umweltschutz und Schonung der Ressourcen spielen auch bei den großen Mengen an Verbrauchsmaterial wie z.B. Papier, Toner, usw. eine besondere Rolle. Hier kann der sparsame Umgang, die Verwendung von Recycling-Material, Energieeinsparung und die Vermeidung von Abfällen bzw. deren Recycling einen nachhaltigen Beitrag zur Erhaltung der Umwelt leisten.

Aufgaben

(?) 1: Unterscheiden Sie das Einzel-, Gruppen- und Großraumbüro voneinander.

(?) 2: Welche Maßnahmen können zur Reduzierung von Lärm genutzt werden?

(?) 3: Beschreiben Sie die Anforderungen an einen modernen Büroarbeitstisch.

(?) 4: An Ihrem Arbeitsplatz soll der Bildschirm ersetzt werden. Welche Überlegungen sollten vor dem Kauf gemacht werden?

(?) 5: Beschreiben Sie Mobbing, Stress und Burn-out und nennen Sie geeignete Gegenmaßnahmen.

Teil 2 Abschlussprüfung: Prüfungsbereich Kundenbeziehungs- prozesse

Prüfungsgebiete:

Prüfungsgebiet 01: Kundenorientierte Auftragsabwicklung

Funktion 0101   Kundenbeziehungen; Kommunikation

Handlungskomplex 01: Kundendaten zusammenstellen, aufbereiten und auswerten

In Teil 1 wurden die Themen aus der Sicht des Einkäufers (= Käufers) dargestellt. Im Folgenden geht es um die Sicht des Verkäufers – wie findet er Kunden, wie kalkuliert er Verkaufspreise, welche Rechte hat der Verkäufer, wenn der Käufer die Ware nicht bezahlt?

01 Primär- und Sekundärforschung

Ein Verkäufer benötigt z. B. Informationen
- über die Konkurrenz: Wie viel Konkurrenz gibt es? Wie sind die Preise der Konkurrenz? Wie ist die Produktpalette der Konkurrenz? Wie ist der Service der Konkurrenz? Welche Werbung macht die Konkurrenz?
- über die Käufer: Einkommensverhältnisse (= Kaufkraft), Altersstruktur, Ausbildung, Familienstand etc.

Marktforschung liefert dem Verkäufer diese Informationen.

Definition: Marktforschung bedeutet die gezielte Untersuchung des Marktes, um Informationen über mögliche Käufer und Konkurrenz zu erhalten. Man unterscheidet die Primär- und Sekundärforschung. Ziel der Forschung ist, die eigenen Produkte gewinnbringend und kundenorientiert zu verkaufen.

	Primär-Forschung (primär = vorrangig = als Erstes) „Feldforschung"	**Sekundär-Forschung** (= sekundär = nachrangig = als Zweites) „Schreibtisch-Forschung"
Definition	eigene Untersuchungen auf dem Markt	bereits vorhandene Daten auswerten
Beispiele	• Interview (mündliche Befragung) • schriftliche Befragung • Beobachtung • Markttests • Panelerhebungen	Auswertung von ... • statistischen Jahrbüchern • Berichten der IHK/HWK • Fachzeitschriften • Geschäftsberichten der Konkurrenz • eigenen Daten (Umsatzstatistiken, Verkaufsberichten der Handelsvertreter und Reisenden)

Vorteile	• speziell auf das Unternehmen/ die eigenen Waren zugeschnitten • zielgerichtete Auswertungen • größere Bandbreite an Infos	• günstig • schneller Abruf der Daten • größere Datenfülle (z.B. Internet)
Nachteile	• teurer als die Sekundärforschung (oft extern) • abhängig von den ausgewählten Erhebungen • zeitaufwendig	• nur allgemeine Informationen, nicht immer auf das eigene Unternehmen / die eigenen Waren übertragbar • Zugriff auf „alte" Daten => keine Aktualität

In der Praxis
• betreibt ein Verkäufer zuerst die Sekundärforschung, danach die Primärforschung,
• wird die Primärforschung oft von externen Marktforschungsunternehmen durchgeführt.

02 Kundendateien

Ein Unternehmen legt die Informationen über seine Kunden (= Kundendaten) in einer Kundendatei an.

Mögliche Kundendaten = Inhalte einer Kundendatei sind:
• Kontaktdaten des Kunden/Unternehmens mit Ansprechpartner
• Kundennummer
• Welche und wie viele Produkte hat der Kunde gekauft?
• Welche Ware und wie oft wurde sie vom Kunden zurückgeschickt?
• Welche Rabatte und Skonti/Boni erhält der Kunde (= Zahlungsbedingungen)?
• Welche Versandart bevorzugt der Kunde?
• Zahlt der Kunde pünktlich (mit/ohne Nutzung von Skonto)?
• Möchte der Kunde Werbung erhalten?

Wie werden diese Kundendaten ermittelt?
• aus Gesprächen mit den Kunden
• aus Rückmeldungen von Handelsreisenden und -vertretern
• aus Rückmeldungen der Buchhaltung

Beachte: Diese Daten sind für das eigene Unternehmen sehr wichtig, je mehr ein Unternehmen über seine Kunden weiß, desto effektiver und gezielter kann es verkaufen.

Die Kundendatei kann individuell z.B. in Excel oder Access erstellt werden oder als fertige Software gekauft werden.

03 Kundentypen (ABC-Kunden, Bestands- und Neukunden)

Da die Kunden eines Unternehmens in der Regel sehr unterschiedlich sind, wertet das Unternehmen seine Kundendaten gründlich aus. Es erhält ein umfangreiches Bild über z.B. die Höhe der Umsätze, die Treue der Kunden und kann somit gezielter Werbung machen und seinen Umsatz weiter steigern.

Unterscheidung von Kundentypen		
Bestandskunden: Sie kaufen seit längerer Zeit im Unternehmen ein. Viele ihrer Daten sind bekannt.	Neukunden: Sie kaufen erstmalig im Unternehmen ein. Ihre Daten muss das Unternehmen noch kennenlernen.	Laufkundschaft: Sie entdecken „im Vorbeilaufen" die Waren und kaufen spontan.

Aus dem Kaufverhalten der Kunden kann die Wichtigkeit der Kunden z.B. nach Umsatz ermittelt werden. Diese Klassifizierung der Kunden ist an die ABC-Analyse angelehnt. Daher spricht man hier von ABC-Kunden.

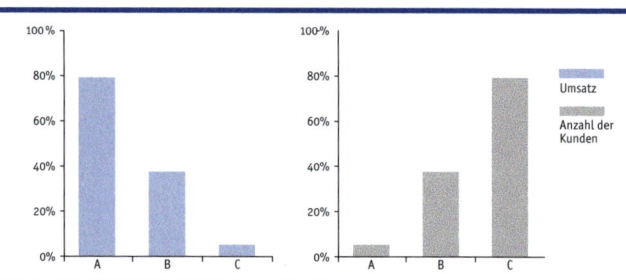

Erklärung		
A-Kunden: wenige Kunden, mit denen das Unternehmen einen hohen Umsatz erzielt	B-Kunden: mittlere Anzahl an Kunden, mit denen das Unternehmen einen mittleren Umsatz erzielt	C-Kunden: viele Kunden, mit denen das Unternehmen einen relativ geringen Umsatz erzielt

Die A-Kunden sind für ein Unternehmen die Schlüsselkunden. Sie haben den stärksten Umsatz.

Handlungskomplex 02: Eigene Rolle als Dienstleister im Kundenkontakt berücksichtigen

Dazu gehören: Situationsgerecht und kundenorientiert Auskunft geben und beraten; Anlässe und Arten mündlicher und schriftlicher Kommunikation berücksichtigen; Gesprächsführungs- und Fragetechniken anwenden; ziel- und kundenorientierte Gespräche führen, Ergebnisse zusammenfassen; soziokulturelle Unterschiede in der Kommunikation berücksichtigen.

Für das Unternehmen steht der Kunde im Fokus und sollte so behandelt werden, dass er immer wieder kauft. Dazu bedarf es wichtiger Kenntnisse über die Art der Kommunikation, die Kundenorientierung und den Umgang mit dem Kunden.

01 Kundenorientierung

Der Kunde als Käufer einer Ware oder Dienstleistung steht im Zentrum der Betrachtung unternehmerischer Aktivitäten. Produkte, die von Unternehmen am Markt angeboten werden, sollen dem Kunden einen Nutzen stiften, damit dieser die Produkte kauft. Der Nutzen stellt sich für den Kunden ein, wenn er ein Bedürfnis befriedigen kann. Die Herstellung, Produktion und Vermarktung von Produkten orientiert sich so an den Bedürfnissen von Kunden (= Kundenorientierung).

Die Kundenorientierung unterscheidet dabei zwei Ebenen:
1. Die **funktionale** Ebene: Hier gilt es zu klären, ob ein Produkt sich in seinen Gebrauchseigenschaften an den Bedürfnissen eines Kunden orientiert. Im Gespräch mit einem Kunden geht es darum, seine Bedürfnisse zu erkennen und den Nutzen für ihn herauszuarbeiten.
2. Auf **emotionaler** Ebene will der Kunde das Gefühl haben, respektiert, gesehen und anerkannt zu sein.

Die weiteren Ausführungen werden an einem durchgängigen Beispiel veranschaulicht. Dafür wird ein einfaches und alltägliches Beispiel gewählt, an dem sich jedoch sehr viele Aspekte zeigen lassen – ohne dass ein kompliziertes „Drumherum" den Blick verstellt.
Das Beispiel wird mehrfach weitergeführt.

Beispiel: Kauf einer Schultasche

Ein Schüler kommt in ein Geschäft und will eine Schultasche für den Transport seiner persönlichen Unterlagen auf der täglichen Fahrt zur Berufsschule kaufen. Er hat noch kein konkretes Bild dazu im Kopf, lässt einfach das Angebot an Taschen auf sich wirken.

Funktionale Ebene	Emotionale Ebene (Gesprächsebene)
Die Tasche soll seine Unterlagen fassen können. Sie soll leicht zu öffnen sein und schön aussehen. All das sind aber subjektive Einschätzungen, die der Verkäufer erst herausfinden darf.	Der Verkäufer kennt die Bedürfnisse des Kunden nicht. Im ersten Kontakt erfährt er nur, dass er eine Schultasche braucht. Weitere Informationen wird er im Gespräch mit dem Kunden herausfinden.

02 Unterschiedliche Gesprächssituationen

Im persönlichen Kontakt mit Kunden entstehen verschiedene Gesprächssituationen.

Beratung
Beratung kommt von Rat holen. Beratung im Verkauf bedeutet, im Gespräch die Eigenschaften eines Produktes mit den Bedürfnissen des Kunden in Einklang zu bringen. Es setzt oft Fingerspitzengefühl voraus, wann ein Kunde bereit für Empfehlungen ist. In der Beratung geht es im ersten Schritt darum, zu erkennen, wofür der Kunde ein Produkt nutzen will. Der zweite Schritt ist es dann, die Produkteigenschaften hervorzuheben, in denen der Kunde einen Nutzen für sich erkennen kann.

Beispiel Schultasche

Wofür wollen Sie die Tasche denn nutzen? Transport von Büchern? Gut. Modell A kann schwere Bücher in großer Menge fassen. Modell B ist kleiner und fasst nur die Hälfte.

Beschwerde
Beschweren kommt von Schwere. Der Kunde will Gewicht in seine Worte legen, um gehört, verstanden und respektiert zu werden. Der Anlass für eine Beschwerde ist Enttäuschung. Diese kann zum einen dadurch entstehen, dass Erwartungen an das Produkt nicht erfüllt werden. Zum anderen ist die Art und Weise, wie der Ver-

kaufsprozess vom Kunden erlebt wird, häufig der Grund für eine Beschwerde. (Tipp für Verkäufer: Beschwerden niemals persönlich nehmen! Kunden ernst nehmen.)

Dazu ist es hilfreich, verbal auf Emotionen einzugehen:

Beispiel Schultasche

- Sie sind ja wirklich ganz schön verärgert.
- Stimmt, das ist schiefgelaufen.
- Was möchten Sie denn genau mit der Nutzung des Produkts erreichen?

Reklamation

Reklamieren bedeutet ein „lautes Schreien". Die Reklamation eines Kunden ist in diesem Sinne das laute Aufschreien, wenn er feststellt, dass ein Produkt seinen Vorstellungen nicht entspricht. Dabei kann das Produkt z.B. defekt sein.

Beispiel: Schultasche ist defekt	**Beispiel: Schultasche nicht nutzbar**
Der Kunde kommt eine Woche nach dem Kauf der Tasche zurück und zeigt den abgerissenen Griff an der Tasche. Offensichtlich hat sie das Gewicht der Unterlagen nicht ausgehalten.	Der Kunde stellt fest, dass die Tasche viel zu klein für die Masse an Büchern ist, die er jeden Tag transportieren will. Das Fassungsvermögen ist zu gering, er reklamiert die Tasche und will lieber eine größere probieren.

03 Gesprächsregeln

Jedes Gespräch mit einem Kunden folgt einer Struktur in den folgenden Phasen (Einstieg, Verlauf, Abschluss).

Gesprächsphasen

1. Einstieg: Die ersten Sätze dienen dem Aufbau einer Beziehung zum Kunden: Ihn ankommen lassen, das Gefühl vermitteln, als Verkäufer bereit für ein Gespräch über die Bedürfnisse und Wünsche zu sein (z.B. Begrüßung, „Kann ich Ihnen helfen").	**2. Verlauf**: Im zweiten Teil lenkt der Verkäufer das Gespräch auf den Nutzen der unterschiedlichen Produkte. Er prüft die vom Kunden geäußerten Bedürfnisse und präsentiert verschiedene Lösungen.

3. Abschluss: Am Ende gilt es, im richtigen Moment den Kunden zu einer Handlung aufzufordern. Das kann das Probetragen der Schultasche sein.
Am Ende steht die Kommunikation des Kaufangebotes. „Heute kann ich Ihnen einen Rabatt von 10 % anbieten."

---

04 4-Ohren-Modell

Das 4-Ohren-Modell (von Schulz von Thun) zeigt auf, dass eine Gesprächssituation auf mehreren Ebenen stattfindet. Die vier Ebenen betreffen den Sender (Käufer) und den Empfänger (Verkäufer).

Beispiel Schultasche

- Sachebene: Braune oder schwarze Tasche
- Beziehungsebene: Kunde will verstanden werden
- Apell: Hilf mir bei der Entscheidung!
- Selbstoffenbarung: Zeige und erkläre mir bitte die Funktion von …

05 Kommunikationsziel

Kunde kommt von kundig. Der Kunde/Käufer kennt seine Bedürfnisse. Ziel der Kommunikation ist es, dem Kunden seine Bedürfnisse vor Augen zu führen, mit dem Nutzen des Produktes in Übereinstimmung zu bringen und am Ende des Gesprächs idealerweise das Produkt zu verkaufen. Ein guter Verkäufer hat die Perspektive „Bedürfnis erzeugen" im Hinterkopf. Manche Bedürfnisse hat der Kunde vielleicht nicht im Blick, wenn er den Laden betritt.

Beispiel Schultasche

Der Kunde hat viel zu transportieren und sucht eine Tasche in entsprechender Größe. Dabei hat er nicht im Blick, dass sein Bedürfnis nach leichtem Transport möglicherweise von einer Schultertasche mit breitem Trageriemen besser befriedigt wird. Oder ein Dokumentenkoffer mit Rollen und einem verlängerbaren Transportgriff.

Das Ziel der Kommunikation mit einem Kunden ist es, all diese Bedürfnisse zu erforschen und mit Produktnutzen zu verknüpfen.

06 Argumentationstechniken

Sie dienen dazu, die subjektive Sichtweise eines Kunden im Verkaufsgespräch zu würdigen und gleichzeitig ein neues Bild der Wirklichkeit zu konstruieren. Für ein flüssiges Verständnis beziehen sich alle folgenden Beispiele weiter auf den Kauf der Schultasche.

Einwandsvorwegnahme
Angenommen, im Gespräch stellt sich heraus, dass die Tasche mit all den Unterlagen für den Kunden zu schwer wird. Gleichzeitig

stellt der Verkäufer fest, dass der Kunde eine klassische Tasche bevorzugt. Der Verkäufer könnte die Aufmerksamkeit des Kunden mit folgender Einwandsvorwegnahme in eine neue Richtung lenken:

„Sie werden sagen, dass eine Tasche mit einem langen Schulterriemen gar nicht mehr so richtig wie eine Schultasche aussieht. Gleichzeitig könnten Sie alle Ihre Unterlagen viel leichter transportieren, wenn Sie die Tasche über die Schulter hängen. So sind Ihre Hände wieder frei und Sie können sich leichter bewegen."

Einwandsumkehr
Die Umkehr eines Einwands folgt dem gleichen Prinzip: Den Einwand würdigen und gleichzeitig eine Alternative anbieten.

Beispiel Schultasche

Der Kunde will eine braune Tasche, das gewünschte Modell ist aber nur in schwarzer Farbe auf Lager. Einwandsumkehr des Verkäufers:
„Stimmt, Sie wollen eine braune Tasche. Gleichzeitig passt das schwarze Modell hervorragend zu Ihren Schuhen. Schwarz rundet das Bild ab. Außerdem tragen Sie einen schwarzen Mantel, auch hier fügt sich Schwarz hervorragend ein."
Relativierung: „Auf der einen Seite hat die Tasche einen Schulterriemen, das ist für Sie neu. Auf der anderen Seite ist die Tasche relativ schwer und der Riemen würde Ihnen das Tragen der Tasche erleichtern."
Polarisierung: „Es gibt die braune Schultasche mit Schulterriemen und die schwarze Tasche ohne Schulterriemen."

---

07 Fragetechniken

Wer fragt, der führt. Fragen lassen innere Bilder im Kopf eines Menschen entstehen. Man unterscheidet zwischen offenen und geschlossenen Fragen. Außerdem gibt es Entscheidungs-, Kontroll-, Suggestivfragen.

Frageatechniken

Offene Fragen	Geschlossene Fragen:
... sind W-Fragen (Wofür? Was? Wann? Warum?,...). Der Kunde muss auf diese Fragen ausführlicher antworten und der Verkäufer erfährt mehr vom Kunden.	... werden in der Regel nur mit „Ja" oder „Nein" beantwortet. Der Kunde bekommt Alternativen zur Auswahl.
• Wofür nutzen Sie die Tasche? • Welche Funktionen soll die Tasche haben?	• Gefällt Ihnen eine Tasche mit Schulterriemen?

Entscheidungsfragen	Kontrollfragen	Suggestivfragen
... beinhalten Vorschläge/Alternativen; der Kunde trifft die Entscheidung.	... sind erneute Fragen (anders formuliert), um die Aussagen des Kunden abzusichern.	Der Käufer wird durch die Formulierung subjektiv beeinflusst.
• Wollen Sie die Tasche gleich mitnehmen oder sollen wir sie nach Hause schicken?	• Sind Sie sicher, dass Sie die braune Tasche möchten?	• Sie finden doch auch, dass eine Tasche mit schwarzem Schulterriemen schön aussieht?

08 Nonverbale Kommunikation

In der nonverbalen Kommunikation geht es um die Beobachtung der Körpersprache.

Beispiel Schultasche

Welchen Gesichtsausdruck hat der Kunde beim Präsentieren der Ware? Wann lächelt er, welche Argumente verändern seine Körpersprache? Wie geht der Kunde beim Probetragen der Tasche? Wie setzt er seine Hände ein, greifen diese interessiert nach der Tasche, fährt er berührend über das Leder?

09 Gesprächsnotiz

Im Anschluss an das Gespräch ist es sinnvoll, die zentralen Inhalte zu notieren. Als Kaufmann/-frau für Büromanagement sprechen Sie mit Kunden telefonisch oder persönlich und betreuen Kunden oftmals längerfristig. Die Gesprächsnotizen gehören dann in die Kundenakte.

Handlungskomplex 03: Informationen kundengerecht aufbereiten

01 Adressatengerechte Produkt- und Dienstleistungsinformationen

Das Ziel eines Unternehmens ist Gewinne zu erzielen. Gewinne werden durch Verkäufe an Kunden erzielt (= Umsatz). Daher ist es sinnvoll, den Kundenkreis zu kennen und die Kunden an sich zu binden. Hilfreich ist, wenn Unternehmen Zielgruppen für sich festlegen.

Kriterien zur Zielgruppen-Findung können sein:
• Geschlecht
• Alter
• Wohnort
• Vermögen

Beispiel

Ein Alltagsbeispiel macht dies besonders klar: Ein Kiosk in der Nähe eines Altenheimes hat andere Waren im Sortiment als ein Kiosk, der neben einer Schule steht.

Ist die Zielgruppe bekannt, geht es darum, die Bedürfnisse der Kunden herauszuarbeiten. Damit die Kunden Informationen über die angebotenen Produkte erhalten, hat das Unternehmen die Möglichkeit, verschiedene Medien (sogenannte Werbemittel) einzusetzen. Diese sind z.B.:

- Flyer
- Broschüren
- Anzeigen
- Radiospots
- Plakate
- Botschaften im Social Media etc.

Außerdem sollte sich das Unternehmen überlegen, wie diese Werbemittel transportiert werden sollen (Werbeträger), z.B.:

- Wo werden die Flyer und Broschüren ausgelegt?
- Wo werden die Anzeigen platziert (Zeitungen, Fachzeitschriften, Internetportale)? und
- In welchem Radiosender wird der Radiobeitrag gesendet?

In diesem Zusammenhang sind die anfallenden Kosten zu schätzen und mit dem jeweiligen Werbebudget des Unternehmens abzugleichen.

Handlungskomplex 04: Bedeutung von Kundenservice für die Kundenzufriedenheit erkennen und berücksichtigen

Ziel jedes Unternehmens ist es den Gewinn zu steigern. Gewinne entstehen durch Verkäufe an Kunden. Daher will das Unternehmen seine Kunden langfristig binden und neue Kunden gewinnen.

01 Maßnahmen zur Kundenbindung

Je genauer das Unternehmen seine Kunden und deren Wünsche kennt, desto genauer kann es mit seinem Sortiment darauf eingehen.

Folgende Maßnahmen können Kunden langfristig an ein Unternehmen binden:

- Gute Informationen über den Kunden und
- gute Serviceleistungen.

Information

Um dem Kunden die passenden Waren oder Dienstleistungen anbieten zu können, benötigt ein Unternehmen Informationen z.B. über

- die Bedürfnisse des Kunden
- die Zukunftspläne der Kunden (z.B. für eine Sortimentserweiterung)
- die Kaufmotive des Kunden
- mögliche Probleme des Kunden.

Serviceleistungen

Zusätzlich zu den verkauften Waren sind gute Serviceleistungen das A und O eines guten Unternehmens:

- unkomplizierter Umgang bei Reklamationen
- gute Erreichbarkeit für Bestellungen und Aufträge
- schneller und freundlicher Kontakt
- lange Öffnungs- bzw. flexible Bürozeiten
- flexibler Umgang mit Kulanzfällen (siehe Seite 108)

02 Kundenzufriedenheit

Zufriedene Kunden kaufen gerne ein. Das steigert den Umsatz und den Gewinn. Daher ist jedes Unternehmen sehr an zufriedenen Kunden interessiert. Wie kann ein Unternehmen feststellen, ob seine Kunden mit den Waren und dem Service zufrieden sind: Durch

- einen permanenten Kundendialog und
- permanente Kontrollabfragen und Bewertungen.

Kundendialog

Der Kundendialog ist das Gespräch mit dem Kunden. Im Verkaufsgespräch fragt der Verkäufer nach den Wünschen des Kunden, seinen Plänen und evtl. auch nach Leistungen, die der Verkäufer zusätzlich anbieten kann.

Folgen:

- Der Kunde fühlt sich verstanden und gut aufgehoben.
- Der Verkäufer erhält Informationen und kann Lösungen anbieten.

Kontrollabfrage/Bewertung

Zusätzlich zu einem Verkaufsgespräch sollte ein Unternehmen auch bei seinen Kunden nachfragen, ob sie mit der Ware bzw. der Auftragsausführung zufrieden sind. Diese Abfrage kann

- mündlich (z.B. per Telefonat),
- schriftlich,
- persönlich (Besuche) oder
- im Internet (Bewertungsportale)

erfolgen.

Diese Abfragen sind besonders bei A-Kunden wichtig, da sie einen hohen Umsatz erzielen (siehe Seite 122).

03 Reflexion des eigenen Verhaltens

Reflexion bedeutet das Verhalten und Handeln zu überdenken. Dazu helfen die regelmäßigen Kundendialoge und die Kontrollabfragen:

Das Unternehmen erfährt – hoffentlich ehrlich – wie zufrieden die Kunden mit dem Unternehmen sind, welche weiteren Wünsche sie an das Unternehmen haben bzw. welche Vorgänge in der Vergangenheit evtl. schlecht gelaufen sind. Diese Informationen sind für ein Unternehmen sehr wichtig: Nur wenn es weiß, worauf seine Kunden Wert legen bzw. was die Kunden bisher gestört hat, kann ein Unternehmen seine Waren und seinen Service verbessern und so die Kunden weiter und langfristig an sich binden.

04 Beschwerdemanagement

Definition: Beschwerdemanagement bedeutet das Management (= den Umgang) sowohl mit Beschwerden als auch mit Reklamationen der Kunden – wie reagiert ein Unternehmen auf Beschwerden?

Es ist für das Image des Unternehmens wichtig, auf Beschwerden freundlich, zügig und angemessen zu antworten.

Ziele:

- Vermeidung, dass unzufriedene Kunden zur Konkurrenz abwandern
- Förderung des eigenen Images
- Verbesserung der eigenen Waren und Dienstleistungen
- langfristig Vermeidung weiterer Kosten durch Beschwerden und Reklamationen

Funktion 0102   Auftragsbearbeitung und -nachbereitung

Handlungskomplex 01: Kundenanfragen bearbeiten und bei ihrer Abwicklung mitwirken

01 Anfrage

Mit der Anfrage erkundigt sich ein Kunde (= Käufer) bei einem Lieferanten (= Verkäufer), ob er bestimmte Waren kaufen kann, zu welchem Preis und zu welchen Liefer- und Zahlungsbedingungen. Diese Anfrage ist formfrei. Weitere Details zu einer Anfrage vgl. Seite 87.

Erhält ein Lieferant (= Verkäufer) eine Anfrage, so prüft er, ob er die Waren auf Lager hat und diese zu den gewünschten Konditionen für seinen Kunden anbieten kann.

Achtung **Bindungsfrist**: Antwortet der Verkäufer mit einem Angebot, so ist er an dieses gebunden (verbindliches Angebot).

02 Lieferfähigkeit

Die Lieferfähigkeit, auch Lieferbereitschaft genannt, ist die Fähigkeit des Lieferanten (= Verkäufers), die bestellten Waren an den Kunden liefern zu können. Dabei muss beachtet werden:
* Wie viel Ware benötigt der Kunde?
* Ist die bestellte Menge im Lager vorhanden?
* Wann benötigt der Kunde die Ware?
* Welche Lieferbedingungen kann der Verkäufer anbieten bzw. sind gewünscht (frei Haus, ab Bahnhof, etc.)?

03 Bonitätsprüfung

Mit der Bonitätsprüfung prüft der Lieferant, ob der Kunde zahlungsfähig ist. U.a. prüft er z.B.
* Zahlungsfähigkeit des Kunden (z.B. über Schufa-Auskunft)
* Zahlungsmoral des Kunden
* Verlässlichkeit des Kunden
* Kundenempfehlungen anderer Lieferanten
* Kundenerfahrungen (bei langjährigen Kunden)

04 Angebot

Um dem Kunden ein Angebot unterbreiten zu können, muss der Verkäufer einen Angebotspreis (= Verkaufspreis) anbieten. Dafür führt er eine Verkaufskalkulation durch. Eine ausführliche Berechnung finden Sie auf Seite 143.

05 Allgemeine Geschäftsbedingungen

Die Allgemeinen Geschäftsbedingungen sind in der Praxis Bestandteil der meisten Kaufverträge. Ausführliche Informationen finden Sie auf Seite 91.

Handlungskomplex 02: Kundenaufträge annehmen, bearbeiten sowie dabei Rechtsvorschriften und Verfahrensregeln beachten

01 Bestellung

Mit der Bestellung möchte der Kunde die Ware vom Verkäufer verbindlich kaufen. Details finden Sie ab Seite 95.

02 Auftragsbestätigung

Geht eine Bestellung beim Verkäufer ein, so schickt er i.d.R. dem Käufer eine Auftragsbestätigung (= Bestellungsannahme).

Vor der Auftragsbestätigung sollte der Verkäufer die Bestellung mithilfe des Angebots auf ihre sachliche Richtigkeit prüfen nach:
• Menge
• Preis
• Liefer- und Zahlungsbedingungen
• Lieferfrist
• Qualität der Ware

In der Praxis wird i.d.R. bei einer telefonischen Bestellung (z.B. zur Vermeidung von Missverständnissen) oder bei einem Neukunden immer eine Auftragsbestätigung versendet.
Die Auftragsbestätigung **muss** zwingend erfolgen, wenn der Kunde:
• die Bestellung abgeändert hat
• die Bestellung nach der Bindungsfrist des Angebots erfolgt
• vor der Bestellung keine Anfrage gestellt bzw. kein Angebot bekommen hat
• auf ein freibleibendes Angebot eine Bestellung aufgegeben hat (Anfrage)

03 Kaufvertrag

Mit der Annahme der Bestellung kommt ein Kaufvertrag zustande (zwei übereinstimmende Willenserklärungen, vgl. zum Thema Kaufvertrag auch auf Seite 97).

Ein Kaufvertrag kommt **nicht** zustande, wenn:
- die Bestellung abgeändert wurde; denn dann liegt eine neue Anfrage vor und/oder
- die Bestellung nach der Bindungsfrist eintrifft (neue Anfrage).

Handlungskomplex 03: Auftragsabwicklung mit Kunden festlegen

01 Terminüberwachung

Nach Abschluss eines Kaufvertrags muss der Verkäufer die Ware pünktlich an den Kunden liefern und dieser muss die Ware pünktlich annehmen und bezahlen. Beide Termine müssen vom Verkäufer überwacht werden. Das nennt man Terminüberwachung.

Hinweis: Bei einer pünktlichen Lieferung müssen die Zeiten für die Transport- und Lieferwege auch berücksichtigt werden. Für den Zahlungseingang sind Skonto- und Mahnfristen zu beachten. In zahlreichen Unternehmen erfolgt die Terminüberwachung mithilfe technischer Geräte (Computer, Smartphone, etc.).

Vorteile elektronischer Terminüberwachung	Nachteile elektronischer Terminüberwachung
• schnelle Übertragbarkeit der Daten • Abgleich und Aktualisierung der Daten • mobile Verwendung der Daten (ortsungebunden) • schnelles Ändern, Löschen, Verschieben der Daten möglich • strukturierte, übersichtliche Darstellung	• Datenverlust bei Systemabsturz • elektronische Voraussetzungen müssen funktionieren • synchroner Abgleich erforderlich • Veränderungen sind oft nur schwer nachvollziehbar

02 Warenbereitstellung

Bevor der Verkäufer die Ware versenden kann, sind folgende Fragen relevant:
1. Ist die benötigte Ware auf Lager?
2. Wann soll die Ware beim Kunden sein?
3. Wie lange dauert die Lieferung an den Kunden?

Danach fallen folgende Schritte für den Verkäufer an:

1. Meldung an die Abteilung Lager
2. Veranlassung der Warenzusammenstellung (Fachbegriff: Kommissionierung) und des Versands

Beim Versand sollte auf folgende Aspekte geachtet werden:

- kostengünstiger Versand
- ökologischer Versand
- Lieferpapiere vollständig (Lieferschein, Rücksendeformular, evtl. Rechnung)

03 Möglichkeiten für den Warenversand

Waren können auf unterschiedlichen Wegen versendet werden. Bei allen Optionen müssen die jeweiligen Versand- und Versicherungsgebühren berücksichtigt werden. Hier eine Auflistung von Optionen:

- Postversand
- Paketversand (DHL, UPS, Hermes, TNT)
- Speditionsunternehmen
- Bahn-, Schiff- und Luftverkehr

Ziel ist, einen termintreuen sowie kostengünstigen und ökologischen Versandweg zu finden.

04 Nicht-Rechtzeitig-Zahlung

Wenn der Kunde die Ware erhalten hat, sie aber nicht bezahlt, spricht man von Nicht-Rechtzeitig-Zahlung. Das ist eine der Kaufvertragsstörungen. Der Kunde kommt in **Zahlungsverzug**.

Folgende zwei Punkte sind zu beachten:

1. Wann ist die Zahlung fällig?

Die Zahlung der Rechnung ist fällig:

- wenn der späteste Zahlungstermin kalendermäßig exakt **bestimmt** ist (z.B. zahlbar bis zum 06.09.20XX oder zahlbar im September 20XX) oder
- wenn der späteste Zahlungstermin kalendermäßig exakt **bestimmbar** ist (z.B. zahlbar spätestens 14 Tage nach Rechnungsdatum) oder
- 30 Tage nach Zugang der Rechnung (bei Privatpersonen nur, wenn sie darauf hingewiesen wurden).

In allen anderen Fällen ist eine Mahnung für das „In-Verzug-Setzen" erforderlich (z.B. „zahlbar sofort").

Hinweis: Der Zahlungsverzug tritt spätestens (auch ohne Mahnung) innerhalb von 30 Tagen nach Fälligkeit und Zugang der Rechnung ein.

2. Was sind die Folgen des Zahlungsverzugs?

Zahlt der Kunde nicht, so hat der Verkäufer die Möglichkeit, zu mahnen (Mahnwesen).

Mahnwesen

Das Mahnwesen unterteilt sich in das kaufmännische und das gerichtliche Mahnwesen.

Das **kaufmännische Mahnwesen** kann, muss aber nicht durchgeführt werden. Es liegt im Ermessensspielraum des Verkäufers, ob er den Kunden mahnt (keine gesetzliche Regelung!). Üblicherweise werden in der Praxis bis zu drei Mahnungen geschrieben.	Mit dem **gerichtlichen Mahnwesen** kann der Verkäufer sein Recht auf Zahlung beim Gericht einklagen. Sobald der Verkäufer diesen Weg wählt, sind gesetzliche Regelungen und Fristen zu beachten. Vier Stufen des gerichtlichen Mahnverfahrens sind möglich: • Mahnbescheid • Vollstreckungsbescheid • Zwangsvollstreckung • Eidesstattliche Versicherung

Der Verkäufer hat folgende Rechte beim Zahlungsverzug:

* gerichtliche Klage
* Mahnbescheid
* Rücktritt vom Vertrag und Rückgabe der Ware
* Berechnung von Verzugszinsen und sonstigen Kosten (Porto und Bearbeitungsgebühren)

Verzugszinsen

Durch den Zahlungsverzug kann der Verkäufer dem Kunden sogenannte Verzugszinsen in Rechnung stellen. Für die Berechnung der Verzugszinsen sind die Tage relevant, die über die Zahlungsfrist hinausgehen. Der Zinssatz bei Zahlungsverzug ist im § 288 BGB geregelt. Der Verzugszinssatz liegt bei

* Verbrauchergeschäften (= einseitiger Handelskauf) 5 % über dem Basiszinssatz[1] und bei
* Handelsgeschäften (= zweiseitiger Handelskauf) 9 % über dem Basiszinssatz.

---

[1] Der Basiszinssatz wird halbjährlich (01.01.20.. und 01.07.20..) von der Deutschen Bundesbank bekannt gegeben. Aktuell (Stand 01. Januar 2017) ist der Basiszinssatz negativ und beträgt -0,88 %.

Exkurs

- Verbrauchergeschäft: Kaufvertrag zwischen einer Privatperson und einem Unternehmen (einseitiger Handelskauf)
- Handelsgeschäft: Kaufvertrag zwischen zwei Unternehmen (zweiseitiger Handelskauf)

Hinweis: Bei der Berechnung von Verzugszinsen wird mit der BGB-Zinsformel gerechnet (365 Tage) und bei Schaltjahren mit 366 Tagen.

Beispiel

Ein Unternehmen hat Waren in Höhe von 25.626 € an den Kunden (= Unternehmen) geliefert. Als Zahlungstermin ist der 15.08.20xx genannt. Am 31.08.20xx versendet der Verkäufer die 1. Mahnung. Wie viele Verzugszinsen kann der Verkäufer zusätzlich in Rechnung stellen?

Rechenschritte

1. Verzugszeit ermitteln: Zahlungsverzug ab dem 16.08.20xx bis zur Erstellung der Mahnung 31.08.20xx, das sind 16 Kalendertage Verzugszeit.
2. Verzugszinssatz ermitteln: Basiszinssatz von -0,88 % plus 9 % (Handelsgeschäft, Stand 2017) = 8,12 %
3. Verzugszinsen berechnen:

$$Z = \frac{K \cdot p \cdot t}{365 \cdot 100} = \frac{25.626 \cdot 8,12 \cdot 16}{365 \cdot 100} = 92,48$$

Der Verkäufer kann dem Kunden Verzugszinsen in Höhe von 92,48 € in Rechnung stellen. Insgesamt fordert er nun 25.626 € + 92,48 € = 25.718,48 €.

Hinweis: Zusätzlich kann der Verkäufer dem Kunden Kosten für Porto und eine Bearbeitungsgebühr in Rechnung stellen.

Verjährung

Zahlt ein Kunde nicht, so hat der Verkäufer die Möglichkeit, die Zahlung innerhalb einer gesetzlichen Frist gerichtlich einzufordern. Ist diese Frist vorbei, kann er vom Kunden die Zahlung zwar verlangen, aber der Kunde kann zur Zahlung nicht mehr gezwungen werden. Dann ist die Forderung verjährt und der Verkäufer muss die „Einrede der Verjährung" gegen sich gelten lassen.

Begriffsklärung

Verjährungsfrist ist der Zeitraum, innerhalb dessen der Verkäufer seine Forderung gerichtlich einfordern kann (z. B. bis 31.12.01).	**Verjährung** bedeutet, die Frist zum gerichtlichen Einholen der offenen Forderung ist abgelaufen (am 01.01.02).

Verjährungsfristen

Abhängig vom Vertrag (und möglichen gerichtlichen Urteilen) sind folgende Verjährungsfristen zu beachten. Die gesetzliche Verjährungsfrist beträgt 3 Jahre (blaue Spalte).

	2 Jahre	3 Jahre = regelmäßige Verjährungsfrist	5 Jahre
Art der Forderung	Kaufrechtliche Mängel (= Gewährleistungsfrist) aus Kauf- und Werkverträgen: nur bei Schäden.	Forderungen aus Kauf-, Werk- und Mietverträgen sowie arglistig verschwiegene Mängel aus Kauf- und Werkverträgen	Bauwerksmängel (Mängel an eingebauten Sachen)
Beginn	Mit dem Tag, an dem der Kaufvertrag vom Verkäufer erfüllt wird (Lieferung)	Ende des Jahres, in dem der Kaufvertrag abgeschlossen wurde	Tag der Übergabe des Bauwerks
Beispiel	Uwe bekommt am 3. Aug. 2016 einen Computer geliefert. Wenig später stellt er fest, dass das CD-Laufwerk nicht funktioniert.	Die Müller OHG hat eine Rechnung nicht bezahlt, die bis zum 29.08.2016 hätte bezahlt werden sollen.	Für eine neue Dusche erfolgten Übergabe und Abnahme am 06.07.2016. Die Dusche ist nicht gut montiert, es läuft Wasser aus.
Beginn	3.08.2016	31.12.2016	06.07.2016
Ende	2.08.2018	31.12.2019	05.07.2021

	10 Jahre	30 Jahre
Art der Forderung	Rechte aus Grundstücken	Alle rechtlichen Ansprüche, z. B Urteile, Vollstreckungsurkunden, vollstreckbare Insolvenzansprüche
Beginn	Tag der Entstehung des Anspruchs	Tag der rechtlichen Feststellung des Anspruchs (Tag des Urteils)
Beispiel	Die Firma K wird im Mai 2014 von der Stadt beauftragt, neue Wasserleitungen zu legen. Durch einen Fehler sickert Wasser ins Erdreich und der Holzboden des Anbaus von Frau L. bekommt Risse. Frau L. bemerkt am 03.10.2015 den Schaden und erfährt von dem Grund.	Mitarbeiter eines Unternehmens erlangen aus einem Insolvenzverfahren am 15.09.2016 einen vollstreckbaren rechtskräftigen Titel (Gehaltsforderungen). Wie lange können die Mitarbeiter ihre Gehaltsforderungen einfordern?
Beginn	03.10.2015	15.09.2016
Ende	02.10.2025	14.09.2046

Hinweis: bei gebrauchten Gegenständen beträgt die Verjährungsfrist 1 Jahr. Die dreijährige Verjährungsfrist ist die regelmäßige Verjährungsfrist.

05 Nachhaltigkeit

Ein Kunde kauft Ware ein, bekommt sie geliefert und muss die Ware bezahlen. Evtl. müssen Reklamationen bearbeitet werden. Ziel ist, die Kunden langfristig über viele Jahre an den Verkäufer zu binden. Alle Vorgänge sollen so strukturiert und organisiert sein, dass sie den dauerhaften Geschäftserfolg unterstützen. Insbesondere die Zufriedenheit der Kunden kann bspw. mit einem regelmäßigen Feedback eingeholt werden.

Handlungskomplex 04: Begleitdokumente und Rechnungen erstellen

01 Dokumente

Ein **Lieferschein** wird vom Verkäufer ausgestellt und liegt der Ware bei der Lieferung bei. Mit dem Lieferschein können z.B. die Mitarbeiter im Wareneingang kontrollieren, ob die Anzahl der gelieferten Kartons mit der Anzahl auf dem Lieferschein übereinstimmt. Weitere Prüfungen der Anlieferung (z.B. Inhalte der Kartons, Beschädigungen der Ware) erfolgen i.d.R. durch einen Sachbearbeiter der Abteilung Einkauf.

Die **Rechnung** folgt auf den Lieferschein. In der Praxis wird diese der Lieferung gleich beigelegt.

Wichtig: Vor dem Bezahlen einer Rechnung sollte diese auf Vollständigkeit und Richtigkeit geprüft werden. Dazu vergleicht der Käufer die Rechnung mit der Bestellung/dem Angebot und dem Lieferschein.

Man unterscheidet sachliche und rechnerische Richtigkeit:

sachliche Richtigkeit	rechnerische Richtigkeit
Stimmt der Empfänger? Sind • gelieferte Artikel • Menge • Einzelpreise (meist netto) • Lieferbedingungen/Lieferzeit • Zahlungsbedingungen (Rabattabsprachen und Fristen für Skontonutzung) identisch mit der Bestellung?	Stimmen • die Berechnungen der Rabatte • Gesamtnettopreise (Preis · Menge) • Summe der Nettopreise • Umsatzsteuerbetrag • Rechnungsbetrag (= Bruttobetrag) • evtl. vorab berechnete Skontobeträge • evtl. angegebene Daten für die Skontonutzung?

Handlungskomplex 05: Vor- und Nachkalkulation durchführen und auswerten

01 Kalkulation von Handelswaren

Definition: Kalkulation bedeutet die Berechnung (= Kalkulieren) von Preisen. Die Waren, deren Preise berechnet werden, sind die Handelswaren eines Unternehmens.

Vorgehensweise: Ein Unternehmen kauft Handelswaren ein, addiert interne Kosten und einen Gewinn und verkauft diese Handelswaren i.d.R. zum höheren Preis an die Kunden weiter.

Hinweis: Verwechseln Sie die Handelskalkulation nicht mit der Industriekalkulation: Hier kauft ein Unternehmen Waren ein, verarbeitet diese zu einem neuen Produkt und verändert damit die ursprüngliche Ware. Bei der Handelskalkulation findet keine Veränderung der Ware statt.

Klärung von Begriffen bei der Handelskalkulation		
Nach dem **Ziel** der Berechnung unterscheidet man folgende drei Arten der Kalkulation		
Einkaufskalkulation	**Interne Kalkulation**	**Verkaufskalkulation**
= Bezugskalkulation:	Definition: Ein Unternehmen addiert eigene (= interne) Kosten und Gewinn.	= Angebotskalkulation
Definition: Ein Unternehmen kauft Ware ein.		Definition: Ein Unternehmen berechnet den Verkaufspreis, den es seinen Kunden anbietet.
Ziel: Bezugspreis (= Einstandspreis)	Ziel: Barverkaufspreis	Ziel: Listenverkaufspreis (= Angebotspreis)
Rechengrößen: Lieferrabatt, Lieferskonto, Bezugskosten	Rechengrößen: Handlungskosten (= allgemeine Geschäftskosten), Gewinn	Rechengrößen: Kundenrabatt, Kundenskonto, Provision (= Vetreterprovision = Verkäuferprovision)
Nach dem **Zeitpunkt** der Berechnung werden zwei Arten der Kalkulation unterschieden		
Vorkalkulation	**Nachkalkulation**	
Definition: wird durchgeführt, bevor die Verkaufspreise dem Kunden angeboten werden.	Definition: wird durchgeführt, nachdem die Verkaufspreise dem Kunden angeboten wurden – evtl. möchte der Kunde nachverhandeln.	
Rechenschritte: „von oben nach unten"	**Rückwärtskalkulation**	**Differenzkalkulation:**
1. Einkaufskalkulation	Rechenschritte: „von unten nach oben"	Rechenschritte: „von oben und von unten in die Mitte"
2. Interne Kalkulation	1. Verkaufskalkulation	1. Einkaufskalkulation
3. Verkaufskalkulation	2. Interne Kalkulation	2. Verkaufskalkulation
	3. Einkaufskalkulation	3. Interne Kalkulation
Ziel: Berechnung des Listenverkaufspreises (= Angebotspreis)	Ziel: Berechnung des Listeneinkaufspreises	Ziel: Berechnung des Gewinns

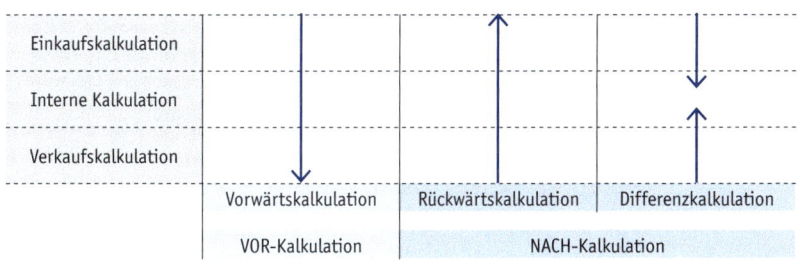

	Vorwärtskalkulation	Rückwärtskalkulation	Differenzkalkulation
Einkaufskalkulation			
Interne Kalkulation			
Verkaufskalkulation			
	VOR-Kalkulation	NACH-Kalkulation	

Veranschaulichung der Rechenwege

Die Kalkulationsarten werden im Detail vorgestellt:

(1) Vorkalkulation

Definition: Vorkalkulation bedeutet, dass diese Berechnungen durchgeführt werden, bevor die Verkaufspreise dem Kunden angeboten werden.

Vorgehensweise bei der Vorkalkulation:
Start: Listeneinkaufspreis
Ziel: Listenverkaufspreis

Rechenschritte: „von oben nach unten"
1. Einkaufskalkulation
2. Interne Kalkulation
3. Verkaufskalkulation

Nun zu den einzelnen Kalkulationen:

1. Einkaufskalkulation (= Bezugskalkulation)
Ziel: Bezugspreis (= Einstandspreis).

Die Einkaufskalkulation haben Sie bereits beim Angebotsvergleich ab S. 91 f. kennengelernt.

Achtung: In vielen Büchern wird hier von der Angebotskalkulation gesprochen. Hier handelt es sich um den Vergleich verschiedener Angebote, die das Unternehmen eingeholt hat (vgl. ebenfalls S. 91). Sie ist nicht zu verwechseln mit dem Angebotspreis aus der Verkaufskalkulation.

2. Interne Kalkulation

Die interne Kalkulation wird „intern" im Unternehmen berechnet. Es handelt es sich um Daten, die der Öffentlichkeit nicht zugänglich sind. Das sind:

- Handlungskosten (= allgemeine Geschäftskosten)
- Gewinn

Exkurs Definition Handlungskosten

Handlungskosten sind Kosten, die in einem Unternehmen während des betriebswirtschaftlichen Handelns entstehen: Gehälter, Miete, Abschreibungen, Energiekosten, Kosten für Büromaterial etc.

Beispiel für die interne Kalkulation

Ein Unternehmen kauft eine Ware, die einen Bezugspreis (= Einstandspreis) von 125 Euro hat. Die internen Handlungskosten betragen 60 % und es soll ein Gewinn von 25 % erzielt werden.

Schema zur Berechnung der internen Kalkulation:

	Formel	%	Proz.	Erläuterung
	1. Schritt			
=	Bezugspreis (= Einstandspreis)		100 %	
+	Handlungskosten	60 %	60 %	in % vom Bezugspreis (= Einstandspreis)(100 %)
=	Selbstkosten		160 %	
	2. Schritt			
=	Selbstkosten		100 %	
+	Gewinn	25 %	25 %	in % von den Selbstkosten (100 %)
=	Barverkaufspreis		125 %	

Somit ergibt sich:

	Formel	%	Proz.	Euro	Rechenwege
	1. Schritt				
=	Bezugspreis (= Einstandspreis)		100 %	125,00 €	
+	Handlungskosten	60 %	60 %	75,00 €	= 125 € · 60/100
=	Selbstkosten		160 %	200,00 €	= 125 € · 160/100 oder 125 € + 75 €
	2. Schritt				
=	Selbstkosten		100 %	200,00 €	
+	Gewinn	25 %	25 %	50,00 €	= 200 € · 25/100
=	Barverkaufspreis		125 %	250,00 €	= 200 € · 125/100 oder 200 € + 50 €

Nach der Addition der internen Handlungskosten und des Gewinns ergibt sich ein Barverkaufspreis von 250 €.

3. Verkaufskalkulation:

Ziel: Listenverkaufspreis (= Angebotspreis). Das ist der Preis, den das Unternehmen seinen Kunden anbietet.

Beispiel für die Verkaufskalkulation

Das Unternehmen bietet seinen Kunden 3 % Skonto (= Kundenskonto) und 10 % Rabatt (= Kundenrabatt) an. Die Provision beträgt 2 %.

Die Formel zur Berechnung der Verkaufspreise lautet wie folgt:

	Formel	%	Proz.	Erläuterung
	1. Schritt			
=	Barverkaufspreis		95 %	
+	Kundenskonto	3 %	3 %	in % vom Zielverkaufspreis (100 %)
+	Provision	2 %	2 %	in % vom Zielverkaufspreis (100 %)
=	Zielverkaufspreis		100 %	
	2. Schritt			
=	Zielverkaufspreis		90 %	
+	Kundenrabatt	10 %	10 %	in % vom Listenverkaufspreis netto (100 %)
=	Listenverkaufspreis netto		100 %	
	3. Schritt			
=	Listenverkaufspreis netto		100 %	
+	Mehrwertsteuer (= USt)	19 %	19 %	in % vom Listenverkaufspreis netto (100 %)
=	Listenverkaufspreis brutto		119 %	

Somit ergibt sich:

	Formel	%	Proz.	Euro	
	1. Schritt				
=	Barverkaufspreis		95 %	250,00 €	
+	Kundenskonto	3 %	3 %	7,89 €	= 250 € · 3/95
+	Provision	2 %	2 %	5,26 €	= 250 € · 2/95
=	Zielverkaufspreis		100 %	263,16 €	= 250 € · 100/95 oder 250 € + 7,89 € + 5,26 €
	2. Schritt				
=	Zielverkaufspreis		90 %	263,16 €	
+	Kundenrabatt	10 %	10 %	29,24 €	= 263,16 € · 10/90
=	Listenverkaufspreis netto		100 %	292,40 €	= 263,16 € · 100/90 oder 263,16 € + 29,24 €
	3. Schritt				
=	Listenverkaufspreis netto		100 %	292,40 €	
+	Mehrwertsteuer (= USt)	19 %	19 %	55,56 €	= 292,40 € · 19/100
=	Listenverkaufspreis brutto		119 %	347,95 €	= 292,40 € · 119/100 oder 292,40 € + 55,56 €

Der errechnete Verkaufspreis (brutto) für die Kunden beträgt 347,95 €. In der Praxis beträgt der Preis dann z.B. 349,99 €, da die Preise meist knapp unter den vollen Zehnern (350 €) liegen.

Hinweis: Nennt das Unternehmen dem Kunden einen Listenverkaufspreis, so wird der Kunde Rabatt und Skonto verhandeln wollen. Daher kalkuliert das Unternehmen diese Positionen vorher mit ein, damit sein gewünschter Gewinn sichergestellt ist.

(2) Nachkalkulation

Definition: Die Nachkalkulation wird durchgeführt, **nachdem** die eigenen Verkaufspreise dem Kunden angeboten wurden. Der Kunde wünscht z.B. einen günstigeren Preis oder einen höheren Skonto bzw. einen höheren Rabatt. Daraufhin muss das Unternehmen „nachrechnen" (= nachkalkulieren), ob damit ein „akzeptabler" Gewinn erzielt werden kann.

Wie oben dargestellt, werden bei der Nachkalkulation zwei Arten unterschieden:
Rückwärtskalkulation   und   Differenzkalkulation

Rückwärtskalkulation

Vorgehensweise bei der Rückwärtskalkulation:
Start: Listenverkaufspreis → Ziel: Listeneinkaufspreis

Rechenschritte: „von unten nach oben"
1. Verkaufskalkulation
2. Interne Kalkulation
3. Einkaufskalkulation

Beispiel für die Rückwärtskalkulation

Im obigen Beispiel hat das Unternehmen einen Verkaufspreis von 349,99 € ausgewiesen (statt den errechneten 347,95 €). Ein Kunde wünscht einen höheren Rabatt von 20 % anstatt der kalkulierten 10 %.

Das Unternehmen führt daher eine neue Kalkulation (= Nachkalkulation) durch, damit ein gewünschter Gewinn von 25 % bestehen bleibt. Beim Einkauf der Ware erhielt das Unternehmen z.B. 15 % Lieferrabatt und 3 % Lieferskonto, der Bezugspreis je Stück ist 5 Euro. Der alte Listeneinkaufspreis brutto lag bei 173,20 €.

Das Unternehmen berechnet nun, wie hoch der neue Listeneinkaufspreis (brutto) sein müsste, wenn alle sonstigen Positionen gleich bleiben.

	Formel	%	Proz.	Euro	Rechenwege
	9. Schritt				
	Listeneinkaufspreis brutto	119 %		154,08 €	= 129,48 € · 119/100 oder 129,48 € + 24,60 €
−	Mehrwertsteuer (= VSt)	19 %		24,60 €	= 129,48 € · 19/100
=	Listeneinkaufspreis netto	100 %		129,48 €	
	8. Schritt				
	Listeneinkaufspreis netto	100 %		129,48 €	= 110,06 € · 100/85 oder 110,06 € + 19,42 €
−	Lieferrabatt	15 %		19,42 €	= 110,06 € · 15/85
=	Zieleinkaufspreis	85 %		110,06 €	
	7. Schritt				
	Zieleinkaufspreis	100 %		110,06 €	= 106,76 € · 100/97 oder 106,76 € + 3,30 €
−	Lieferskonto	3 %		3,30 €	= 106,76 € · 3/97
=	Bareinkaufspreis	97 %		106,76 €	
	6. Schritt				
	Bareinkaufspreis	100 %		106,76 €	= 111,76 € − 5 €
+	Bezugskosten		5,00 €	5,00 €	
=	Bezugspreis (= Einstandspr.)			111,76 €	
	5. Schritt				
=	Bezugspreis (= Einstandspr.)		100 %	111,76 €	= 178,82 € · 100/160 oder 178,82 € − 67,06 €
+	Handlungskosten	60 %	60 %	67,06 €	= 178,82 € · 60/160
=	Selbstkosten		160 %	178,82 €	
	4. Schritt				
=	Selbstkosten		100 %	178,82 €	= 223,52 € · 100/125 oder 223,52 € − 44,70 €
+	Gewinn	25 %	25 %	44,70 €	= 223,52 € · 25/125
=	Barverkaufspreis		125 %	223,52 €	
	3. Schritt				
=	Barverkaufspreis		95 %	223,52 €	= 235,29 € · 95/100 o. 235,29 €−4,71 €−7,06 €
+	Kundenskonto	3 %	3 %	7,06 €	= 235,29 € · 3/100
+	Provision	2 %	2 %	4,71 €	= 235,29 € · 2/100
=	Zielverkaufspreis		100 %	235,29 €	
	2. Schritt				
=	Zielverkaufspreis		80 %	235,29 €	= 294,11 € · 80/100 oder 294,11 € − 58,82 €
+	Kundenrabatt = NEU!!	20 %	20 %	58,82 €	= 294,11 € · 20/100
=	Listenverkaufspreis netto		100 %	294,11 €	
	1. Schritt				
=	Listenverkaufspreis netto		100 %	294,11 €	= 349,99 € · 100/119 oder 349,99 € − 55,88 €
+	Mehrwertsteuer (= USt)	19 %	19 %	55,88 €	= 349,99 € · 19/119
=	Listenverkaufspreis brutto		119 %	349,99 €	

Schlussfolgerungen

- Der neue Listeneinkaufspreis (brutto) müsste nun bei 154,08 Euro statt bei bisher 173,20 Euro liegen.
- Dann bleibt – trotz erhöhten Rabatt an den Kunden – ein gewünschter Gewinn von 25 % für das Unternehmen.
- Alternativ könnte das Unternehmen seine Gewinnerwartungen nach unten anpassen (vgl. Differenzkalkulation).

Differenzkalkulation

Vorgehensweise bei der Differenzkalkulation:
Start: Listeneinkaufspreis **und** Listenverkaufspreis
Ziel: Berechnung des Gewinns

Hinweis: Es kann auch jede andere Position berechnet werden.

Rechenschritte: „von oben und von unten in die Mitte"
1. Einkaufskalkulation
2. Verkaufskalkulation
3. Interne Kalkulation
4. Berechnung des Gewinns in Euro und in Prozent

Beispiel für Differenzkalkulation

Der Lieferant ist mit so einer drastischen Reduzierung nicht einverstanden, bietet aber einen neuen Listeneinkaufspreis von 165 Euro statt bisher 173,20 Euro brutto an. Nun möchte unser Unternehmen berechnen, welcher Gewinn verbleibt (der Kunde wünscht weiterhin seinen höheren Rabatt von 20 % statt 10 %).

Hinweis: Beachten Sie die neue Reihenfolge der Berechnung.

Schritte der Differenzkalkulation mit den Zahlenwerten des Beispiels

	Formel	%	Prozent	Euro	Rechenwege
1. Schritt					
	Listeneinkaufspreis brutto = NEU!	119 %		165,00 €	
–	Mehrwertsteuer (= VSt)	19 %		26,34 €	= 165 € · 19/119
=	Listeneinkaufspreis netto	100 %		138,66 €	= 165 € · 100/119 oder 165 € - 26,34 €
2. Schritt					
	Listeneinkaufspreis netto	100 %		138,66 €	
–	Lieferrabatt	15 %		20,80 €	= 138,66 € · 15/100
=	Zieleinkaufspreis	85 %		117,86 €	= 138,66 € · 85/100 oder 138,66 € - 20,80 €

3. Schritt

	Zieleinkaufspreis	100 %		117,86 €	
–	Lieferskonto	3 %		3,54 €	= 117,86 € · 3/100
=	Bareinkaufspreis	97 %		114,32 €	= 117,86 € · 97/100 oder 117,86 € – 3,54 €

4. Schritt

	Bareinkaufspreis	100 %		114,32 €	
+	Bezugskosten		5,00 €	5,00 €	
=	Bezugspreis (= Einstandspreis)			119,32 €	= 114,32 € + 5 €

5. Schritt

=	Bezugspreis (= Einstandspreis)		100 %	119,32 €	
+	Handlungskosten	60 %	60 %	71,59 €	= 119,32 € · 60/100
=	Selbstkosten		160 %	190,91 €	= 119,32 € · 160/100 oder 119,32 € + 71,59 €

9. Schritt

=	Selbstkosten		100 %	190,91 €	
+	Gewinn = GESUCHT ??		???	s. unten	
=	Barverkaufspreis			223,52 €	

8. Schritt

=	Barverkaufspreis		95 %	223,52 €	= 235,29 € · 95/100 oder 235,29 € – 4,71 € – 7,06 €
+	Kundenskonto	3 %	3 %	7,06 €	= 235,29 € · 3/100
+	Provision	2 %	2 %	4,71 €	= 235,29 € · 2/100
=	Zielverkaufspreis		100 %	235,29 €	

7. Schritt

=	Zielverkaufspreis		80 %	235,29 €	= 294,11 € · 80/100 oder 294,11 € – 58,82 €
+	Kundenrabatt = NEU!!	20 %	20 %	58,82 €	= 294,11 € · 20/100
=	Listenverkaufspreis netto		100 %	294,11 €	

6. Schritt

=	Listenverkaufspreis netto		100 %	294,11 €	= 349,99 € · 100/119 oder 349,99 € – 55,88 €
+	Mehrwertsteuer (= USt)	19 %	19 %	55,88 €	= 349,99 € · 19/119
=	Listenverkaufspreis brutto		119 %	349,99 €	

Sie suchen nun im letzten Schritt den Gewinn in Euro und in %.

Durch die Vorwärtskalkulation (Schritt 1 - 5) haben Sie die Selbstkosten in Höhe von 190,91 € errechnet und mithilfe der Rückwärtskalkulation (Schritt 6 - 8) den Barverkaufspreis in Höhe von 223,52 €.

Wie hoch ist der Gewinn (Schritt 9) in Euro? Er wird aus der Differenz beider Beträge ermittelt und beträgt 223,52 € - 190,91 € = 32,61 €.

Wie hoch ist dieser Gewinn als Prozentzahl? Entscheidend ist, welche der beiden Zahlen als 100 % gesetzt wird. Wie Sie aus den Berechnungen der internen Kalkulation (siehe oben) erkennen können, sind die Selbstkosten 100 %.

		Euro	Prozent
	Selbstkosten	190,91 €	100 %
+	Gewinn	32,61 €	x %
=	Barverkaufspreis	223,52 €	

Über den Dreisatz ergibt sich:
190,91 € - 100 %
32,61 € - x %

Somit beträgt der Gewinn:

$$x = \frac{32,61 \cdot 100}{190,91} = 17,08\%$$

Schlussfolgerungen

- Der neue Listeneinkaufspreis (brutto) beträgt 165 € statt bisher 173,20 €. Das ist eine Reduzierung um circa 8 €.
- Der neue Gewinn beträgt nun 17,08 % statt bisher 25 %. Der alte Gewinn waren 50 €, der neue Gewinn beträgt 32,61 €. Das entspricht einer Reduzierung um ca. ein Drittel. Das Unternehmen muss nun entscheiden, ob ihm dieser Gewinn ausreicht.
- Mögliche Inhalte für weitere Verhandlungen sind:
  - Kundenrabatt auf 15 % (Deal zwischen 10 % und 20 %)
  - Kundenskonto reduzieren auf 1 % oder 2 % anstatt 3 %.
  - Stellung des Kunden berücksichtigen (zukünftiger Großkunde?)
  - Lieferantenrabatt erhöhen
  - evtl. Lieferantenskonto erhöhen (hier Höchstgrenze von 3 % erreicht)
  - evtl. Listeneinkaufspreis (brutto) weiter senken.

Handlungskomplex 06: Beschwerden und Reklamationen bearbeiten

Beschwerden und Reklamationen in der Auftragsabwicklung sind auf Leistungsstörungen zurückzuführen.

01 Nicht-Rechtzeitig-Lieferung

Der Verkäufer ist zur rechtzeitigen Lieferung der bestellten Ware verpflichtet. Solange die Lieferung nicht erfolgt ist, schuldet der Verkäufer dem Käufer die bestellte Ware.

Wie auf Seite 102 erklärt, hat der Käufer bei Nicht-Lieferung folgende Rechte:

- Auf Lieferung bestehen
- Auf Lieferung bestehen und Schadenersatz fordern
- Rücktritt vom Kaufvertrag

- Rücktritt vom Kaufvertrag und Schadensersatz fordern
- Schadensersatz fordern und keine Warenlieferung mehr

Bevor der Käufer eines dieser Rechte geltend machen kann, müssen folgende zwei Voraussetzungen für den Lieferverzug gegeben sein:

1. Fälligkeit der Lieferung,
2. Verschulden des Lieferanten (= Verkäufer),

und:

3. dem Verkäufer muss eine angemessene Nachfrist zur Nachbesserung bzw. Nacherfüllung gegeben werden (Ausnahme Fixkauf),
4. ggfs. Mahnung.

02 Schlechtleistung

Der Verkäufer muss die bestellte Ware mangelfrei an den Kunden liefern, ansonsten liegt eine Schlechtleistung vor. Zu den Arten von Mängeln siehe Seite 105. Dort sind die Rechte des Kunden bei Schlechtleistung im Einzelnen aufgeführt. Bevor der Kunde allerdings eines dieser Rechte geltend machen kann, muss dem Verkäufer eine angemessene Nachfrist gesetzt werden.

03 Fehlerhafte Rechnung

Falls der Verkäufer eine fehlerhafte Rechnung ausgestellt hat (Rückmeldung vom Käufer), so muss er eine neue Rechnung ausstellen und diese dem Käufer zukommen lassen. Die Rückmeldung des Kunden erfolgt – siehe Seite 139 – nach sachlicher und rechnerischer Prüfung der Rechnung.

04 Kosten-Nutzen-Relation

Prinzipiell hat der Verkäufer mangelfreie Ware zu liefern und eine Rechnung auszustellen. Fehler sind leider nicht vermeidbar. Daher ist zu beachten, dass die Bearbeitung von Fehlern in einem tragbaren Kosten-Nutzen-Aufwand stattfindet. So kann eine Nacherfüllung unterbleiben, wenn der Mangel nur gering ist und die Nachbesserung in einem unangemessenen Verhältnis erfolgen würde.

05 Kulanz

Kulanz ist ein freiwilliges Entgegenkommen des Verkäufers gegenüber dem Kunden. Der Verkäufer übernimmt weitere Kosten für die Behebung von Mängeln oder Bearbeitung von Reklamationen. Kulanz greift erst nach dem Ende der Gewährleitungs- und Garantiefrist. Dieses Entgegenkommen erfolgt in erster Linie, um die Kunden zufrieden zu stellen und zu halten.

Aufgaben

1: Unser Unternehmen hat Waren an mehrere Kunden geliefert. Als Zahlungstermin war der 29.08. genannt. Wie viele Verzugszinsen kann unser Unternehmen nun fordern, wenn angemahnt wurden:
- eine erste Rechnung über 1.111 Euro am 23.11.20..
- eine zweite Rechnung über 2.222 Euro am 3.12.20..
- Berechnen Sie die Höhe der Verzugszinsen für

a) ein anderes Unternehmen und b) eine Privatperson.

2: Bis zu welchem Datum können die Käufer/Verkäufer in den folgenden Fällen mögliche Mängel oder Ansprüche (wenn überhaupt) geltend machen?

(1) Jörg Bauer kauft sich am 1. April 2015 ein gebrauchtes Fahrrad, es wird die kürzest mögliche Verjährungsfrist vereinbart?

(2) Paul Werner bekommt am 25.10.2015 eine Rechnung zugesandt. Er vergisst diese zu bezahlen.

(3) Ute Lafaire lässt sich am 15. September 2015 eine neue Dusche in ihr Badezimmer einbauen. Leider ist die Dusche nicht gut montiert, so dass Wasser seitlich ausläuft.

3: Wie hoch ist unser Gewinn in Euro und in %, wenn folgende Daten gegeben sind: Listeneinkaufspreis brutto 1.499 €, Listenverkaufspreis brutto 2.299 €, Kundenskonto 2%, Lieferskonto 2%, Kundenrabatt 9%, Lieferrabatt 12%, Bezugskosten 50 €, Handlungskosten 70%, Vertreterprovision 1%.

4: Unser Unternehmen kauft für die neuen Auszubildenden 50 Taschenrechner zu einem Brutto-Listeneinkaufspreis von 18,99 €. Wir erhalten 15% Mengenrabatt und 3% Skonto. Die Versandkosten betragen pauschal 6,99 €. Wie hoch ist der Einstandspreis für einen Taschenrechner?

Prüfungsgebiet 02: Personalbezogene Aufgaben

01 Personaleinsatzplanung unterstützen und Arbeitszeitregelungen berücksichtigen

Ein wichtiger Bestandteil der Personalwirtschaft ist die Personalplanung. Sie dient der Versorgung des Betriebes mit dem nötigen Personal (= quantitative Personalplanung) mit der entsprechenden Qualifikation (= qualitative Personalplanung).

Die Personalplanung unterteilt sich in verschiedene Bereiche:

Personalbedarfsplanung

Die Personalbedarfsplanung macht regelmäßig einen Vergleich zwischen vorhandenem Personal (= Ist-Wert) und dem benötigten Personal (= Soll-Wert) und leitet sich daraus ab, ob Mitarbeiter eingestellt oder entlassen werden müssen. Die Bedarfsplanung erfolgt unternehmensweit und danach noch abteilungsbezogen.

Mögliche Gründe für Bedarf an Mitarbeiterinnen und Mitarbeitern sind:

- **Ersatzbedarf** (z.B. Stelle eines ausscheidenden Mitarbeiters nachbesetzen)
- **Zusatzbedarf** (z.B. einen Personalengpass beseitigen)
- **Neubedarf** (z.B. Einstellung in einen Geschäftsbereich)

Personalabbau

Auch möglicher Personalabbau wird in der Personalbedarfsplanung berücksichtigt.

Personalbeschaffung

Die Personalbeschaffung widmet sich der Beschaffung qualifizierter Mitarbeiter. Dies kann sowohl firmenintern (z.B. arbeitgeberseitig durch Umsetzung oder arbeitnehmerseitig durch Bewerbung) als auch firmenextern geschehen. Hierzu gehören die Ausschreibung von offenen Stellen, dies sowohl intern (z.B. am schwarzen Brett, im Intranet) als auch extern (z.B. durch eine Stellenanzeige in einer Tageszeitung oder in einem Jobportal).

Personalauswahl

Die Personalauswahl findet nach Eingang der Unterlagen und nach Durchführung von Bewerbungsgesprächen und anderen Auswahlverfahren (z.B. Assessment Center und/oder Einstellungstests) statt. Es folgt die Wahl des neuen Mitarbeiters und dessen Einstellung.

Um einen neuen Arbeitnehmer einzustellen, erstellt die Personalabteilung einen Arbeitsvertrag, der von beiden Seiten unterschrieben wird. Zusätzlich muss der Arbeitnehmer noch seine Lohnsteuerkarte (auch digital), seinen Sozialversicherungsausweis, die Steueridentifikationsnummer, die Mitgliedsbescheinigung einer Krankenkasse (und eventuell die Urlaubsbescheinigung des letzten Arbeitgebers) abgeben.

Gestaltung von Arbeitszeitmodellen

Das traditonelle **Arbeitszeitmodell** ist die feste (auch starr genannte) Arbeitszeit, bei der die Mitarbeiter an jedem Arbeitstag einen zeitlich festen Arbeitsbeginn und ein ebenso festes Arbeitsende haben. Häufig sind in diesem Modell auch die Pausenzeiten festgelegt und für alle einheitlich bzw. bindend.

Heutzutage gibt es aber immer mehr Unternehmen, wo es möglich ist, flexible Arbeitszeitmodelle einzusetzen. Aus Sicht der Unternehmen helfen solche Modelle eher dabei, Personal und Maschinen effizient zu nutzen und Aufträge termingerecht zu erfüllen. Zudem stellen viele der flexiblen Arbeitszeitmodelle ein Entgegenkommen an die Mitarbeiter dar und man erhofft sich, dass diese sich mit hohem Arbeitseinsatz revanchieren.

Bei der **gleitenden Arbeitszeit** erhalten vor allem die Arbeitnehmer Flexibilität, da sie ihren Arbeitsbeginn und ihr Arbeitsende weitgehend frei gestalten können. Unterschieden wird dabei zwischen

- einer **Gleitzeit mit Kernzeit**, bei der AN innerhalb bestimmter Zeitfenster anwesend sein müssen, und
- einer **Gleitzeit ohne Kernzeit** (freie Arbeitszeit), bei der es keine Kernzeit gibt.

Welches Modell in einem Unternehmen angewandt wird, hängt von den einzelnen Betriebsvereinbarungen ab (diese können unterscheiden zwischen einer Wochenarbeitszeit, Monatsarbeitszeit, Jahresarbeitszeit); jedoch muss der AN immer eine gewisse Anzahl an Stunden dem AG zur Verfügung stehen. Damit beide Parteien hierbei einen Überblick behalten, müssen zwangsläufig Arbeitszeitkonten errichtet werden.

Bei der **Vertrauensarbeitszeit** steckt der AG sehr viel Vertrauen in seine Mitarbeiter. Maßgeblich ist für ihn nur, dass die Mitarbeiter ihre Arbeit erledigen und ihre Aufgaben erfüllen. Die hierfür erforderlichen Anwesenheitszeiten im Unternehmen spielen dabei keine Rolle und werden auch nicht gemessen. Ein solches Modell lässt Mitarbeiter sehr eigenverantwortlich handeln und setzt ein hohes Maß an Ehrlichkeit der Arbeitnehmer voraus.

Die **Schichtarbeit** ist gerade in größeren Industriebetrieben ein gängiges Modell, da so rund um die Uhr produziert werden kann. Hierbei gibt es vor allen Dingen den Unternehmen die nötige Flexibilität, um der aktuellen Auftragslage gerecht zu werden. Bei geringer Auslastung kann ein Zweischichtsystem (Früh- und Mittagsschicht), bei hoher Auslastung ein Dreischichtsystem (Früh- Mittag- und Spätschicht) „gefahren" werden. Bei der Dauer der einzelnen Schichtsysteme kommt es auch wieder auf die einzelnen Vereinbarungen im Unternehmen an.

Klassische Systeme wechseln wochenweise, moderne Systeme wechseln meistens alle zwei Tage, damit der Mensch nicht entgegen seinem natürlichen Biorhythmus arbeitet.

Die heutigen **Teilzeitmodelle** bieten vorrangig Eltern eine wichtige Möglichkeit der Flexibilisierung, um wesentliche Lebensaufgaben wie die Kindererziehung erfüllen zu können. Sie unterstützen aber auch andere persönliche Verpflichtungen durch die Reduzierung der Regelarbeitszeit. Hierbei kommt es auch auf die Betriebsvereinbarungen an und bei welchen Modellen sich AN und AG einigen. Dies könnte z.B. eine Halbierung der Wochenarbeitszeit sein, wobei die einzelne Stelle auch durch zwei Personen besetzt werden könnte. Dies nennt man **Jobsharing**.

Ein wesentlicher Aspekt in der heutigen Zeit ist auch das sogenannte „**Home-Office**". Hierbei müssen verschiedene Formen unterschieden werden. Einmal der „normale" Arbeitnehmer, der einige Aufgaben ab und zu in einem ruhigeren Umfeld (z.B. zu Hause) erledigen muss, welches im normalen Büroalltag nicht immer gegeben ist. Dazu nutzt er die heutigen mobilen Kommunikationsendgeräte wie Notebook oder Laptop. Des Weiteren gibt es Arbeitnehmer, die nur ihren Platz im hauseigenen Büro mit PC und Internetverbindung haben. Dort bekommen sie ihre Arbeiten per Mail oder Telefon zugesandt. Die Fertigstellung und Retour dieser Arbeiten erfolgt meist auf demselben Wege.

Urlaubsplanung

Diese ist in jedem Unternehmen ein wichtiges Instrument, da jeder Arbeitnehmer ein Recht auf seinen persönlichen Erholungsurlaub hat. Im Unternehmen muss jedoch der normale Arbeitsablauf weitergehen; d.h. die Produktion, der Verkauf, der Einkauf, die Logistikabteilung, sowie die Buchhaltung müssen weiter „funktionieren". Dieses bedarf je nach Größe des Unternehmens einer genauen Planung und Abstimmung. Bei den Betriebsvereinbarungen haben manche Personengruppen zu Stoßzeiten (Schulferien) einen Sonderstatus. Dies betrifft beispielsweise alleinerziehende Personen mit schulpflichtigen Kindern. Dies bedeutet aber nicht, dass eine Person immer nur zu diesen besonderen Zeiten Urlaub nehmen darf; hier ist praktisch jeder mal dran.

Bei dieser Planung sind noch andere Möglichkeiten zu berücksichtigen. Darunter fallen auch der Sonderurlaub, der zusätzlich gewährt wird, und der Freizeitausgleich für bereits geleistete Überstunden.

Den sogenannten Sonderurlaub gibt es nur für bestimmte Anlässe, darunter fallen Geburt eines Kindes und dessen Anmeldung, Tod eines nahen Angehörigen, eigene Eheschließung, Umzug, persönliches Erscheinen vor Gericht usw. Die Dauer ist unterschiedlich geregelt und meistens unter Fortzahlung der Bezüge zu gewähren (eine grunsätzliche Regelung steht in § 616 BGB).

Weiterhin sind bei der Urlaubsplanung noch weitere Fehlzeiten von Mitarbeitern zu berücksichtigen. Dies sind sowohl Krankheitszeiten, als auch Ausfälle durch Arbeitsunfälle. Diese beiden werden aber zu einem späteren Zeitpunkt beschrieben.

Die Urlaubsplanung ist je nach Betriebs- (oder Abteilungs-) Größe entsprechend komplex und wird mit geeigneten Hilfsmitteln (Übersichtskalender, Software) durchgeführt.

02 Dienstreiseanträge und Reisekostenabrechnungen vorbereiten

(1) Geschäftsreise/Dienstreise vorbereiten

Merke: Eine Geschäftsreise ist eine betrieblich veranlasste Reise.

Von einer Geschäftsreise spricht man z.B., wenn der Unternehmer selbst oder Mitarbeiter eines Unternehmens Messen, Kunden oder Lieferanten besuchen oder an einer Weiterbildung teilnehmen.

Häufig wird die Geschäftsreise auch „Dienstreise" genannt. Die Lohnsteuer-Richtlinien bezeichnen eine Geschäftsreise als **„dienstlich veranlasste Auswärtstätigkeit".**

Geschäftsreisen müssen gut organisiert werden, denn sie
- verursachen hohe Kosten,
- können den geschäftlichen Erfolg mit entscheiden und
- erhöhen die Arbeitgeberattraktivität und binden Fachkräfte.

Zur sorgfältigen Vorbereitung gehören folgende Schritte:
1. Konzeption = Rahmenbedingungen der Reise
2. Recherche von Dienstleistern = Verkehrsunternehmen, Mietwagenverleih, Hotels
3. Einholen von Angeboten

Merke: Die Vorbereitung einer Geschäftsreise sollte möglichst effizient und unter Beachtung ökonomischer und ökologischer Gesichtspunkte erfolgen. Checklisten erleichtern die Vorbereitung.

Zu 1.	Die Rahmenbedingungen sind das A und O der Geschäftsreise, da dort auch noch die „Wünsche" des Reisenden und die unternehmensinternen Richtlinien mitbeachtet werden müssen. Es müssen beachtet werden: Reisender, Kosten der Reise, Zweck der Reise, Reisezeitpunkt, Reisedauer, Reiseziel, besuchte Geschäftspartner, Termine am Zielort, Verkehrsmittel, Besonderheiten des Reisenden und die Reiserichtlinien des Unternehmens, ebenso wie nötige Formalitäten (Pass etc.)
Zu 2:	Hierbei helfen, wenn vorhanden, die unternehmensinternen Informationsquellen, die nach diversen Reisen erstellt worden sind. Das sind beispielsweise: frühere Dienstreisen und Pläne, frühere Hotels, Mietwagenabrechnungen, neueste Angebote, Newsletter, Messedienstleister, Fachzeitschriften, Portale und Suchmaschinen im Internet
Zu 3:	Sobald die Punkte 1 und 2 klar definiert sind, kann man sich an diesen dritten und letzten Punkt begeben. Hierbei müssen dann Angebote eingeholt (siehe Seite 91 f.) und diese miteinander verglichen werden. Viele Unternehmen achten hierbei auf die Kosten, und diese zu begrenzen und damit die Reise die nötige Effektivität bringt.

Sobald über die Angebote entschieden ist, kann die Geschäftsreise und alles darum herum gebucht und in einem Reiseplan notiert werden, damit der Reisende auf Anhieb über alles im Bilde ist. Am besten werden alle nötigen Unterlagen in einer Mappe gebündelt und gesammelt.

(2) Reisekostenabrechnung

Nachdem die Geschäftsreise abgeschlossen ist, erfolgt die Nachbereitung.

Merke: Reisekosten sind nach den Lohnsteuerrichtlinien Mehrkosten, die durch eine berufliche Tätigkeit eines Arbeitnehmers außerhalb seiner Wohnung und einer ortsgebundenen ersten Tätigkeitsstätte anfallen.

Hierfür gibt es Vordrucke, die man entsprechend ausfüllen muss. Meist gibt es dazu unternehmensinterne Vordrucke bzw. Dateivorlagen. Wer sich eine allgemeine Version anschauen möchte, findet dazu unterschiedliche Beispiele im Internet.

Man unterscheidet bei den Reisekosten vier Kostenarten:
- Fahrtkosten
- Verpflegungsmehraufwand
- Übernachtungskosten
- Reisenebenkosten

Normalerweise wird die eigentliche Reise (Verkehrsmittel, Hotel) durch das Unternehmen bezahlt, jedoch muss ggf. zusätzlich Geld ausgegeben werden (z.B. Taxikosten, diverse Essenskosten, Minibar usw.). Dieses kann über das Unternehmen bezahlt werden oder der Reisende zahlt selbst und kann diese Kosten bei seiner Einkommensteuererklärung als Werbungskosten geltend machen.

Immer wichtig ist, dass der Name des Reisenden auf den Quittungen notiert wird, damit eine deutliche Zuordnung möglich ist.

Für die Erstattung der Reisekosten gibt es steuerliche Pauschalen, welche beachtet werden müssen.

Bei den **Fahrtkosten** kommt es auf die Art des Fortbewegungsmittels an; öffentliche Verkehrsmittel, Mietwagen und Firmenwagen werden vom Unternehmen als Kosten erstattet. Falls der Arbeitnehmer jedoch sein privates Fahrzeug dienstlich nutzt, kann er zwischen zwei Varianten der Abrechnung wählen:
- Der AN erhält eine Pauschale pro Kilometer von (zurzeit) 0,30 €.
- Der AN kann die tatsächlichen Kosten anhand von Einzelnachweisen ermitteln und abrechnen (Fahrtenbuch).

Der **Verpflegungsmehraufwand** wird mit den **Verpflegungspauschalen** abgegolten. Dieser soll die höheren Aufwendungen des Arbeitnehmers ausgleichen, da er nicht wie gewohnt sich zu Hause oder in der Betriebskantine verpflegen kann.

In Deutschland sind zurzeit folgende Tagessätze gültig:
- mehr als 8 Stunden beruflicher Auswärtstätigkeit = 12,00 €
- ab 24 Stunden beruflicher Auswärtstätigkeit = 24,00 €

Für das Ausland gelten jeweils gesonderte Regelsätze, die je nach Land unterschieden werden. (z.B. in eine Suchmaschine eingeben: Tabelle Reisekosten im Ausland 2015 – Pauschalen, Erklärungen, alle Länder)

Sollten jedoch dem Reisenden vor Ort Mahlzeiten gestellt werden, so ist die Verpflegungspauschale entsprechend zu kürzen. Dabei gelten wieder besondere Sätze:
- Je Frühstück á 4,80 €
- Je Mittag und Abendessen á 9,60 €.

Diese Kürzungen entsprechen 20 bzw. 40 Prozent der Pauschale eines ganzen Reisetages von 24,00 €.

Ist der Arbeitnehmer weniger als 8 Stunden in einer beruflich veranlassten Auswärtstätigkeit und erhält dort Mahlzeiten, so sind diese vom Wert her steuerpflichtig, d.h. nicht der wirkliche Wert wird angesetzt, sondern der sogenannte „Sachbezugswert". Für jedes gestellte Frühstück zahlt der AN 1,63 €, und für Mittag- und Abendessen zahlt er jeweils 3,00 €. Somit verringert sich seine Reisekostenabrechnung um diese Beträge.

Bei den **Übernachtungskosten** zählen nur die reinen Kosten. Falls auf der Hotelrechnung etwaige Mahlzeiten aufgeführt werden, müssen diese herausgerechnet werden. Für anderweitige Übernachtungen (z.B. bei Verwandten) kann der AN ohne Einzelnachweis eine Übernachtungspauschale von 20,00 € geltend machen.

Zum Schluss bleiben die **Reisenebenkosten**. Dies sind z.B. Parkgebühren, Telefonkosten, Porto, Messeeintrittskarten usw. Diese werden ebenfalls über die Reisekostenabrechnung abgerechnet.

03 Bei der Bearbeitung von Mitarbeiterdaten Regelungen zum Datenschutz und zur Datensicherheit einhalten

Das Bundesdatenschutzgesetz (BDSG) erlaubt Unternehmen die Speicherung und Aufbewahrung personenbezogener Daten von Mitarbeitern, wenn es betrieblich erforderlich ist. Um die Anforderungen des Gesetzes zu erfüllen, muss gerade in der Personalabteilung dem Datenschutz besondere Aufmerksamkeit geschenkt werden.

Datenschutz bedeutet: der Schutz personenbezogener Daten vor Einsichtnahme durch Unbefugte und vor der missbräuchlichen Nutzung oder Weitergabe dieser an Dritte.

Zum Schutz der Daten sind in der Personalverwaltung grundlegende Regeln zu beachten. Diese sind:

1. Es dürfen nur Daten der Mitarbeiter gespeichert werden, die betrieblich erforderlich sind.
2. Der Zugriff auf personenbezogene Daten der Mitarbeiter darf nur berechtigten Personen möglich sein. Die Daten müssen zur Verhinderung unberechtigter Einsichtnahme durch Dritte mit geeigneten Maßnahmen (Passwortschutz der Personaldatei, abschließbarer Aktenschrank) geschützt werden.

Eine wichtige rechtliche Grundlage für die Personalakte liefert aber das Betriebsverfassungsgesetz.

> §83 Betriebsverfassungsgesetz: Einsicht in die Personalakten
>
> (1) Der Arbeitnehmer hat das Recht, in die über ihn geführten Personalakten Einsicht zu nehmen. Er kann hierzu ein Mitglied des Betriebsrates hinzuziehen.(.....)
> (2) Erklärungen des Arbeitnehmers zum Inhalt der Personalakte sind dieser auf sein Verlangen beizufügen.

Zu dem Recht des Arbeitnehmers haben außerdem noch folgende Personen ein Recht auf Einsicht:

• der Unternehmensinhaber und der Geschäftsführer
• der direkte Vorgesetzte
• alle mit der Personalverwaltung betrauten Mitarbeiter

Enthält die Personalakte Dinge, die in einer solchen Akte nichts zu suchen haben, wie z.B. Unterlagen, die das Privatleben des Arbeitnehmers betreffen, kann er sein Recht auf Löschung wahrnehmen und verlangen, dass dieser Inhalt entfernt wird. Auch dieses ist im BDSG §35 geregelt. Hier wäre als Beispiel eine ungerechtfertigte Abmahnung nach Jahren noch zu nennen; da hat der Arbeitnehmer einen Anspruch auf Entfernung dieser. Zudem hat jeder Mitarbeiter das Recht auf Berichtigung falscher Inhalte (Dinge, die falsch dargestellt oder Informationen, die aus Versehen falsch abgelegt worden sind).

Unternehmen müssen nach §28 BSDG unter bestimmten Voraussetzungen einen Datenschutzbeauftragen beschäftigen. Zu diesen Voraussetzungen zählen beispielsweise:

- Das Unternehmen verarbeitet personenbezogene Daten automatisch und beschäftigt ständig mindestens fünf Arbeitnehmer oder
- es verarbeitet personenbezogene Daten konventionell und beschäftigt ständig mindestens 20 Arbeitnehmer.

Der betriebliche Datenschutzbeauftragte hat nach BSDG vor allen Dinge folgende Aufgaben:

- Führen von Übersichten und Listen personenbezogener Daten
- Überwachung der ordnungsgemäßen Anwendung von Datenverarbeitungsprogrammen
- Belehrung aller Mitarbeiter über den Datenschutz
- Verpflichtung aller Mitarbeiter, die mit personenbezogenen Daten umgehen, auf Einhaltung des Datengeheimnisses.

04 Bereichsbezogene Personalstatistiken führen und auswerten

Die Personalstatistiken ermöglichen, zurückliegende Entwicklungen in Unternehmen zu untersuchen und auf dieser Basis für künftige Planungen eine Entscheidungshilfe zu bieten.

Deshalb sind die Personalstatistiken ein wichtiges Instrument der Personalarbeit. Besonders im Rahmen des Personalcontrollings können die von ihr ermittelten Kennzahlen zur Information, Steuerung und Kontrolle dienen. Die zugrunde liegenden Daten können aus zwei Quellen gewonnen werden:

- unternehmensintern, z.B. Lohn- und Gehaltsabrechnungen, Personalkarteien, Fehlzeitenlisten usw. und
- unternehmensextern, z.B. von Forschungsinstituten, Bundesagentur für Arbeit, statistischen Ämtern usw.

Mithilfe der Personalstatistik werden Kennzahlen der Vergangenheit nicht nur ermittelt, sondern auch grafisch dargestellt. Diese dienen häufig dazu, Prognosen zu erstellen und für künftige Planungen als Grundlage zu dienen. Kennzahlen werden über Formeln errechnet und es hängt vom zu ermittelnden Ergebnis ab, welche statistischen Werte darin Eingang finden und bekannt sein müssen.

Beispiel: Fehlzeitenquote

Die Fehlzeitenquote errechnet sich folgendermaßen:

$$\text{Fehlzeitenquote (in \%)} = \frac{\text{Fehlzeiten in der Abteilung} \cdot 100}{\text{Sollarbeitszeit in der Abteilung}}$$

In die Formeln finden die Sollarbeitszeit und die aus der Statistik ermittelten Fehlzeiten Eingang. Die Berechnung lässt sich für Krankheit und für Arbeitsunfälle durchführen; dies hängt davon ab, welche Schlussfolgerungen die Personalabteilung ziehen möchte. In der Regel wird angestrebt, die bestehende Quote durch geeignete Maßnahmen zukünftig zu verringern.

Geeignete Maßnahmen zur Reduzierung könnten z.B. Personalgespräche zur Analyse der Fehlzeiten, Gesundheitsförderung im Betrieb, Motivation durch Prämien usw.sein.

Es lässt sich eine große Anzahl Kennzahlen bilden, typisch sind beispielsweise:

- Urlaubsübersicht
- Personalbestand
- Fluktuationsübersicht
- Unfallquote
- Überstundenübersicht

Weitere Kennzahlen betreffen Kosten und Unternehmenserfolg:

Beispiele für betriebswirtschaftliche Personalkennzahlen

$$\text{Umsatz pro Mitarbeiterin/Mitarbeiter} = \frac{\text{Umsatz in Euro}}{\text{Anzahl Beschäftigte}}$$

$$\text{Personalkosten je Arbeitsstunde} = \frac{\text{Löhne/Gehälter} + \text{Personalnebenkosten}}{\text{Arbeitsstunden}}$$

Die Werte der Personalkosten können mit den aktuellen Branchen-Durchschnittswerten verglichen und könnten dann angeglichen werden. Dies geschieht häufig bei zu niedrigen Werten.

Viele der Daten des Personalcontrollings sind erst dann aussagekräftig, wenn Vergleichszahlen vorliegen. Zu diesem Zweck werden entweder eigene Werte aus der Vergangenheit oder Daten der Wettbewerber bzw. der Branche herangezogen. Bei ungünstigen Werten oder negativen Entwicklungen müssen die Ursachen ermittelt und ggf. Verbesserungsmaßnahmen getroffen werden.

05 Arbeits-, sozial- und mitbestimmungsrechtliche Vorschriften sowie für den Ausbildungsbetrieb geltende tarif- oder beamtenrechtliche Vorschriften beachten

§ 611 BGB gilt als Rechtsgrundlage für das Arbeitsverhältnis
Vertragstypische Pflichten beim Dienstvertrag
(1) Durch den Dienstvertrag wird derjenige, welcher Dienste zusagt, zur Leistung der versprochenen Dienste, der andere Teil zur Gewährung der vereinbarten Vergütung verpflichtet.
(2) Gegenstand des Dienstvertrags können Dienste jeder Art sein.

§ 59 ff HGB gilt zusätzlich zu oben genanntem für kaufmännische Angestellte
Wer in einem Handelsgewerbe zur Leistung kaufmännischer Dienste gegen Entgelt angestellt ist (Handlungsgehilfe), hat, soweit nicht besondere Vereinbarungen über die Art und den Umfang seiner Dienstleistungen oder über die ihm zukommende Vergütung getroffen sind, die dem Ortsgebrauch entsprechenden Dienste zu leisten sowie die dem Ortsgebrauch entsprechende Vergütung zu beanspruchen. In Ermangelung eines Ortsgebrauchs gelten die den Umständen nach angemessenen Leistungen als vereinbart.

Der Arbeitsvertrag ist eine spezielle Form des Dienstvertrages. Durch den Arbeitsvertrag übernehmen der Arbeitgeber und der Arbeitnehmer bestimmte Pflichten. Die Hauptpflicht des AG ist die Vergütungspflicht. Diese ergibt sich aus dem Arbeitsvertrag, dieser aus dem Manteltarifvertrag der Branche, oder außertariflichen Vergütungsabsprachen. Der AG hat bei einer krankheitsbedingten Arbeitsunfähigkeit des AN die Pflicht, die Bezüge bis zu sechs Wochen weiterzuzahlen (= Entgeltfortzahlungspflicht). Hierbei sind jedoch die Regelungen des Gesetzes zu beachten:

Gesetz über die Zahlung des Arbeitsentgelts an Feiertagen und im Krankheitsfall (Entgeltfortzahlungsgesetz)
§ 3 Anspruch auf Entgeltfortzahlung im Krankheitsfall
(1) Wird ein Arbeitnehmer durch Arbeitsunfähigkeit infolge Krankheit an seiner Arbeitsleistung verhindert, ohne dass ihn ein Verschulden trifft, so hat er Anspruch auf Entgeltfortzahlung im Krankheitsfall durch den Arbeitgeber für die Zeit der Arbeitsunfähigkeit bis zur Dauer von sechs Wochen. Wird der Arbeitnehmer infolge derselben Krankheit erneut arbeitsunfähig, so verliert er wegen der erneuten Arbeitsunfähigkeit den Anspruch nach Satz 1 für einen weiteren Zeitraum von höchstens sechs Wochen nicht, wenn
1. er vor der erneuten Arbeitsunfähigkeit mindestens sechs Monate nicht infolge derselben Krankheit arbeitsunfähig war oder
2. seit Beginn der ersten Arbeitsunfähigkeit infolge derselben Krankheit eine Frist von zwölf Monaten abgelaufen ist.
Dieser Anspruch nach § 3, Absatz 1 entsteht nach vierwöchiger ununterbrochener Dauer des Arbeitsverhältnisses.

Vor Ablauf der vierwöchigen ununterbrochenen Dauer des Arbeitsverhältnisses besteht die Vergütungspflicht durch die Krankenkasse.

Weitere Pflichten des Arbeitgebers sind:
- Beschäftigungspflicht
- Urlaubsgewährungspflicht
- Zeugnispflicht
- Fürsorge und Schutzpflicht

Wo es Pflichten des AG gibt, gibt es auch Pflichten für den AN. Dieser hat als Hauptpflicht, die vereinbarte Arbeitsleistung am vereinbarten Ort zur vereinbarten Zeit gemäß Arbeitsvertrag zu erbringen. Er ist dem AG gegenüber weisungsgebunden und hat eine gewisse Gehorsamkeitspflicht, sofern es unter Berücksichtigung des Arbeitsvertrages zumutbar ist.

Zudem gibt es auch für den Arbeitnehmer weitere Pflichten zu beachten:
- Verschwiegenheitspflicht
- Handelsverbot
- Bestechlichkeitsverbot
- Wettbewerbsverbot

Dieses Wettbewerbsverbot kann auch nachvertraglich vereinbart werden. Dies bedeutet, dass es dem Arbeitnehmer nach Beendigung seines Arbeitsverhältnisses untersagt ist (maximal für die Dauer von zwei Jahren laut §74a HGB), in einem mit dem Unternehmen in Verbindung stehenden anderen zu arbeiten, damit eben keine betrieblichen Geheimnisse weitergegeben werden.

Wie bei allen Pflichten so üblich, gibt es auch Rechte für jede einzelne Partei. Alle Pflichten des AG sind also die Rechte der AN, und umgekehrt.

Neben den Gesetzen und Verordnungen des Arbeitsrechts bilden die zwischen den Gewerkschaften und Arbeitgeberverbänden ausgehandelten **Tarifverträge** eine weitere wichtige Grundlage für die Gestaltung von Arbeitsverträgen.

Zu beachten ist dabei, dass die für eine bestimmte Branche ausgehandelten Tarifverträge nur für die Arbeitsverhältnisse der Mitglieder der Tarifvertragspartner verpflichtend sind. Dies nennt man Tarifbindung.

In Deutschland sind nach §3 Tarifvertragsgesetz (TVG) die Mitglieder der Tarifvertragsparteien tarifgebunden. Eine Ausnahme bildet §5 TVG.

Tarifvertragsgesetz
§ 3 Tarifgebundenheit
(1) Tarifgebunden sind die Mitglieder der Tarifvertragsparteien und der Arbeitgeber, der selbst Partei des Tarifvertrages ist.
(2) Rechtsnormen des Tarifvertrages über betriebliche und betriebsverfassungsrechtliche Fragen gelten für alle Betriebe, deren Arbeitgeber tarifgebunden ist.
(3) Die Tarifgebundenheit bleibt bestehen, bis der Tarifvertrag endet.

§ 5 Allgemeinverbindlichkeit
(1) Das Bundesministerium für Arbeit und Soziales kann einen Tarifvertrag im Einvernehmen mit einem aus je drei Vertretern der Spitzenorganisationen der Arbeitgeber und der Arbeitnehmer bestehenden Ausschuss (Tarifausschuss) auf gemeinsamen Antrag der Tarifvertragsparteien für allgemeinverbindlich erklären, wenn die Allgemeinverbindlich-Erklärung im öffentlichen Interesse geboten erscheint. Die Allgemeinverbindlich-Erklärung erscheint in der Regel im öffentlichen Interesse geboten, wenn
1. der Tarifvertrag in seinem Geltungsbereich für die Gestaltung der Arbeitsbedingungen überwiegende Bedeutung erlangt hat oder
2. die Absicherung der Wirksamkeit der tarifvertraglichen Normsetzung gegen die Folgen wirtschaftlicher Fehlentwicklung eine Allgemeinverbindlich-Erklärung verlangt.
(1a) Das Bundesministerium für Arbeit und Soziales kann einen Tarifvertrag über eine gemeinsame Einrichtung zur Sicherung ihrer Funktionsfähigkeit im Einvernehmen mit dem Tarifausschuss auf gemeinsamen Antrag der Tarifvertragsparteien für allgemeinverbindlich erklären, wenn der Tarifvertrag die Einziehung von Beiträgen und die Gewährung von Leistungen durch eine gemeinsame Einrichtung mit folgenden Gegenständen regelt:
1. den Erholungsurlaub, ein Urlaubsgeld oder ein zusätzliches Urlaubsgeld,
2. eine betriebliche Altersversorgung im Sinne des Betriebsrentengesetzes,
3. die Vergütung der Auszubildenden oder die Ausbildung in überbetrieblichen Bildungsstätten,
4. eine zusätzliche betriebliche oder überbetriebliche Vermögensbildung der Arbeitnehmer,
5. Lohnausgleich bei Arbeitszeitausfall, Arbeitszeitverkürzung oder Arbeitszeitverlängerung.

Der Tarifvertrag kann weiterhin „alle mit dem Beitragseinzug und der Leistungsgewährung in Zusammenhang stehenden Rechte und Pflichten einschließlich der dem Verfahren zugrunde liegenden Ansprüche der Arbeitnehmer und Pflichten der Arbeitgeber regeln.(....)" (Fassung aufgrund des Gesetzes zur Stärkung der Tarifautonomie (Tarifautonomiestärkungsgesetz) vom 11.08.2014 (BGBl. I S. 1348) m.W.v. 16.08.2014).

Neben Gesetzen und Tarifverträgen bilden Betriebsvereinbarungen ebenfalls eine Ebene der rechtlichen Rahmenbedingungen eines Arbeitsvertrags. Sie geben Unternehmen mit Betriebsrat somit eine weitere Möglichkeit, Mindestbedingungen, die für alle Arbeitsverhältnisse des Betriebes gelten sollen, zu vereinbaren.

Eine **Betriebsvereinbarung** ist ein Vertrag zwischen Arbeitgeber und Betriebsrat, der verbindliche Normen für alle Arbeitnehmer des Betriebes formuliert.

Diese betreffen unter anderem:
- zusätzliche Maßnahmen zur Verhütung von Arbeitsunfällen und Gesundheitsschädigungen
- die Errichtung von Sozialräumen im Betrieb
- Maßnahmen zur Förderung der Vermögensbildung und der Altersvorsorge
- Regelungen über ein Alkoholverbot auf dem Betriebsgelände.

Diese Vereinbarung ist in Schriftform zu verfassen, mit Unterschriften vom Unternehmer und des Betriebsrates zu versehen und an geeigneter Stelle im Unternehmen bekannt zu machen.

Weitere wichtige Gesetze im gesamten Personalwesen sind:
- Das **Bundesurlaubsgesetz** § 3, dieser regelt die Mindestanzahl an Urlaubstagen im Jahr; Bundesurlaubsgesetz § 9, dieser regelt, wenn ein AN während seines Erholungsurlaubes erkrankt.
- Das **Mutterschutzgesetz**, dieses regelt, wann eine werdende oder stillende Mutter ein Beschäftigungsverbot ausgesprochen bekommt, und welche Tätigkeiten sie ausführen darf, damit es das Wohl von Mutter und Kind nicht gefährdet.
- Das **Schwerbehindertenrecht** (= früher Gesetz) regelt alles, was zum Schutz von Schwerbehinderten oder ihnen gleichgestellten Personen dient. Dieses umfangreiche Recht findet man im Sozialgesetz (SGB IX). Dort werden auch alle weiteren Fragen rund um schwerbehinderte Arbeitnehmer geregelt.
- Das **Jugendarbeitsschutzgesetz** regelt alles, was jugendliche Arbeitnehmer unter 18 Jahren betrifft. Dies beinhaltet Pausenzeiten, Höchstarbeitszeiten, Urlaubsanspruch usw.
- Das **Kündigungsschutzgesetz** regelt u.a. die Zeiten, die zwischen dem Zugang der schriftlichen Kündigung beim Gekündigten und ihrem Wirksamwerden zu verstehen ist. Dies nennt man Kündigungsschutzfristen. Diese sind unterschiedlich lang geregelt, je nach Betriebszugehörigkeit (§ 622 BGB).

- Das **Entgeltfortzahlungsgesetz** regelt die Ansprüche auf Zahlung des Arbeitsentgeltes bei Krankheit.
- Das **allgemeine Gleichbehandlungsgesetz (AGG)** soll Benachteiligungen aller Arbeitnehmer wirksam begegnen, die sich auf Geschlecht, Rasse oder ethnischer Herkunft, Religion oder Weltanschauung, Alter, Behinderung oder sexueller Identität beziehen.
- Das **Arbeitszeitgesetz** dient dazu, die Sicherheit und den Gesundheitsschutz der Arbeitnehmer zu gewährleisten.

Dies sind nur einige wichtige Gesetze im Personalwesen. Weitere Schutzvorschriften sind je nach Betrieb zusätzlich anwendbar. Für eine angehende Kauffrau bzw. einen angehenden Kaufmann für Büromanagement gehört es zur Ausbildung, die wichtigsten Regelungen dieser Gesetze zu kennen und Lernsituationen anzuwenden. Die Wiederholung dieser Gesetze sprengt jedoch den Rahmen des vorliegenden „Prüfungswissens". Wer sich hier noch unsicher fühlt, sollte diesen Stoff nochmals anderwärtig nachlesen (z.B. im Schulbuch/Lehrbuch). Hier werden zwei Anwendungsbeispiele aufgeführt und danach noch weitere Gesetze kurz behandelt.

Beispiel: Berechnung des Urlaubsanspruchs

Ein Mitarbeiter hat seine Tätigkeit am 01.04. des laufenden Jahres im Unternehmen begonnen. Laut Tarifvertrag erhält er 30 Tage Urlaub im Jahr. Der Vorgesetzte hat ihm vorzeitig für die zweite Augusthälfte 10 Urlaubstage genehmigt. Nun beantragt er für Montag 15.12. bis Di 06.01. weiteren Urlaub für eine geplante Skireise. Hat er darauf Anspruch?

Zur Vereinfachung werden in diesem Beispiel keine Urlaubsansprüche aus vorheriger Tätigkeit angenommen. Da der Tarifvertrag 30 Tage vorsieht, übersteuert dies die gesetzliche Regelung von 24 Tagen. Zeitanteilig (ab 01.04.) stehen dem Mitarbeiter 22,5 Tage zu, wovon er 10 Tage im Sommer nimmt, sodass ihm 12,5 Tage verbleiben. Vollzieht man für den Zeitraum Montag 15.12. bis Di 06.01. kalendarisch nach, sind dies 12 Arbeitstage sowie 24.12. (Heiligabend) und 31.12. (Silvester). Jetzt hängt es davon ab, welche Regelung im Unternehmen für diese Tage gilt, die keine gesetzlichen Feiertage sind. Muss dort beispielsweise jeweils ein halber Tag gearbeitet werden, hätte der Mitarbeiter 13 Urlaubstage beantragt und diese stehen ihm nicht zu.
Außerdem kommt es darauf an, ob das Unternehmen die Regelung anwendet, dass Urlaubstage am Jahresende verfallen oder eine vom Gesetz abweichende Frist duldet.

Beispiel: Unterlagen bei Ausscheiden aus dem Unternehmen

Den Mitarbeitern sind beim Ausscheiden die „Arbeitspapiere" auszuhändigen. Dazu gehören in der Regel folgende Unterlagen:
- „Lohnsteuerkarte" bzw. eine Lohnsteuerbescheinigung
- Sozialversicherungsnachweisheft bzw. den Nachweis über Bezüge und darauf abgeführte Beiträge zur Sozialversicherung
- Arbeitsbescheinigung zur Vorlage beim Arbeitsamt
- Urlaubsbescheinigung über den erhaltenen Urlaub
- Arbeitszeugnis (auf Verlangen muss ein qualifiziertes erstellt werden, ansonsten nur ein einfaches)

Unterscheidung der Arbeitszeugnisse

einfaches Arbeitszeugnis:	qualifiziertes Arbeitszeugnis:
enthält Angaben über die Art und Dauer der Beschäftigung	enthält zusätzliche Aussagen über die Leistung des Mitarbeiters und sein Verhalten

Betriebsverfassungsgesetz

Zu den Tarifverträgen und Betriebsvereinbarungen gehört vor allen Gesetzen auch das **Betriebsverfassungsgesetz (BetrVG)**. Dies regelt die Beteiligungsmöglichkeiten der Arbeitnehmer, diese umfassen folgende Regelungen:
- Mitwirkung und Mitbestimmung
- Betriebsvereinbarungen
- Einigungsstelle

Hierbei ist der Betriebsrat ein zuständiges Vertretungsorgan der Arbeitnehmer in einem Unternehmen, der alle vier Jahre durch die Arbeitnehmer gewählt wird.

Zahl der Betriebsratsmitglieder (nach der Anzahl der Mitarbeiter im Unternehmen)

bei 5 bis 20 Mitarbeitern ist es 1 Person
ab 21 bis 50 Mitarbeiter sind es 3 Mitglieder
ab 51 bis 150 Mitarbeitern sind es 5 Mitglieder
usw., die Staffel setzt sich fort

Die Mitbestimmung ist neben demBetrVg auch geregelt im:
- **Mitbestimmungsgesetz (MitbestG),** welches die Mitbestimmung von Arbeitnehmern im Aufsichtsrat von Kapitalgesellschaften regelt, die mehr als 2.000 Arbeitnehmer beschäftigen

- **Personalvertretungsgesetz (PerVG),** welches bei öffentlich-rechtlichen, karitativen und erzieherischen Einrichtungen zur Mitwirkung gilt
- **Montan-Mitbestimmungsgesetz (MontanMitbestG),** welches bei Unternehmen des Bergbaus und der Eisen und Stahl erzeugenden Industrie Anwendung findet, sobald das Unternehmen mehr als 1.000 Arbeitnehmer beschäftigt.

Leitende Angestellte sind von der Betriebsverfassung ausgeschlossen und unterliegen dem Sprecherausschussgesetz (SprAuG). Ein solcher wird in Betrieben mit i.d.R. zehn leitenden Angestellten gewählt. Diese Personen nennt man umgangssprachlich auch außertarifliche Angestellte (AT).

Teilzeit- und Befristungsgesetz (TzBfG) vom 21.12.2000

Das Teilzeitbefristungsgesetz (TzBfG) findet in der heutigen Zeit immer mehr Anwendung, da damit jeder neue Arbeitsvertrag erst einmal auf eine bestimmte Zeit befristet werden kann. Unter einem befristeten Vertrag wird ein Arbeitsvertrag verstanden, der auf bestimmte Zeit abgeschlossen (also „befristet") wird. Er muss immer schriftlich abgeschlossen werden.

Die Zulässigkeit regelt das genannte Gesetz, und das ist u.a. deshalb bedeutsam, weil im Gegensatz zum unbefristeten Vertrag eine ordentliche Kündigung ausgeschlossen ist. Es kann jedoch im Arbeitsvertrag eine Kündigungsregelung getroffen werden.

Bei den befristeten Arbeitsverträgen unterscheidet man (zusammengestellt nach §14 TzBfG)

Befristung mit sachlichem Grund –	Befristung ohne sachlichen Grund
• vorübergehenden betrieblichen Bedarf • Übergang nach einer Ausbildung • Vertretung anderer Arbeitnehmer • Erprobung • in der Person liegende Gründe • Finanzierung aus befristeten Haushaltsmitteln • Befristung aufgrund gerichtlichen Vergleichs	Diese ist bis zu einer Dauer von fünf Jahren zulässig, wenn der Arbeitnehmer bei Beginn des befristeten Arbeitsverhältnisses das 52. Lebensjahr vollendet hat, zuvor mindestens vier Monate beschäftigungslos war und an bestimmten Beschäftigungsmaßnahmen teilgenommen hat. Mehrfache Verlängerung ist bis zur Gesamtdauer von fünf Jahren möglich.

Unabhängig von den obigen Regelungen ist eine kalendermäßige Befristung bis zu zwei Jahren möglich, dreimalige Verlängerung bis zur Gesamtdauer zwei Jahre ist zulässig. Diese kalendermäßige Befristung ist nicht statthaft, wenn der Arbeitnehmer zuvor – unbefristet oder befristet – bei dem Arbeitgeber tätig war. Für neu gegründete Unternehmen gilt in den ersten vier Jahren eine Frist von vier Jahren.

Bundeselterngeld- und Elternzeitgesetz (BEEG)

Bei diesem Gesetz haben sich die Regierungsparteien verstärkt um Familienfreundlichkeit in Unternehmen bemüht. Durch das Elterngeld soll die Existenzgrundlage junger Familien gegeben sein, als Anreiz für die Gründung einer Familie.

Das Elterngeld gleicht einen Einkommenswegfall nach der Geburt des Kindes aus. Es kann von Müttern und Vätern beantragt werden, die ihren Wohnsitz in Deutschland haben, ihre Kinder nach der Geburt selbst betreuen und deren Kinder in ihrem Haushalt leben. Der Antragstellende darf nicht mehr als 30 Std. pro Woche arbeiten. Die Eltern, die sich in der Elternzeit befinden, dürfen nicht gekündigt werden.

06 Arbeitsverträge unter Berücksichtigung arbeits-, steuer- und sozialversicherungsrechtlicher Auswirkungen unterscheiden

Der **Arbeitsvertrag** ist ein spezieller Dienstvertrag, für den eine Vielzahl arbeitsrechtlicher Sonderregeln gilt. Das besondere an einem Arbeitsvertrag: ein Arbeitnehmer, der sich zur Erbringung bestimmter Dienste für seine Arbeit verpflichtet hat, befindet sich in einem persönlichen Abhängigkeitsverhältnis. Deshalb zielen die meisten arbeitsrechtlichen Vorschriften auf einen Schutz des Arbeitnehmers ab (z.B. Kündigungsschutz, Diskriminierungsverbot, Urlaubsanspruch etc.). Aus dem wirksamen Abschluss eines Arbeitsvertrages ergeben sich für den Arbeitnehmer und den Arbeitgeber folgende Rechte und Pflichten:

Arbeitgeber		Arbeitnehmer	
Pflichten	**Rechte**	**Pflichten**	**Rechte**
Entgeltzahlung	Weisungsrecht	persönliche Arbeitsleistung	Entgeltanspruch
Fürsorgepflicht	Kontrollrecht	Gehorsamspflicht	Fürsorgeanspruch
Urlaubsgewährung	Kündigungsrecht	Treuepflicht	Urlaubsanspruch
Beschäftigungspflicht	Wahrung von Betriebsgeheimnissen	Verschwiegenheit	Beschäftigungsanspruch
Arbeitsschutz			Arbeitsschutzanspruch
Abführung Lohnsteuer u. Sozialbeiträge			Gleichbehandlung
Arbeitsgeräte stellen			Kündigungsrecht
Zeugniserstellung			

Grundsätzlich kommt der Arbeitsvertrag wie jeder andere Vertrag auch durch die Einigung der Vertragsparteien (= Angebot und Annahme) zustande. Dieses Rechtsgeschäft unterliegt keinem Formzwang, sodass ein Arbeitsvertrag auch mündlich oder per Handschlag wirksam abgeschlossen werden kann.

Gem. §2 des **Nachweisgesetzes** (NachweisG) hat der Arbeitgeber allerdings spätestens einen Monat nach dem vereinbarten Beginn des Arbeitsverhältnisses die wesentlichen Vertragsinhalte schriftlich niederzulegen und dem Arbeitnehmer auszuhändigen.

Mindestinhalte eines Arbeitsvertrags

- Name und die Anschrift der Vertragsparteien
- Zeitpunkt des Beginns des Arbeitsverhältnisses
- bei befristeten Arbeitsverhältnissen: die vorgesehene Dauer
- Arbeitsort oder ein Hinweis auf die verschiedenen Orte der Tätigkeit
- Zusammensetzung und die Höhe des Arbeitsentgeltes einschl. etwaiger Zuschläge (z.B. auf Weihnachts- und Urlaubsgeld)
- eine kurze Beschreibung der zu leistenden Tätigkeit
- die vereinbarte Arbeitszeit
- die Dauer des jährlichen Erholungsurlaubes
- die Kündigungsfristen
- ein in allgemeiner Form gehaltener Hinweis auf die Tarifverträge
- Betriebs- oder Dienstvereinbarungen, die auf das Arbeitsverhältnis anzuwenden sind

Neben diesen gesetzlich vorgeschriebenen Inhalten kann der Arbeitsvertrag eine Reihe weiterer Vereinbarungen enthalten, z.B. eine Erlaubnis oder ein Verbot von Nebentätigkeiten, besondere Hinweise auf die Verschwiegenheitspflicht, Vereinbarungen über Fahrkostenerstattungen oder eine betriebliche Altersvorsorge, Erlaubnis oder Verbot der privaten Nutzung von Betriebseigentum (z.B. Dienstwagen) oder Vertragsstrafen bei Pflichtverletzungen.

Von besonderer Bedeutung ist ein mögliches Wettbewerbsverbot nach Beendigung des Vertragsverhältnisses (weiteres hierzu siehe S. 162)

Es gibt verschiedene Arten von Arbeitsverträgen (unbefristeter, befristeter Arbeitsvertrag, Teilzeitarbeitsvertrag, voranstehend teils schon besprochen), die wiederum verschiedenen Anforderungen unterliegen und unterschiedliche Aspekte enthalten müssen. Welche Art des Arbeitsvertrags der Arbeitgeber mit dem Arbeitnehmer abschließt, hängt ganz davon ab, welche Form des Arbeitsverhältnisses eingegangen werden soll.

Unbefristete Arbeitsverträge

Der klassische Arbeitsvertrag ist der über ein unbefristetes Arbeitsverhältnis. Er ist dadurch erkennbar, dass kein Ende des Arbeitsverhältnisses vereinbart wurde. Vor allem Berufsanfänger haben es allerdings heutzutage schwer, an eine unbefristete Stelle heranzukommen. Ein Hauptgrund dafür ist, dass Arbeitnehmer in einem unbefristeten Arbeitsverhältnis nach einer eventuellen Probezeit durch den Kündigungsschutz abgesichert sind. Für Arbeitgeber ist es dann relativ schwer, einem eventuell wenig geeigneten Mitarbeiter zu kündigen.

Befristete Arbeitsverträge

Ein befristetes Arbeitsverhältnis bietet Arbeitgebern bei der Personalplanung mehr Flexibilität, da ein automatisch auslaufender Arbeitsvertrag nicht gekündigt werden muss. Arbeitnehmer können über ein befristetes Arbeitsverhältnis ein unbefristetes Folge-Arbeitsverhältnis erlangen, wenn sie sich bewährt haben.

Beim Abschluss befristeter Arbeitsverträge müssen jedoch rechtliche Besonderheiten beachtet werden, die im Teilzeit- und Befristungsgesetz (TzBfG) geregelt sind (siehe Seite 167). In jedem Fall müssen befristete Arbeitsverträge (im Gegensatz zu unbefristeten Verträgen) die Schriftform erfüllen, um wirksam zu sein. Eine nur mündlich vereinbarte Befristung wäre nichtig und das Arbeitsverhältnis damit in Wirklichkeit unbefristet.

Teilzeitarbeitsverträge

Grundsätzlich gelten für teilzeitbeschäftigte Arbeitnehmer die gleichen Regeln wie für andere Arbeitskräfte. Besondere Regelungen enthält auch hier das TzBfG. Es hat zum Ziel, die Teilzeitbeschäftigung zu fördern und die Diskriminierung teilzeitbeschäftigter Arbeitnehmer(innen) zu verhindern.

Das TzBfg sichert Arbeitnehmern einen grundsätzlichen Anspruch auf Teilzeitbeschäftigung zu, wenn die folgenden Bedingungen erfüllt sind:

- mindestens sechsmonatiges Bestehen des Arbeitsverhältnisses,
- mehr als 15 Beschäftigte im Unternehmen und
- Ankündigung der beabsichtigten Teilzeitbeschäftigung drei Monate vor dem beabsichtigten Beginn.

Wenn diese Bedingungen erfüllt sind, kann der Anspruch des Arbeitnehmers auf Teilzeit vom Arbeitgeber im Einzelfall nur abgelehnt werden, wenn er betriebliche Gründe belegen kann. Hierzu gehören beispielsweise:

- eine erhebliche Beeinträchtigung der Organisation und des Arbeitsablaufes, insbesondere dann, wenn eine Ersatz- oder „Zweitkraft" fehlt,
- unverhältnismäßig hohe Kosten oder
- die Beeinträchtigung der Sicherheit im Betrieb.

Arbeitgeber sollen aber auch hier ihrer gesellschaftlichen Verantwortung gerecht werden und Teilzeitwünsche ihrer Mitarbeiter nach Möglichkeit erfüllen. Dies gilt insbesondere, da Teilzeitarbeit gerne von jungen Eltern – insbesondere Müttern – genutzt wird. Arbeitnehmer und Arbeitgeber sollten hier gemeinsam nach einer Lösung suchen, die beiden Vertragspartnern gerecht wird.

Eine Teilzeitbeschäftigung kann in bestimmten Fällen auch aus Sicht des Betriebes sinnvoll und gewünscht sein. Bei einem Auftragsrückgang könnte beispielsweise der Wunsch entstehen, Stellen zu reduzieren um Personalkosten zu sparen.

Rangprinzip und Günstigkeitsprinzip

Grundsätzlich besteht für den Abschluss von Arbeitsverträgen Vertragsfreiheit, d.h. die Inhalte können von den beiden Vertragspartnern frei ausgehandelt werden. Gerade beim Arbeitsvertrag wird die inhaltliche Gestaltungfreiheit jedoch zum Schutz des Arbeitnehmers stark eingeschränkt durch:

- **Gesetze und Verordnungen** (werden vom Bund oder den Ländern erlassen und gelten für alle Betriebe),
- **Tarifverträge** (werden zwischen Gewerkschaften und Arbeitgeberverbänden vereinbart und geben Mindestvereinbarungen für einzelne Brachen vor),
- **Betriebsvereinbarungen** (werden zwischen dem Betriebsrat und dem Arbeitgeber abgeschlossen und gelten für alle Mitarbeiter eines Betriebes).

Im Arbeitsvertragsrecht gilt zunächst das Rangprinzip, welches von einer Hierarchie der rechtlichen Grundlage ausgeht.

Dabei gilt die Reihenfolge, wie sie in der obigen Aufzählung steht.

Das Rangprinzip besagt, dass ranghöhere Vorschriften den rangniedrigeren Vorschriften grundsätzlich vorgehen, d.h. erst gilt das Gesetz, dann Tarifvertrag, danach die Betriebsvereinbarung.

Gleichzeitig gilt aber auch das Günstigkeitsprinzip. Wenn eine rangniedrigere Regelung für den Arbeitnehmer günstiger ist, dann geht diese Regelung ausnahmsweise der ranghöheren vor.

Die Inhalte von Arbeitsgesetzen bzw. -verordnungen, Tarifverträgen und Betriebsvereinbarungen stellen also Mindestanforderungen dar, von denen grundsätzlich nur zum Vorteil des Arbeitnehmers abgewichen werden darf. Regelungen, die den Arbeitnehmer schlechterstellen, als in den Vorgaben geregelt, sind somit nichtig.

07 Positionen der eigenen Entgeltabrechnung erklären

Steuern

Steuern richten sich nach der Einkommenshöhe und nach Steuerklassen. Die Steuerklassen sind wesentlich für Entgeltabrechnungen. Über sie ist festgelegt, welchen Prozentsatz ein Arbeitnehmer an Steuern an das Finanzamt bezahlen muss. Je nach seiner Lebenssituation bekommt er vom Finanzamt eine von sechs Steuerklassen zugeteilt. Diese findet man auf der „digitalen Steuerkarte" und sie kann auf Antrag beim Finanzamt geändert werden.

Exkurs: Digitale Steuerkarte

Seit 2013 gibt es das ELStAM-Verfahren (Elektronische Lohn Steuer Abzugs Merkmale); darüber erhält der Arbeitgeber die erforderlichen Informationen. Der Arbeitnehmer muss dem Arbeitgeber zu Beginn des Arbeitsverhältnisses seine Steuer-Identifikationsnummer (Steuer-ID) und sein Geburtsdatum mitteilen. Mit diesen Daten kann der Arbeitgeber beim Bundeszentralamt für Steuern die Lohnsteuerabzugsmerkmale des Arbeitnehmers „elektronisch" abrufen. Änderungen der Daten (z.B. Geburt eines Kindes) werden dem Arbeitgeber am Anfang des Monats elektronisch zum Abruf bereitgestellt.

Die Lohnsteuerklassen in Lern-Kurzform			
I	alleinstehend ohne Kind	IV	in der Kombination der Ehepartner:
II	alleinstehend mit Kind	V	IV/IV, III/V, V/III
III	verheiratet mit oder ohne Kinder		(Eselsbrücke: Summe = 8)
		VI	jedes zusätzliche Arbeitsverhältnis

Kombinationen und deren Wirkung
IV/IV: beide Partner haben ein annähernd gleiches Einkommen und damit den geringsten monatlichen Steuerabzug
Einkommen z.B. 2.950 € → Steuerabzug 2 x 603,50 € = 1.207,00 €
in der Kombination III / V bzw. V / III wäre der Steuerabzug = 305,83 € + 1.037,83 € = 1.343,66 €

III/V: Der Besserverdienende nimmt die St-Kl III, dann hat das Ehepaar ein höheres monatliches Einkommen, aber eine geringere Steuerrückerstattung im Folgejahr.

V/III: Der Besserverdienende nimmt die St-Kl V, dann hat das Ehepaar ein geringeres monatliches Einkommen, aber eine höhere Steuerrückerstattung im Folgejahr.

Entsprechend der Steuerklasse und der Anzahl der auf der Lohnsteuerkarte eingetragenen Kinder bemisst sich die steuerliche Belastung des Arbeitnehmers.

Kirchensteuer, Solidaritätszuschlag, Vermögenswirksame Leistungen
Zusätzlich werden weitere Positionen bei dem Arbeitnehmer abgezogen und vom Arbeitgeber „weitergereicht":
- Kirchensteuer (je nach Bundesland 8 % oder 9 % der Lohnsteuer), wenn der AN einer „steuererhebenden Religionsgemeinschaft" angehört
- Solidaritätszuschlag (5,5 % der Lohnsteuer)

Diese Abzüge richten sich nach der zu zahlenden Lohnsteuer, diese nach der Steuerklasse und der Anzahl eingetragener Kinder.

Als letztes werden unter Umständen noch die vermögenswirksamen Leistungen (VL) vom Arbeitgeber einbehalten und weitergeleitet. Vermögenswirksame Leistungen sind Geldleistungen des Arbeitgebers, die nicht ausgezahlt, sondern langfristig angelegt werden. Der Arbeitnehmer kann so zusätzlich zu den gewährten Leistungen des Arbeitgebers eigenes Geld ansparen. Unter bestimmten Voraussetzungen werden die VL zusätzlich durch den Staat gefördert.

Formen der Arbeitnehmer-Sparzulage und deren Voraussetzungen

Anlageform	Arbeitn.-Sparzulage	max. geförd. Leistung	Einkommensgrenzen
Bausparvertrag	9 Prozent	470 €/Jahr	Led:17.900 €/Jahr Verh:35.800 €/Jahr
Investmentvertrag	20 Prozent	400 €/Jahr	Led: 20.000 €/Jahr Verh:40.000 €/Jahr

Sozialversicherung
Neben Steuern werden die Sozialversicherungsbeiträge vom Bruttogehalt berechnet und an Sozialversicherungsträger abgeführt. Die Sozialversicherung hat fünf Zweige. Im nachfolgenden Schaubild findet man in der zweiten Zeile die Übersicht der fünf Zweige.

Die fünf Zweige der Sozialversicherung (mit Beitragssätzen Stand 01.01.2017)

Versiche-rung	Kranken-versicherung	Unfall-versicherung	Renten-versicherung	Arbeitslosen-versicherung	Pflege-versicherung
Träger	Kranken-kassen	Berufsgenos-senschaft	Deutsche Ren-tenversicherung	Bundesagen-tur für Arbeit	Pflegekassen
Beitragssatz	14,6 %	unterschiedl.	18,7 %	3,0 %	2,55 %
Zahlende	AG und AN je hälftig + ggf. Zusatzbeitrag der AN	AG	AG und AN je hälftig; bei der Pflegeversicherung zahlen Kinderlose ab 23 Jahren einen Zuschlag von 0,25 %		
Wesentliche Leistungen	Vorsorge, Krankheits-behandlung	Heilbehand-lungen, Ren-ten	Renten, Reha-Maßnahmen	Arbeitslosen-geld, Arbeits-vermittlung	Pflegegeld im Pflegefall
Versicherte	gesetzlich versicherte Beschäftigte	Arbeitnehmer, Azubis, Schü-ler	pflichtversi-cherte Beschäf-tigte	Arbeitnehmer, Azubis	gesetzlich Krankenversi-cherte
Bemes-sungsgrenze Euro/Monat	4.350,00 Euro	–	6.350,00 Euro (West) 5.700,00 Euro (Ost)		4.350,50 Euro

Diese Tabelle zeigt nur das allerwichtigste. Das Angebot an Kassen ist differenzierter, so gibt es unterschiedliche Krankenkassen oder neben den Berufsgenossenschaften noch weitere Unfallversicherungsträger. Auch die Leistungskataloge sind entschieden differenzierter. Da es in diesem Abschnitt um die Durchführung der Entgeltabrechnung geht, wird dies hier nicht weiter ausgeführt.

Für die Abrechnung ist wichtig zu wissen, dass zzt. (2017) alle Krankenkassen über den hälftigen Arbeitnehmeranteil des Beitrags hinaus (7,3 %) einen **Zusatzbeitrag** erheben (bis 1,5 %). Die **Beitragsbemessungsgrenze** gibt an, bis zu welchem Bruttojahresverdienst man gesetzlich in der jeweiligen Sparte versichert ist bzw. die Prämien berechnet werden. Alles darüber hinaus wirkt sich nicht auf die Prämien aus und muss separat betrachtet werden.

Lohn- und Gehaltsabrechnung

Die Lohn- und Gehaltsabrechnung ist eine wichtige Aufgabe des Personalwesens. Zum einen wird damit für jeden Mitarbeiter – ausgehend vom Bruttoverdienst – der Auszahlungsbetrag und damit sein Einkommen ermittelt. Zum anderen werden im Rahmen der

Lohn- und Gehaltsabrechnungen alle weiteren Beträge ermittelt, die das Unternehmen beispielsweise an das Finanzamt und an die Krankenkassen der Arbeitnehmer melden und überweisen muss.

Zudem liefern die Entgeltabrechnungen wichtige Informationen über die Personalkosten des Unternehmens. Diese haben für Kalkulationen und in der Kostenrechnung eine große Bedeutung.

Unter dem sozialversicherungspflichtigen Bruttolohn bzw. -gehalt (SV-Brutto) werden alle Zahlungen und sonstige Sachleistungen verstanden, die dem Arbeitnehmer im Rahmen seines Arbeitsverhältnisses vom Arbeitgeber zukommen. In der Regel setzt er sich aus dem Grundlohn/-gehalt und allen Zulagen und Zuschlägen zusammen, die ein Arbeitnehmer in einem Monat bekommt.

Für die Gehaltsempfänger und Auszubildenden ist die Ermittlung des SV-Brutto in der Regel recht einfach. Ihre monatlich gleichbleibenden Grundbezüge sind im Personalinformationssystem gespeichert. Lediglich die im aktuellen Monat anfallenden Zusatzvergütungen müssen hinzugerechnet werden.

Aufwendiger ist die Ermittlung bei Lohnempfängern und Akkordarbeitern, da hier zunächst der Grundlohn anhand von Anwesenheitsdaten bzw. Stückzahlen berechnet werden muss. Bei Verkäufern oder Reisenden müssen häufig die Umsätze und auf deren Grundlage die Provisionen ausgerechnet werden.

In der Regel stimmt das steuerpflichtige Bruttoentgelt eines Mitarbeiters mit dem sozialversicherungspflichtigen Bruttoentgelt überein. Wenn der Arbeitnehmer sich vom Finanzamt einen Lohnsteuerfreibetrag hat eintragen lassen, muss das steuerpflichtige Bruttoentgelt um diesen Freibetrag gemindert werden. Die Bemessungsgrundlage für die Ermittlung der steuerlichen Abzüge („Steuer-Brutto") ist dann um den Freibetrag niedriger. Das bedeutet, dass dem Arbeitnehmer weniger Lohn- und Kirchensteuer sowie Solidaritätszuschlag abgezogen werden als ohne Freibetrag.

Exkurs: Freibeträge

Arbeitnehmer können sich Steuerfreibeträge eintragen lassen für
- Kinderfreibetrag
- Werbungskosten: Aufwendungen zur Erlangung oder Erhaltung des Arbeitslohnes (z.B. Entfernungspauschale für den Weg zur Arbeit)
- Sonderausgaben: Vorsorgeaufwendungen (z.B. Beiträge zur Sozialversicherung) und übrige Sonderausgaben wie z.B. Unterhaltszahlungen

- außergewöhnliche Belastungen: vergleichsweise hohe finanzielle Belastungen(z.b. außergewöhnliche Krankheits- oder Pflegekosten)

In diesen Fällen hat ein Arbeitnehmer grundsätzlich zwei Möglichkeiten, diese Aufwendungen steuermindernd geltend zu machen:

- Die Aufwendungen werden bei der Einkommenssteuererklärung am Jahresende angegeben und mindern dadurch das Steuer-Brutto des gesamten Jahres. Da die Lohnsteuer eine Jahressteuer ist, bildet dieser Betrag die eigentliche Bemessungsgrundlage zur Ermittlung der steuerlichen Abzüge für das gesamte Jahr. Wenn der AN im Laufe des Jahres zu viel Steuern vorausgezahlt hat, bekommt er die Differenz am Jahresende zurückerstattet.
- Wenn Aufwendungen vorhersehbar sind, kann der AN auch beim Finanzamt einen Lohnsteuerfreibetrag beantragen. Dieser mindert bereits jeden Monat die steuerlichen Abzüge. Bei der Einkommenssteuererklärung können diese Aufwendungen natürlich nicht noch einmal geltend gemacht werden, sodass eine eventuelle Rückerstattung entsprechend geringer ausfällt.

Beim Kindergeld ist zu differenzieren, denn Kinderfreibeträge mindern nur den Solidaritätszuschlag und die Kirchensteuer, haben aber auf die Höhe der Lohnsteuer keinen Einfluss. Stattdessen können die Eltern Kindergeld beantragen und im Rahmen der Einkommenssteuererklärung wird ein evtl. darüber liegender Steuervorteil nachgezahlt.

Hinweis: Die Beitragsbemessungsgrenze darf nicht mit der **Versicherungspflichtgrenze** verwechselt werden. Diese regelt, ab welchem Jahreseinkommen ein Arbeitnehmer von der Versicherungspflicht in der gesetzlichen Kranken- und Pflegeversicherung befreit ist. Er muss sich entweder privat versichern oder kann freiwillig in der gesetzlichen Versicherung bleiben.

Bei der Ermittlung des Nettoentgeltes und des Auszahlungsbetrages gibt es manchmal noch weitere Beträge, die abgezogen werden.

Diese sind beispielsweise:
- die gesamte Sparrate der vermögenswirksamen Leistungen
- Rückzahlungsbeträge von Vorschüssen
- Begleichung von Mitarbeiterkäufen
- Begleichung des Kantinenessens
- Mieten für Geschäftswohnungen etc.

In solchen Fällen stimmt dann der Auszahlungsbetrag nicht mit dem Nettobetrag überein.

Im Anschluss an die Lohn- und Gehaltsabrechnungen gibt es für das Personalbüro noch weitere Termine zu beachten.

Termine des Personalbüros	
Überweisung an Sozialversicherungsträger	Überweisung der steuerlichen Abzüge und Lohnsteuer-Anmeldung
Diese müssen bis zum **drittletzten Bankarbeitstag des laufenden Monats an die Krankenkasse des jeweiligen Arbeitnehmers** abgeführt werden. Diese behält deren Beiträge und die der Pflegekassen ein, und leitet die Beiträge zur Renten- und Arbeitslosenversicherung an die jeweiligen Versicherungsträger (Deutsche Rentenversicherung und Bundesagentur für Arbeit) weiter. Spätestens **zwei Arbeitstage** vor Fälligkeit der Gesamtsozialversicherungsbeiträge muss **für jeden Mitarbeiter ein Beitragsnachweis an die Krankenkasse** übermittelt werden. Aus diesem entnehmen die Krankenkassen, aus welchen einzelnen Beiträgen sich der überwiesene Gesamtsozialversicherungsbeitrag zusammensetzt.	Die einbehaltenen **Lohnsteuern, Kirchensteuern und Solidaritätszuschläge** eines Monats muss der Arbeitgeber **spätestens bis zum 10. des Folgemonats an das für seinen Betrieb zuständige Finanzamt** (Betriebsstättenfinanzamt) überweisen. Im Gegensatz zu den Sozialversicherungsbeiträgen, die an die jeweiligen Krankenkassen der Arbeitnehmer überwiesen werden müssen, können somit alle steuerlichen Abzüge aller Mitarbeiter mit einer Überweisung abgeführt werden. Eine Aufschlüsselung dieses Überweisungsbetrages in die einzelnen Abgaben muss der Arbeitgeber dem Finanzamt für jeden Monat in Form einer **Lohnsteuer-Anmeldung** auf einem amtlichen Formular online zukommen lassen. Auch die Lohnsteuer-Anmeldung muss **bis zum 10. des Folgemonats** für den vorangegangenen Monat (= Lohnsteueranmeldungszeitraum) beim Finanzamt eingehen.

Am Jahresende muss der Arbeitgeber für jeden Arbeitnehmer eine Lohnsteuerbescheinigung für das abgelaufene Kalenderjahr erstellen. Diese gibt Auskunft über:
- die Beschäftigungsdauer,
- das steuerpflichtige Jahres-Bruttoentgelt,
- die einbehaltene Jahres-Lohnsteuer,
- die einbehaltene Jahres-Kirchensteuer und
- den einbehaltenen Jahres-Solidaritätszuschlag

In diesem Zusammenhang besteht für den Arbeitgeber die Pflicht, für jeden Arbeitnehmer ein **Lohn- bzw. Gehaltskonto** mit den einzelnen Werten der Entgeltabrechnung zu führen. Die Summe der Monatsbeträge ergibt am Jahresende die in die Lohnsteuerbescheinigung zu übernehmenden Werte.

Aufgaben

(?) 1: Ein unentbehrliches Instrument zur Bewerbersuche ist die Stellenausschreibung. Für die innerbetriebliche Besetzung einer Stelle als Reisender im Außendienst der Weinheim GmbH zum 01.06.20xx hat ein Kollege den nachfolgenden Entwurf einer Stellenausschreibung erstellt. Sie sind der Meinung, dass die angeführten Anforderungen noch ergänzungsbedürftig sind.

a) Nennen Sie vier weitere Anforderungen für diese Stelle!

b) Darüber hinaus enthält der Entwurf noch sachliche/rechtliche Fehler. Korrigieren Sie diese!

Stellenbeschreibung

Für den Außendienst suchen wir zum 01. Juni 20xx einen

Außendienstmitarbeiter

Aufgabenbereich:

Kundenbesuche zur Vertragsanbahnung und zum Vertragsabschluss für Rechnung der Weinheim GmbH & Co.

Anforderungen:

- höchstens 45 Jahre alt
- selbstständige Arbeitsweise
- Organisationstalent

Wir bitten Sie, Ihre Bewerbung bis spätestens 01.06.20xx in der Personalabteilung einzureichen.

Die Personalabteilung

(?) 2: Erstellen Sie eine Gehaltsabrechnung für Frau Kürten. Legen Sie Prozent- und Beitragssätze für das Jahr 2017 zugrunde:

Geburtsdatum	19.3.1978	Bruttogehalt	6.250,00 Euro
Familienstand	verheiratet	VL-Arbeitgeber	15,00 Euro
Kinder	drei	VL-Sparbetrag	30,00 Euro
Steuerklasse	III	Steuerfreibetrag	keiner
Konfession	rk		

Zusatzbeitrag der Krankenversicherung für Arbeitnehmer 0,9 %.

Beachten Sie, dass Frau Kürten für besondere Leistungen im abgelaufenen Monat eine Prämie in Höhe von 150 Euro erhalten hat. Arbeitsort ist Wuppertal.

Hinweis: Zur Lösung der Aufgabe muss man die Lohnsteuer und den Solidaritätszuschlag ermitteln (z. B. mithilfe einer Lohnsteuertabelle). Zur Erleichterung sind die Werte angegeben:
LSt 1.068,83 Euro / Sol.-Z. 28,28 Euro / Kirchensteuer 46,28 Euro

Prüfungsgebiet 03: Kaufmännische Steuerung

Hinweis: Abweichend von den anderen Prüfungsgebieten ist der Inhalt dieses Kapitels nicht direkt nach dem AKA-Katalog gegliedert. Er bietet vielmehr einen fachsystematisch und didaktisch aufgebauten „Kurs", der den geforderten Stoff entsprechend abdeckt.

Teil A: Finanzbuchhaltung

1 Grundlagen der Buchführung

1.1 GoB – Grundsätze ordnungsgemäßer Buchführung

Neben den gesetzlichen Regelungen (HGB, AO), dass bspw. jeder Kaufmann seine wirtschaftlichen Tätigkeiten dokumentieren muss, haben sich in der Praxis noch weitere Prinzipien gebildet, die bei der Buchführung beachtet werden. Diese GoB verlangen u.a., dass die **Buchführung** so gestaltet sein muss, dass **sich ein sachverständiger Dritter** (z.B. Wirtschaftsprüfer, Steuerberater, Betriebsprüfer des Finanzamtes) **innerhalb einer angemessenen Frist** einen **Überblick** über die vorhandenen **Geschäftsvorgänge** sowie über die **Lage des Unternehmens** (Vermögen, Schulden, Erfolg) machen kann.

Vollständigkeit	Alle Geschäftsvorfälle müssen in der Buchführung verbucht werden.
Richtigkeit	Alle Buchungen müssen wahr (richtig) sein.
Zeitnahe Erfassung	Geschäftsvorgänge sollten zeitnah dokumentiert werden. Kassenbuchungen (Einnahmen, Ausgaben) müssen täglich erfasst werden.
Ordnung	Geschäftsvorfälle müssen zeitlich geordnet (chronologisch) erfasst und auf den jeweiligen Konten eingetragen werden.
Belegprinzip	Keine Buchung ohne Beleg!
Sprache, Währung	Die Buchführung muss in einer lebenden Sprache (Deutsch) und in EUR erfolgen.
Korrekturen	Eintragungen in den Buchungsunterlagen **müssen** auch nach Korrekturen noch erkennbar sein. Verboten sind: Radieren, Tipp-Ex, Überschreiben, Löschen, usw.

Aufbewahrungs-pflicht	**Dauer der Aufbewahrung**	
Belege müssen geordnet aufbewahrt werden, sodass sie bei Bedarf wiedergefunden werden können.	10 Jahre	6 Jahre
	• Handelsbücher (Grund-, Hauptbuch) • Inventare • Eröffnungsbilanzen • Jahresabschlüsse (GuV-Re., Bilanz) • Buchungsbelege (Kontoauszüge, Rechnungen, usw.)	• erhaltene Handelsbriefe (Angebote, Anfragen, usw.) sofern daraus ein Handelsgeschäft entstanden ist • Kopien versandter Handelsbriefe (Bestellungen, usw.) ...

Die Aufbewahrung der Unterlagen (außer: Eröffnungsbilanzen und Jahresabschlüsse) kann auch elektronisch erfolgen.

Die Aufbewahrungsfrist beginnt jeweils am 31.12. des Kalenderjahres, in dem das Dokument erstellt oder letztmalig genutzt wurde.

1.2 Kontenrahmen und Kontenplan

Für eine schnellere und rationelle Bearbeitung von Buchungsvorgängen erhält jedes Konto eine eigene **Kontonummer** zugewiesen, die meist vierstellig ist und anstelle des Kontonamens verwendet wird.

Merke: Ein Kontenrahmen (KR) enthält eine Übersicht über alle denkbaren Konten für eine bestimmte Branche (z.B. IKR für den Industriebereich) und fasst gleichartige Konten in Kontenklassen zusammen.

Kontenklasse	Beispiele für Konten
0 Anlagevermögen > Sachanlagen	Grundstücke, Gebäude, Maschinen, Fuhrpark, Betriebs- und Geschäftsausstattung, ...
1 Anlagevermögen > Finanzanlagen	Wertpapiere, ...
2 Umlaufvermögen	Vorräte (Roh-, Hilfs-, Betriebsstoffe, Vorprodukte, usw.), Forderungen LuL, Bankguthaben, Kasse, ...
3 Eigenkapital	Kapital der Eigentümer, ...
4 Verbindlichkeiten	Verbindlichkeiten LuL, Umsatzsteuer, Darlehen, ...
5 Erträge	Umsatzerlöse für eigene Erzeugnisse, Umsatzerlöse für Handelswaren, Zinserträge, Mieterträge, ...
6 Aufwendungen	Aufwand für Roh-/Hilfs-/Betriebsstoffe/Vorprodukte, ...
7 Weitere Aufwendungen	Zinsaufwand, Mietaufwand, Kfz-Steuer, ...
8 Jahresabschluss	Eröffnungs- und Schlussbestandskonto[1], Gewinn- und Verlustkonto
	[1] Häufig werden diese Konten auch als Eröffnungs- und Schlussbilanzkonto bezeichnet.

Merke: Ein Kontenplan bezieht sich auf das eigene Unternehmen und bildet die Prozesse genauer ab. Er entsteht durch das Weglassen nicht benötigter Konten aus dem allgemeinen Kontenrahmen und/oder dem Hinzufügen weiterer Konten.

1.3 Grund- und Hauptbuch

Schon sehr früh in der Geschichte begann man, Buchungsvorgänge in Büchern zu notieren. Im Laufe der Zeit haben sich daraus zwei Formen gebildet: das Grund- und Hauptbuch. Auch heute noch werden beide verwendet, um zu jedem Geschäftsvorgang die notwendigen Informationen, wie z.B. die Art der bezogenen Waren (Rohstoffe, Handelswaren, usw.), die Zahlungsweise (bar, auf Ziel, usw.) und die entsprechenden Geldbeträge (brutto und netto) zu dokumentieren. Heute wie damals dürfen Eintragungen in das Grund- und Hauptbuch nur bei Vorhandensein eines Beleges gemacht werden!

Grundbuch (= Journal)

Das Grundbuch ist eine tabellarische Liste, die zu jedem Geschäftsvorgang den passenden **Buchungssatz** enthält.

Journal	Für:	BE Partners KG			Datum:	18.10.20XX		
					Blatt:	211/3		

Lfd. Nr.	Beleg-Nr.	Soll (Wertzufluss)	EUR	Ct.	Haben (Wertabfluss)	EUR	Ct.
45	Kto95	2800 Bankguthaben	960	93	2400 Forderungen LuL	960	93
46	ER86	6000 Aufwand für Rohstoffe	17.457	30	4400 Verbindlichkeiten LuL	17.457	30
47	Kto95	2800 Bankguthaben	653	50	2880 Kasse	653	50

Merke: Die Eintragungen im Grundbuch erfolgen zeitlich geordnet (chronologisch), d.h. nach Datum.

Hauptbuch (= Sachbuch, Buch der Sachkonten)

Für jede Position der Bilanz (siehe S. 186) und GuV (siehe S. 189) wird im Hauptbuch ein **Konto** geführt. Durch ihre Erscheinungsform bezeichnet man sie auch als **T-Konten**. Jedes dieser Konten fasst die betreffenden Buchungsvorgänge aus dem Grundbuch zusammen und ordnet sie sachlich (systematisch) einem Konto zu.

Merke: Die Geschäftsvorgänge werden im Hauptbuch sachlich (systematisch) nach Konten geordnet.

Hauptbuch		Für: BE Partners KG		Datum: 18.10.20XX
				Blatt: 85/04

Soll (WZ)	2800 Bankguthaben	Haben (WA)	Soll (WZ)	2400 Forderungen	Haben (WA)
45 Ford.	960,93			45 Bank	960,93

Soll (WZ)	2880 Kasse	Haben (WA)	Soll (WZ)	4400 Verbindlichkeiten LuL	Haben (WA)

Buchungen vom Grundbuch ins Hauptbuch übertragen

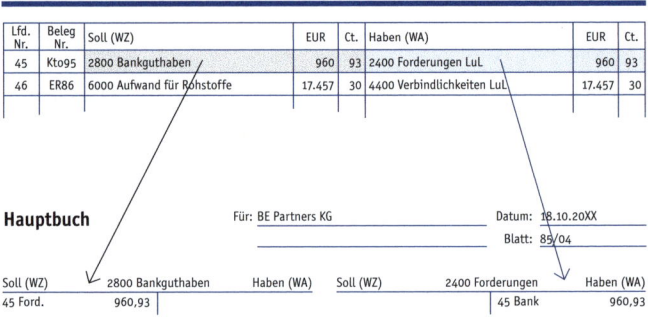

Lfd. Nr.	Beleg Nr.	Soll (WZ)	EUR	Ct.	Haben (WA)	EUR	Ct.
45	Kto95	2800 Bankguthaben	960	93	2400 Forderungen LuL	960	93
46	ER86	6000 Aufwand für Rohstoffe	17.457	30	4400 Verbindlichkeiten LuL	17.457	30

Hauptbuch		Für: BE Partners KG		Datum: 18.10.20XX
				Blatt: 85/04

Soll (WZ)	2800 Bankguthaben	Haben (WA)	Soll (WZ)	2400 Forderungen	Haben (WA)
45 Ford.	960,93			45 Bank	960,93

Zusätzlich zum Geldbetrag und der laufenden Nummer des Buchungssatzes kann auch das **Gegenkonto** im jeweiligen T-Konto eingetragen werden. Bei der Sollbuchung im obigen Beispiel ist dies die Forderung LuL.

1.4 Debitoren und Kreditoren

	Debitor	**Kreditor**
Verhältnis zum Unternehmen	Schuldner und Kunde	Gläubiger und Lieferant
Geschäftsbereich	Absatz	Beschaffung
Rechnungsstellung auf Ziel	Forderungen LuL	Verbindlichkeiten LuL

1.5 Belegarten und -prüfung

In der Buchhaltung der BE Partners KG landet täglich eine Vielzahl an unterschiedlichen Belegen. Diese lassen sich in die folgenden Gruppen unterteilen:

Eigenbelege werden vom Unternehmen selbst erstellt und dokumentieren Absatzgeschäfte oder interne Vorgänge, z.B. Ausgangsrechnung, Warenentnahmeschein, usw.	**Fremdbelege** werden von anderen Unternehmen erstellt und treten besonders bei Beschaffungsvorgängen auf, z.B. Eingangsrechnung, Lieferschein, usw.

Rechnungen sollten vor dem Versand an den Kunden (= **Ausgangsrechnung**) bzw. bei Erhalt vom Lieferanten (= **Eingangsrechnung**) auf ihre Richtigkeit hin überprüft werden.

Sachliche Prüfung	Rechnerische Prüfung
• Rechnungsempfänger stimmt mit Unternehmen überein • der Rechnung liegt eine Bestellung zugrunde • Übereinstimmung aller Daten der Rechnung (z.B. Menge, Warenart, Einzelpreis, Rabatte, Skonto, Zahlungsziel, usw.) mit der Bestellung	Gesamtpreis je Artikel (= Menge · Einzelpreis) – Rabatt = Nettowarenwert + Umsatzsteuer = Bruttorechnungsbetrag

Merke: Nach der sachlichen und rechnerischen Prüfung wird die Eingangsrechnung für die Verbuchung vorbereitet, indem ein Kontierungsstempel mit den wichtigen Daten (Soll-, Habenkonten, Beträge der Konten, Handzeichen, usw.) auf der Rechnung angebracht wird.

2 Inventur, Inventar und Bilanz

2.1 Inventur

Jeder Kaufmann ist in regelmäßigen Abständen verpflichtet (zu Beginn seiner Tätigkeit und am Ende eines jeden Jahres), die **tatsächlich vorhandenen Vermögens**- und **Schuldenwerte** festzustellen und daraus sein **Reinvermögen** (= **Eigenkapital**) zu ermitteln. Meist geschieht dies an einem der beiden **Stichtage** (01.01. oder 31.12. des Kalenderjahres). Im Rahmen der Inventur werden diese Werte ermittelt, dokumentiert und später zusammengefasst.

Merke: Unter einer Inventur versteht man die Ermittlung der vorhandenen Bestände an Vermögen und Schulden sowie des Reinvermögens zu einem Stichtag (sog. Stichtagsinventur).

Körperliche Inventur	Zählen, Messen, Wiegen der vorhandenen Vermögenswerte nach Art und Beschaffenheit
Buchinventur	Forderungen und Schulden werden anhand von Unterlagen (z.B. Offene-Posten-Liste, Kontoauszüge, usw.) ermittelt
Stichprobeninventur	Da eine körperliche Inventur z.B. bei vielen Kleinteilen oder Schüttgut (Flüssigkeiten, Sand, Schrauben, Nägel, usw.) nicht möglich ist, kann der Inventurwert anhand einer Stichprobe geschätzt werden.

2.2 Inventur vereinfachen

Da eine Inventur nicht immer am Stichtag vollständig durchgeführt werden kann, erlaubt der Gesetzgeber bestimmte zeitliche Vereinfachungen:

Verfahren	Beginn der Inventur	Ende der Inventur	
ausgeweitete Stichtagsinventur	max. 10 Tage vor dem Stichtag	max. 10 Tage nach dem Stichtag	**Stichtag** (meist 31.12.) 10 Tage ┊ 10 Tage ← → Inventurzeitraum
zeitlich vorverlegte bzw. nachgelagerte Inventur	max. 3 Monate vor dem Stichtag	max. 2 Monate nach dem Stichtag	**Stichtag** (meist 31.12.) 3 Monate ┊ 2 Monate ← → Inventurzeitraum
permanente Inventur	Der aktuelle Bestand kann jederzeit aus dem EDV-System der Lagerhaltung ermittelt werden. Dennoch muss einmal im Geschäftsjahr eine körperliche Inventur zur Kontrolle durchgeführt werden.		**Stichtag** (meist 31.12.) ┊ während des ganzen Jahres mittels EDV ... ← → Inventurzeitraum

Merke: Wird die Inventur bereits vor dem Stichtag begonnen und/oder danach abgeschlossen, müssen die Inventurwerte auf den Stichtag vor- oder zurückgerechnet werden.

Vorrechnung auf den Stichtag	Rückrechnung auf den Stichtag
Inventurwert vor dem Stichtag + Zugänge (Wert oder Menge) bis zum Stichtag – Verbrauch (Wert oder Menge) bis zum Stichtag	Inventurwert nach dem Stichtag – Zugänge (Wert oder Menge) ab dem Stichtag + Verbrauch (Wert oder Menge) ab dem Stichtag
= Inventurwert am Stichtag	= Inventurwert am Stichtag

2.3 Inventurdifferenzen

Merke: Eine Inventurdifferenz liegt vor, wenn der ermittelte Istbestand (tatsächlich vorhanden) mit dem Sollbestand (laut Unterlagen der Buchführung) nicht übereinstimmt.

Sollbestand < Istbestand ↓ Überschuss	Sollbestand > Istbestand ↓ Fehlbetrag
Gründe: doppelt gebuchte Lagerentnahme, zu große Liefermenge, nicht verbuchte Warenproben, usw.	Gründe: Verderb, Schwund, Diebstahl, zu geringe Liefermenge, usw.

Korrekturbuchung:
2280 Handelswaren
    an 6080 Aufwand für Handelswaren
	Korrekturbuchung:
	6080 Aufwand für Handelswaren
	    an 2280 Handelswaren

2.4 Inventar

Merke: Das Inventar ist eine schriftliche Zusammenfassung (meist Staffelform) aller Inventurwerte.

Um das Inventar nicht mit zu vielen Informationen aufzublähen, werden gleichartige Inventarpositionen zusammengefasst (z.B. alle Fahrzeuge zu Fuhrpark) und auf die Angabe von Art und Menge meistens verzichtet.

Inventar der BE Partners KG zum 31.12.20XX

A Vermögen

I Anlagevermögen

	1. Grundstücke und Gebäude lt. Inventurliste A1	450.000,00 €
	2. Maschinen lt. Inventurliste A2	377.500,00 €
	3. Fuhrpark lt. Inventurliste A3	95.200,00 €
	4. Betriebs- und Geschäftsausstattung lt. Inventurliste A4	328.250,00 €
	5. Finanzanlagen lt. Inventurliste A5	133.600,00 €

II Umlaufvermögen

	1. Rohstoffe lt. Inventurliste A6	195.600,00 €
	2. Hilfsstoffe lt. Inventurliste A7	37.350,00 €
	3. Betriebsstoffe lt. Inventurliste A8	12.500,00 €
	4. Unfertige Erzeugnisse lt. Inventurliste A9	57.300,00 €
	5. Fertige Erzeugnisse lt. Inventurliste A10	152.700,00 €
	6. Handelsware lt. Inventurliste A11	68.400,00 €
	7. Forderungen an Kunden lt. Inventurliste A12	391.050,00 €
	8. Bankguthaben lt. Inventurliste A13	78.200,00 €
	9. Kassenbestand lt. Inventurliste A14	12.850,00 €

Summe Vermögen 2.390.500,00 €

B Schulden

I Langfristige Schulden lt. Inventurliste B1 432.430,00 €

II Kurzfristige Schulden

	1. Verbindlichkeiten an Lieferanten lt. Inventurliste B2	162.500,00 €
	2. sonstige Verbindlichkeiten lt. Inventurliste B3	998.000,00 €

Summe Schulden 1.592.930,00 €

C Reinvermögen

Vermögen	2.390.500,00 €
Schulden	−1.592.930,00 €

Summe Reinvermögen 797.570,00 €

Bonn, 31.12.20XX

> **Prinzip der steigenden Liquidität**
> = Vermögenspositionen stehen umso weiter unten, je leichter sie sich in liquide Mittel (Bar-, Buchgeld) umwandeln lassen

> **Prinzip der fallenden Fristigkeit**
> (bzw. **Prinzip der steigenden Dringlichkeit**)
> = Schuldenpositionen stehen umso weiter unten, je kürzer ihre Rückzahlungsfrist ist

2.5 Bilanz

Aus den Werten des Inventars wird durch weitere Zusammenfassung ähnlicher Positionen und Weglassen von Mengenangaben die **Bilanz** in **Kontenform** erstellt. Damit erhält der Eigentümer des Unternehmens einen **Überblick** über die **Lage des Unternehmens**, also über das vorhandene **Vermögen** sowie die noch offenen **Schulden**. Ebenso ist – wie bereits im Inventar – die Höhe des **Reinvermögens** (= **Eigenkapital**), das nach Abzug aller Schulden übrig bleiben würde, ersichtlich.

Aktiva	Bilanz	Passiva
Konten des Anlagevermögens	Eigenkapital	
Konten des Umlaufvermögens	Fremdkapital	

2.6 Inventur, Inventar, Bilanz – alles hängt zusammen!

Da die Bilanz aus den tatsächlich vorhandenen Werten (Istwerten) entstanden ist, kann sie problemlos als Kontrollinstrument für die Buchführung mit ihren Sollwerten verwendet werden. Hierfür fasst man alle Bestandskonten mit ihren Salden in einem Schlussbestandskonto (häufig auch als **Schlussbilanzkonto** bezeichnet) zusammen. Bei einwandfreier Buchführung ergeben sich dann identische Werte zur Bilanz, was auf eine fehlerfreie Buchführung schließen lässt.

Inventurbestände → Inventar → Bilanz → Verbuchung aller Geschäftsvorgänge auf → Bestandskonten → Schlussbestandskonto → und ↑ Erfolgskonten → GuV → Eigenkapital	**Istbestände der Realität** ↓ Abgleich / Kontrolle ↑ **Sollbestände der Buchführung**

3 System der doppelten Buchführung

3.1 Bestands- und Erfolgsvorgänge buchen

3.1.1 Bestandsvorgänge

Beispiel

Wenn auch die Verbuchung von Kundenforderungen und Lieferantenverbindlichkeiten eindeutig zu den häufigeren Geschäftsvorgängen gehören, so werden bei der BE Partners KG auch hin und wieder einmal neue Büromöbel oder ein neuer Lastwagen zum Ausliefern der Produkte angeschafft. Gebrauchte und nicht weiter genutzte Anlagegegenstände werden hingegen verkauft und vermindern wieder den Bestand.

Alle diese Vorgänge schlagen sich auf **Bestandskonten** in der Buchhaltung nieder. Handelt es sich dabei um **Vermögen**, das beschafft oder verkauft wird, erfolgt eine Buchung auf **aktiven Bestandskonten**. Bei **Schuld**- oder **Kapitalveränderungen** wird auf **passiven Konten** gebucht.

Merke: Bestandskonten erfassen alle Veränderungen von Vermögen (aktive Bestandskonten), Schulden oder Kapital (passive Bestandskonten). Zu Beginn eines Geschäftsjahres weisen sie den vorhandenen Bestand an diesen Positionen als Anfangsbestand aus.

aktives Bestandskonto			passives Bestandskonto		
Soll	Konto	Haben	Soll	Konto	Haben
Anfangsbestand		Abgänge	Abgänge		Anfangsbestand
Zugänge		Saldo	Saldo		Zugänge

3.1.2 Erfolgsvorgänge

Beispiel

Eingangsrechnungen zu erhaltenen Handelswaren, Lohn- und Gehaltszahlungen, Überweisung der fälligen IHK-Kammerbeiträge, Beschaffung von Büromaterial, die Bezahlung der Stromrechnung und die fälligen Steuern und Gebühren an die Stadt, ... Alle diese so unterschiedlichen Geschäftsvorgänge und noch viele mehr fallen fast täglich an und müssen in der Buchhaltung der BE Partners KG richtig erfasst und verbucht werden.

So unterschiedlich diese Geschäftsvorgänge auch sind, doch eines haben sie gemeinsam: sie entstehen nur deswegen, da die BE Partners KG ihrem **Kerngeschäft** – dem **Kaufen und Verkaufen** von **Produkten** – nachgeht. Buchhalterisch werden sie auf **Aufwands-** und **Ertragskonten** (= **Erfolgskonten**) erfasst.

Merke: Erfolgsvorgänge (Aufwendungen und Erträge) entstehen durch die Geschäftstätigkeit des Unternehmens. Sie weisen am Anfang des Geschäftsjahres keinen Anfangsbestand aus.

Aufwendungen werden während des Jahres aus dem vom Eigentümer eingebrachten Eigenkapital finanziert, während Erträge dem Eigenkapital gutgeschrieben werden. Aus Gründen der Übersicht und Vereinfachung werden allerdings alle Erfolgsvorgänge auf eigenen Aufwands- und Ertragskonten gebucht.

Aufwandskonto			Ertragskonto		
Soll	Konto	Haben	Soll	Konto	Haben
Zunahme		Abnahme (Storno)	Abnahme (Storno)		Zunahme
		Saldo	Saldo		

Merke: Aufwendungen vermindern das Eigenkapital und Erträge vermehren es.

3.2 Konten abschließen

Um ein Konto abzuschließen wird der **Saldo** ermittelt. Bei Bestands-konten sagt dieser aus, wie viel an Vermögen oder Schulden jeweils noch vorhanden ist. Bei Erfolgskonten sagt der Saldo hingegen aus, wie viel von der jeweiligen Aufwands- oder Ertragsart bisher ange-fallen sind.

Aktives Bestandskonto oder Aufwandskonto	Passives Bestandskonto oder Ertragskonto
Summe aller Eintragungen der Sollseite	Summe aller Eintragungen der Habenseite
− Summe aller Eintragungen der Habenseite	− Summe aller Eintragungen der Sollseite
= Saldo auf der Habenseite	= Saldo auf der Sollseite

Merke: Der Saldo von Erfolgskonten besagt, wie viele Aufwendungen oder Erträge einer Art im Laufe eines Jahres angefallen sind und damit bezahlt wur-den. Der Saldo von Bestandskonten sagt aus, wie viel von einer Vermögens-, Schulden- oder Kapitalposition am Ende des Geschäftsjahres noch vorhanden ist.

3.2.1 Abschluss der Erfolgskonten

Am Ende des Geschäftsjahres werden die Salden aller Erfolgskon-ten im **Gewinn- und Verlustkonto (GuV)** gegenüber gestellt, um daraus die Differenz zu ermitteln.

Soll	GuV	Haben	Soll	GuV	Haben
Saldo von jedem Aufwandskonto Saldo		Saldo von jedem Ertragskonto	Saldo von jedem Aufwandskonto		Saldo von jedem Ertragskonto Saldo

↓

Aufwendungen < Erträge

↓

Das Unternehmen hat einen **Gewinn** erwirtschaftet.

↓

Aufwendungen > Erträge

↓

Das Unternehmen hat einen **Verlust** erwirtschaftet.

Soll	Eigenkapital	Haben	Soll	Eigenkapital	Haben
		Anfangsbestand Gewinn aus GuV	Verlust aus GuV		Anfangsbestand

Ob ein Geschäftsjahr gut gelaufen ist oder nicht, lässt sich zunächst einmal an der Höhe und Art des Erfolgs feststellen, also ob Gewinn oder Verlust erwirtschaftet wurde. Bei einem Gewinn hat der Unternehmer während des Jahres gut gearbeitet und mehr Erträge als Aufwendungen erzielt. Aus diesem Grund wird der Gewinn seinem Eigenkapital zugeschlagen. Einen Verlust muss er hingegen aus seinem Eigenkapital decken.

Eigenkapitalrentabilität

Für einen längerfristigen Vergleich der Erfolgszahlen eignen sich absolute Größen weniger. Daher sollte der Erfolg in die Eigenkapitalrentabilität umgerechnet werden:

$$\text{Eigenkapitalrentabilität in \%} = \frac{\text{Gewinn bzw. Verlust} \cdot 100\,\%}{\text{Eigenkapital zum Beginn des Geschäftsjahres}}$$

Merke: Die Eigenkapitalrentabilität gibt die Verzinsung des eingesetzten Eigenkapitals an.

Beispiel

Im letzten Geschäftsjahr erwirtschaftete die BE Partners KG einen Gewinn von 178.500,00 EUR. Das eingesetzte Eigenkapital betrug zum Jahresanfang 640.000,00 EUR.

$$27,89\,\% = \frac{178.500,00\ \text{EUR} \cdot 100\,\%}{640.000,00\ \text{EUR}}$$

Die Eigenkapitalrentabilität kann mit den Werten der Vergangenheit oder sogar mit anderen Unternehmen der Branche verglichen werden. Ein Vergleich mit den Anlagezinsen der Bank lohnt sich ebenfalls. Bietet die Bank einen höheren Zins als die Eigenkapitalrentabilität an, sollte das Unternehmen aufgelöst und das noch vorhandene Eigenkapital bei der Bank angelegt werden. Damit ließe sich dann ein höherer Ertrag erzielen.

Wirtschaftlichkeit

Neben der Eigenkapitalrentabilität kann auch die Wirtschaftlichkeit errechnet werden. Damit lässt sich beurteilen, wie effizient, wirtschaftlich oder schonend mit den Ressourcen umgegangen wurde.

$$\text{Wirtschaftlichkeit} = \frac{\text{Ertrag}}{\text{Aufwand}}$$

3.2.2 Abschluss der Bestandskonten

Am Ende des Geschäftsjahres werden auch bei den Bestands-konten die Salden ermittelt und im **Schlussbestandskonto (SBK)** gesammelt. Die Summe aller aktiven Kontensalden muss mit der Summe aller passiven Kontensalden übereinstimmen, da gilt: **Vermögen = Kapital**.

Soll	Aktivkonto	Haben	Soll	Passivkonto	Haben
Anfangsbestand		Abgänge	Abgänge		Anfangsbestand
Zugänge		Saldo	Saldo		Zugänge

Soll	SBK	Haben
Salden der		Salden der
Aktivkonten		Passivkonten

Die Geschäftsvorgänge verändern die Bilanzpositionen während eines Geschäftsjahres. Um die Veränderungen der Kapitalpositio-nen (Eigen- und Fremdkapital) genauer zu erfahren, können fol-gende Kennzahlen berechnet werden:

$$\text{Eigenkapital-Quote in \%} = \frac{\text{Eigenkapital} \cdot 100\,\%}{(\text{Eigenkapital} + \text{Fremdkapital})}$$

$$\text{Fremdkapital-Quote in \%} = \frac{\text{Fremdkapital} \cdot 100\,\%}{(\text{Eigenkapital} + \text{Fremdkapital})}$$

$$\text{Verschuldungsgrad in \%} = \frac{\text{Fremdkapital} \cdot 100\,\%}{\text{Eigenkapital}}$$

3.3 Buchung von Beschaffungs- und Absatzvorgängen

3.3.1 Beschaffungsbereich (Einkauf) eines Unternehmens

Anlagegüter
Sie stehen längerfristig zur Verfügung und können z.B. im Rahmen der Produktion wiederholt genutzt werden (Betriebsmittel).

0500 (Unbebaute) Grundstücke
0510 Grundstücke und Gebäude
0700 Technische Anlagen und Maschinen

0750 Transportanlagen (z.B. Gabelstapler, Hubwagen)
0840 Fuhrpark (z.B. Dienstwagen, Lieferwagen)
0850 Betriebs- und Geschäftsausstattung
0860 Büromaschinen, Kommunikationsanlagen (z.B. PC, Drucker, Telefonanlage, Kopierer)
0870 Büromöbel und sonstige Geschäftsausstattung
usw.

Buchungsbeispiel
Kauf eines neuen Lieferwagens zum Preis von 20.500,00 EUR (netto) auf Ziel

0840 Fuhrpark	20.500,00	an	4400 Verbindlichkeiten LuL	24.395,00
2600 Vorsteuer	3.895,00			

Dienstleistungen
Leistungen, die von anderen Unternehmen erbracht werden.

6140 Transportleistungen (z.B. durch eine Spedition) und Fremdlager (bei Zwischenlagerung)
6160 Fremdinstandhaltung (Reparaturleistungen)
usw.

Buchungsbeispiel
Eines der Kopiergeräte muss repariert werden. Die Rechnung lautet über 450,00 EUR (netto) und wird sofort bar bezahlt.

6160 Fremdinstandhaltung	450,00	an	2880 Kasse	535,50
2600 Vorsteuer	85,50			

Waren und andere Produktionsmaterialien[1]
Diese Materialien werden für die Produktion oder den Weiterverkauf beschafft und stehen dem Unternehmen nur kurzfristig zur Verfügung. Da sie direkt verwendet (verbraucht) werden, wird ihre Beschaffung als Aufwand erfasst.

6000 Aufwand für Rohstoffe (mengen-/wertmäßiger Hauptbestandteil der eigenen Erzeugnisse)
6010 Aufwand für Vorprodukte (Fremdbauteile, die bereits fertig produziert eingekauft und Bestandteil der eigenen Produkte werden)
6020 Aufwand für Hilfsstoffe (geringer Bestandteil der eigenen Erzeugnisse)
6030 Aufwand für Betriebsstoffe (Stoffe zum Betreiben der Maschinen, z.B. Öl, Schmiermittel)
6040 Aufwand für Verpackungsmaterial (Materialien, um die Produkte für den Verkauf oder Versand zu verpacken)
6050 Aufwand für Energie (Strom zum Betreiben der Maschinen und sonstigen Einrichtungen)
6080 Aufwand für Handelswaren (Waren, die von anderen Herstellern fertig produziert bezogen werden und ohne oder mit nur geringer Veränderung (z.B. neues Etikett) weiterverkauft werden)
usw.

Buchungsbeispiel
Eine größere Menge an Handelswaren im Wert von 23.450,00 EUR (netto) wurde heute Morgen auf Ziel geliefert.

| 6080 Aufwand für Handelswaren | 23.450,00 | an | 4400 Verbindlichkeiten LuL | 27.905,50 |
| 2600 Vorsteuer | 4.455,50 | | | |

[1] Prüfungsrelevant sind nach derzeitigem Stand nur die Konten 6080 und 6050.

3.3.2 Absatzbereich (Verkauf) eines Unternehmens

Waren
Das Sortiment eines Unternehmens besteht meist aus selbst hergestellten Erzeugnissen und hinzugekauften Handelswaren.

5000 Umsatzerlöse für eigene Erzeugnisse
5100 Umsatzerlöse für Handelswaren

Buchungsbeispiel
Ein Kunde lässt sich Handelswaren im Wert von 5.620,00 EUR (netto) auf Ziel liefern.

| 2400 Forderungen LuL | 6.687,80 | an | 5100 Umsatzerlöse Handelswaren | 5.620,00 |
| | | | 4800 Umsatzsteuer | 1.067,80 |

Merke: Als Umsatzerlöse bezeichnet man die verkaufte Stückzahl multipliziert mit dem Stückpreis.

3.3.3 Umsatzsteuer

Beispiel

Im täglichen Leben begegnet einem überall die Umsatzsteuer, auch wenn man sie nicht bewusst wahrnimmt, z.B. beim Bäcker, am Schulkiosk, an der Tankstelle oder im Kino.

Die Umsatzsteuer muss von jedem (Steuerträger, Steuerpflichtiger) gezahlt werden, der Warenlieferungen oder Dienstleistungen erhält oder in Anspruch nimmt. Dabei ist es unabhängig, ob es sich um Privatpersonen oder Unternehmen handelt. Durch den Zahlungsvorgang fließt die Umsatzsteuer an den Lieferanten, der als Steuerschuldner die gesamte erhaltene Umsatzsteuer an das zuständige Finanzamt abführen muss. Die Umsatzsteuer im **Beschaffungsbereich** von Unternehmen bezeichnet man als **Vorsteuer**, um sie u.a. von der **Umsatzsteuer im Absatzbereich** zu unterscheiden.

In den meisten Fällen beträgt die Umsatz- bzw. Vorsteuer **19 %** vom Warenwert. Einige Waren oder Leistungen werden nur mit 7 % (z.B. Zeitschriften, bestimmte Lebensmittel, Bücher, Blumen) oder überhaupt **nicht besteuert** (z.B. Bankleistungen, Postwertzeichen, Versicherungsleistungen).

Absatzbuchung mit Umsatzsteuer

Merke: Bei Absatzbuchungen (Verkäufen) wird die Umsatzsteuer immer im Haben gebucht. Bei Rücksende- oder Stornobuchungen erscheint sie allerdings im Soll.

2400 Forderungen LuL	1.428,00	an	5100 Umsatzerlöse Handelswaren	1.200,00
			4800 Umsatzsteuer	228,00

Beschaffungsbuchung mit Vorsteuer

Merke: Bei Beschaffungsbuchungen (Einkäufen) wird die Vorsteuer immer im Soll gebucht. Bei Rücksende- oder Stornobuchungen erscheint sie allerdings im Haben.

6080 Aufwand für Handelswaren	3.500,00	an	4400 Verbindlichkeiten LuL	4.165,00
2600 Vorsteuer	665,00			

Zahllast oder Vorsteuerüberhang?

Umsatzsteuer aus Absatzbuchungen
– Vorsteuer aus Beschaffungsbuchungen
= Zahllast oder Vorsteuerüberhang

Unternehmen müssen die von Kunden erhaltene Umsatzsteuer an das zuständige Finanzamt abführen. Die selbst gezahlte Vorsteuer erhalten sie – sofern sie selbst Umsatzsteuer von Kunden einnehmen – vom Finanzamt wieder zurückerstattet. Um nur einen Überweisungsvorgang zu haben, wird die Umsatzsteuer mit der Vorsteuer verrechnet und nur die Differenz überwiesen oder zurückgefordert.

Umsatzsteuer > Vorsteuer ↓ Zahllast	Umsatzsteuer < Vorsteuer ↓ Vorsteuerüberhang
Überweisung der Zahllast an das Finanzamt	Rücküberweisung des Vorsteuerüberhangs vom Finanzamt
4800 Umsatzsteuer an 2800 Bankguthaben	2800 Bankguthaben an 4800 Umsatzsteuer

Voranmeldezeitraum

Die Ermittlung der Zahllast bzw. des Vorsteuerüberhanges muss in regelmäßigen Zeitabständen, dem sog. **Voranmeldezeitraum**, erfolgen und elektronisch an das zuständige Finanzamt übermittelt werden.

monatlicher Voranmeldezeitraum	vierteljährlicher Voranmeldezeitraum
• Umsatzsteuer war im letzten Kalenderjahr > 7.500 EUR oder • Unternehmen wurde erst gegründet	• Umsatzsteuer war im letzten Kalenderjahr ≤ 7.500 EUR

Abgabe der elektronischen Meldung und Zahlung der Zahllast **spätestens am 10. Tag nach Ablauf** des **Voranmeldezeitraums**

3.3.4 Handelswaren zurückgeben

Beispiel

Ein Großkunde der BE Partners KG hatte eine größere Menge an Handelswaren im Gesamtwert von 3.250,00 € (netto) gekauft. Kurz nach Auslieferung reklamiert er aber und gibt die mangelhafte Ware zurück. Da die Ware keinesfalls anderweitig verkäuflich ist, gibt auch die BE Partners KG die Handelsware an ihren Lieferanten zurück. Der Warenwert liegt bei 2.850,00 EUR (netto).

a) Absatzbereich

Auch wenn die Rückgabe von Ware nicht so häufig vorkommt, können mögliche Gründe sein: fehlerhafte Ware, zu viel Ware wurde geliefert, falsche oder nicht bestellte Ware wurde geliefert, usw. In jedem Fall wird die BE Partners KG zunächst prüfen, ob die Rückgabe in Ordnung ist und einer der genannten Gründe vorliegt. Andernfalls kann sie bei guten Kunden auch aus Kulanz Ware zurücknehmen, die eigentlich einwandfrei ist, z.B. wenn sich der Kunde beim Kauf vergriffen hat.

Die Warenrückgabe muss dann auch buchhalterisch erfasst werden, indem der ursprüngliche Verkaufsvorgang storniert wird:

5100 Umsatzerlöse Handelswaren	3.250,00	an	2400 Forderungen LuL[1]	3.867,50
4800 Umsatzsteuer	617,50			

b) Beschaffungsbereich

In ähnlicher Weise wie in a) wird auch bei Warenrückgaben an den Lieferanten so verfahren.

Auch in diesem Fall muss die ursprüngliche Einkaufsbuchung storniert werden:

| 4400 Verbindlichkeiten LuL[2)] | 3.391,50 | an | 6080 Aufwand für Handelswaren | 2.850,00 |
| | | | 2600 Vorsteuer | 541,50 |

[1)] Hier kann auch 2800 Bankguthaben oder 2880 Kasse stehen, je nachdem wie der Kunde den Kaufpreis zurückerstattet bekommt. Bei Verwendung von 2400 Forderungen LuL erhält er eine Gutschrift.

[2)] Hier kann auch 2800 Bankguthaben oder 2880 Kasse stehen, je nachdem wie der Lieferant den Kaufpreis zurückerstattet. Häufig ist aber 4400 Verbindlichkeiten LuL bei Gewährung einer Gutschrift.

3.3.5 Zahlungsvorgänge ohne Skonto buchen

a) Absatzbereich

Beispiel

Auf dem aktuellen Kontoauszug befindet sich ein Zahlungseingang von einem unserer Kunden. Die Höhe der Überweisungsgutschrift beträgt 1.844,50 EUR (brutto).

Der **Zahlungseingang** wird dem Bankguthaben buchhalterisch gutgeschrieben und führt gleichzeitig dazu, dass die noch offene Kundenforderung erlischt.

| 2800 Bankguthaben | 1.844,50 | an | 2400 Forderungen LuL | 1.844,50 |

Hier könnte auch 2880 Kasse stehen, wenn der Kunde die offene Rechnung bar bezahlt.

Bezahlt der Kunde beispielsweise direkt bei Kauf den Rechnungsbetrag (Sofortkauf), so verschmelzen die Verkaufs- und Zahlungsbuchung miteinander.

| 2880 Kasse | 1.844,50 | an | 5100 Umsatzerlöse für Handelswaren | 1.550,00 |
| | | | 4800 Umsatzsteuer | 294,50 |

b) Beschaffungsbereich

Beispiel

Eine noch offene Lieferantenrechnung über 5.533,50 EUR (brutto) muss noch unbedingt innerhalb der Zahlungsfrist per Überweisung beglichen werden.

Der **Zahlungsausgang** führt zu einer Verminderung des Bankguthabens und gleichzeitig zum Erlöschen der noch offenen Lieferantenrechnung.

4400 Verbindlichkeiten LuL	5.533,50	an	2800 Bankguthaben	5.533,50

Bei kleineren Zahlungsbeträgen kann die Rechnung auch direkt beim Einkauf bar bezahlt werden. Auch dann verschmelzen hier der Einkaufs- und der Zahlungsvorgang miteinander.

6080 Aufwand für Handels-waren	4.650,00	an	2880 Kasse	5.533,50
2600 Vorsteuer	883,50			

3.3.6 Zahlungsvorgänge mit Skonto buchen

a) Absatzbereich

Beispiel

Auf dem aktuellen Kontoauszug befindet sich eine Zahlungsgutschrift eines Kunden i.H.v. 991,27 EUR. Zusätzlich gab er an, 2 % Skonto vom Rechnungsbetrag abgezogen zu haben.

Auf den Ausgangsrechnungen der BE Partners KG findet sich folgende Zahlungsbedingung (siehe Seite 199 und 203): „Bei Zahlung innerhalb von 10 Tagen, 2 % Skonto, 30 Tage rein netto." Kunden erhalten auf diese Weise einen Anreiz bereits früher zu bezahlen, da sie sich einen Teil des Zahlungsbetrags durch den gewährten Preisnachlass sparen.

Merke: Skonto ist ein Preisnachlass, der bei Zahlung innerhalb einer Skontofrist gewährt wird.

Darf Skonto abgezogen werden? – Skontofrist prüfen!

Ob bei einer Zahlung rechtmäßig Skonto abgezogen werden darf, hängt von der Einhaltung der angegebenen Skontofrist ab. Diese beginnt mit Erhalt der Rechnung (nicht dem Rechnungsdatum!). Wird die Zahlung dann innerhalb dieser Frist veranlasst, ist der Skontoabzug in Ordnung.

Berechnung des Skonto

$$\text{Skontobetrag (brutto) in EUR} = \frac{\text{Rechnungsbetrag (brutto)} \cdot \text{Skontosatz in \%}}{100\,\%}$$

$$\text{Skontobetrag (brutto) in EUR} = \frac{\text{Zahlungsbetrag (brutto)} \cdot \text{Skontosatz in \%}}{(100\,\% - \text{Skontosatz in \%})}$$

Merke: Der Skontobetrag kann sowohl vom Brutto- als auch Nettobetrag der Rechnung berechnet werden. Der errechnete Skontobetrag ist dann selbst ein Brutto- oder Nettobetrag.

Beispiel

$$\text{Skontobetrag (brutto) in EUR} = \frac{991,27 \text{ EUR} \cdot 2\,\%}{(100\,\% - 2\,\%)} = 20,23 \text{ EUR}$$

Berechnung des Zahlungsbetrages

Rechnungsbetrag (brutto)	1.011,50			ursprünglicher Zahlungsbetrag
– Skonto (brutto)	20,23	<	Skonto netto 17,00	Nachlass für vorzeitige Zahlung
= Zahlungsbetrag (brutto)	991,27		Umsatzsteuer 3,23	tatsächlicher Zahlungsbetrag

Buchungsvorgang

2800 Bankguthaben	991,27	an	2400 Forderungen LuL	1.011,50
5101 Erlösberichtigung Handelswaren	17,00			
4800 Umsatzsteuer	3,23			

b) Beschaffungsbereich

Beispiel

Eine kürzlich erhaltene Großlieferung von Handelswaren im Wert von 7.437,50 EUR (brutto) soll noch innerhalb der Skontofrist von 8 Tagen unter Abzug von 3 % Skonto bezahlt werden. Das maximale Zahlungsziel beträgt 30 Tage.

Auch im Beschaffungsbereich gelten die gleichen Überlegungen wie bei Absatzbuchungen. So muss vor Berechnung und Buchung des Skonto zunächst geprüft werden, ob die Zahlung noch innerhalb der Skontofrist erfolgt.

Beispiel

$$\text{Skontobetrag (brutto) in EUR} = \frac{7.437,50 \text{ EUR} \cdot 3\%}{100\%} = 223,13 \text{ EUR}$$

Rechnungsbetrag (brutto)	7.437,50		
− Skonto (brutto)	223,13	<	Skonto netto 187,50
= Zahlungsbetrag (brutto)	7.214,37		Umsatzsteuer 35,63

4400 Verbindlichkeiten LuL	7.437,50	an	2800 Bankguthaben	7.214,37
			6082 Nachlässe für Handelswaren	187,50
			2600 Vorsteuer	35,63

Kein Geld für eine vorzeitige Zahlung!

Nicht immer ist genügend Geld auf dem Bankguthaben vorhanden, um eine anstehende Zahlung noch unter Abzug von Skonto bezahlen zu können. Dann stellt sich die Frage, ob das Bankkonto für bspw. 12 % Zinsen überzogen und die Zahlung veranlasst werden soll. Doch lohnt sich das?

Beispiel (Fortsetzung von oben)

1	Skontoabzug (brutto) ermitteln	223,13 EUR
2	Kreditbetrag ermitteln	
	Rechnungsbetrag (brutto)	7.437,50 EUR
	− Skonto (brutto)	− 223,13 EUR
	= Zahlungs-/Kreditbetrag (brutto)	= 7.214,37 EUR
3	Laufzeit des Kredits berechnen	
	Zahlungsziel – Skontofrist = Kreditlaufzeit	30 Tage - 8 Tage = 22 Tage

Die Zahlung wird am **letzten Tag der Skontofrist** veranlasst, um die eigene Liquidität so spät wie möglich erst zu belasten. Da am **Ende der Zahlungsfrist** die offene Rechnung sowieso bezahlt werden muss, wird der Kredit nur für die vorzeitige Zahlung benötigt.

4   Zinsen in EUR berechnen

$$= \frac{\text{Kreditbetrag} \cdot \text{Laufzeit} \cdot \text{Zinssatz der Bank}}{100 \cdot 360}$$

$$\frac{7.214,37 \text{ EUR} \cdot 12\% \cdot 22 \text{ Tage}}{100\% \cdot 360 \text{ Tage}}$$
= 52,91 EUR

5   Ersparnis ermitteln

	Skonto (brutto)	223,13 EUR
–	Zinsen der Bank	– 52,91 EUR
=	Ersparnis aus vorzeitiger Zahlung	= 170,22 EUR

So lange die Ersparnis (Finanzierungsgewinn) größer als 0 EUR ist, lohnt sich immer die Überziehung des Bankkontos, um vorzeitig eine Rechnung unter Abzug von Skonto zu bezahlen.

3.3.7 Besondere Buchungsvorgänge

Gutschrift von Zinserträgen

2800 Bankguthaben	500,00	an	5710 Zinserträge	500,00

Belastung mit Zinsaufwendungen

7510 Zinsaufwendungen	500,00	an	2800 Bankguthaben	500,00

Nebenerlöse aus Vermietung und Verpachtung (bei gewerblicher Nutzung umsatzsteuerpflichtig)

2800 Bankguthaben	2.142,00	an	5401 Nebenerlöse aus Vermietung und Verpachtung	1.800,00
			4800 Umsatzsteuer	342,00

Zahlung der Grundsteuer

7020 Grundsteuer	1.000,00	an	2800 Bankguthaben	1.000,00

Auszahlung (Gutschrift) eines Kredits

2800 Bankguthaben	10.000,00	an	4250 Darlehen	10.000,00

Tilgung eines Kredits

4250 Darlehen	2.000,00	an	2800 Bankguthaben	2.000,00

4 Lineare Abschreibung

Beispiel

Der Dienstwagen von Rolf Bastian, dem Unternehmenseigentümer, ist eigentlich noch gut in Schuss. Doch bei einem Verkauf würde man von den ursprünglich 18.504,00 EUR Kaufpreis gerade noch einen Bruchteil bekommen ...

Bei Anschaffung neuer Vermögensgegenstände zahlt das Unternehmen den gesamten Anschaffungswert und erfasst (aktiviert) diesen auf dem Bestandskonto.

Anschaffungspreis (netto)	Kaufpreis (netto)
+ Nebenkosten der Anschaffung	z.B. Kosten für Montage, Inbetriebnahme, ...
- Minderungen (sofort oder nachträglich)	z.B. Rabatt, Skonto, ...
= Anschaffungswert (netto)	gesamte Ausgaben für den Vermögensgegenstand

Im Laufe der Zeit **verlieren Vermögensgegenstände** durch ihren täglichen Gebrauch, durch technische Veralterung oder Überholung, Verschleiß und Abnutzung **an Wert**, d.h. ihr Wert ist niedriger als ursprünglich beim Kauf. Diese Wertminderung muss auch in der Buchhaltung erfasst werden. Hierzu werden jährlich **Abschreibungen** in Höhe der Wertminderung gebucht.

Die Höhe der Abschreibung hängt sowohl von der beabsichtigten **Nutzungsdauer** als auch dem jährlichen Wertverlust des Gegenstandes ab. Bei der **linearen Abschreibung** geht man von einer **jährlich gleich bleibenden Wertminderung** aus, obwohl dies in der Praxis nicht der Fall sein muss. Damit alle Unternehmen für ähnliche Gegenstände eine gleiche Nutzungsdauer bis zur Verschrottung oder dem Verkauf zugrunde legen, werden in sog. **AfA**-Listen einheitliche Nutzungsdauern (z.B. Fahrzeuge wie Pkw mit 6 Jahren) vorgegeben (AfA = Absetzung für Abnutzung und bedeutet Abschreibung im Steuerrecht).

$$\text{Abschreibung in EUR pro Jahr} = \frac{\text{Anschaffungswert (netto)}}{\text{gewöhnliche Nutzungsdauer in Jahren}} \rightarrow \frac{18.504,00 \text{ EUR}}{6 \text{ Jahre}} = 3.084,00 \text{ EUR}$$

$$\text{Abschreibungssatz in \%} = \frac{100\%}{\text{Nutzungsdauer in Jahren}} \rightarrow \frac{100\%}{6 \text{ Jahre}} = 16,667\%$$

$$\text{Abschreibung in EUR pro Jahr} = \frac{\text{Anschaffungswert (netto)} \cdot \text{Abschreibungssatz in \%}}{100\%} \rightarrow \frac{18.504,00 \text{ EUR} \cdot 16,667\%}{100\%} \approx 3.084,00 \text{ EUR}$$

6520 Abschreibungen auf Sachanlagen	3.084,00	an 0840 Fuhrpark	3.084,00

Merke: Wurde ein Vermögensgegenstand vollständig auf 0 EUR abgeschrieben und trotzdem im Unternehmen genutzt, bleibt er mit 1 EUR in der Buchhaltung (= Erinnerungswert) stehen – so lange er weiter genutzt wird.

5 Zahlungen unter Berücksichtigung der Zahlungsbedingungen vorbereiten

5.1 Zahlungsformen und -arten

Zahlungsformen	
Barzahlung	Der Zahlungsempfänger erhält den gewünschten Geldbetrag in bar vom Zahlungspflichtigen, d.h. es wird Bargeld (Münzen und Banknoten) ausgetauscht.
Halbbare Zahlung	Der Zahlungsbetrag wird auf das Konto des Empfängers bar einbezahlt (z.B. Zahlschein) oder davon ausgezahlt (z.B. Barscheck). Somit wird Bargeld in Buchgeld bzw. umgekehrt umgewandelt.
Unbare bzw. bargeldlose Zahlung	Die Zahlung wird ohne Verwendung von Bargeld vorgenommen, z.B. durch **Überweisung, Kreditkarte oder Lastschrift.**

Arten der unbaren bzw. bargeldlosen Zahlung	
Überweisung	Bei einer Überweisung wird der jeweilige Geldbetrag bargeldlos vom Konto des Zahlungspflichtigen auf das des -empfängers übertragen. Bei Zahlungen in das europäische Ausland wird heutzutage die SEPA-Überweisung genutzt.
Electronic-Banking (auch E-Banking, Online-Banking, Home Banking)	Ähnlich wie bei einer Überweisung kann der Zahlungsbetrag bargeldlos an den Empfänger übertragen werden. Der Zahlungspflichtige nutzt hierfür meist eine Internetplattform seiner Bank, die er mithilfe des PC, Smartphones oder auch anderer elektronischer Geräte (Tablets) nutzen kann. Für eine sichere Geldübertragung werden die Daten meist anhand bestimmter Sicherungsmechanismen (z.B. PIN/TAN, HBCI) verschlüsselt.
Kreditkartenzahlung	Mithilfe einer solchen Plastikkarte kann sowohl im In- als auch Ausland bei Einkäufen bargeldlos bezahlt oder an Geldautomaten über Bargeld verfügt werden. Da der Karteninhaber bis zur tatsächlichen Zahlung eine Zahlungsfrist hat, wird seine Kreditwürdigkeit (siehe Seite 244) vor Ausgabe der Karte geprüft. Bekannte Kreditkarten sind: American Express, Visa, Diners Club, Mastercard, usw.

5.2 Zahlungsbedingungen

	Erläuterung	Beispiel
Vorkasse	Bereits vor Auslieferung der Ware muss der Kunde diese beim Verkäufer bezahlen.	Nach Eingang des Zahlungsbetrages versenden wir die Ware.
Sofortzahlung	Bei Erhalt der Ware zahlt der Kunde den Rechnungsbetrag direkt an den Verkäufer.	Zahlung sofort bei Erhalt der Ware.
Zahlungsziel	Zur Zahlung des Rechnungsbetrages gewährt der Verkäufer eine bestimmte Zahlungsfrist bis zu der spätestens gezahlt werden muss.	Zahlung innerhalb von 30 Tagen rein netto.
Skonto	Bei Zahlung innerhalb einer Skontofrist (kürzer als das Zahlungsziel) darf der Kunde Skonto vom Rechnungsbetrag abziehen.	Zahlung innerhalb von 10 Tagen unter Abzug von 2% Skonto, 30 Tage rein netto.

6 Kaufmännische Zinsrechnung

Beispiel

Bei einer Bank werden 15.000,00 EUR für zwei Monate zu einem Zinssatz von 4,5% angelegt.

Bei der Berechnung von Zinsen nach der kaufmännischen (deutschen) Methode gilt:
- das Jahr hat 360 Tage (auch im Schaltjahr)
- der Monat hat 30 Tage (auch der Februar)

$$\text{Zinsen in EUR} = \frac{\text{Kapital- bzw. Geldbetrag} \cdot \text{Zinssatz in \% pro Jahr} \cdot \text{Tage der Verzinsung}}{100 \cdot 360}$$

$$\text{Tage} = \frac{\text{Zinsen in EUR} \cdot 100 \cdot 360}{\text{Kapital- bzw. Geldbetrag} \cdot \text{Zinssatz in \% pro Jahr}}$$

$$\text{Kapital- bzw. Geldbetrag} = \frac{\text{Zinsen in EUR} \cdot 100 \cdot 360}{\text{Zinssatz in \% pro Jahr} \cdot \text{Tage der Verzinsung}}$$

$$\text{Zinssatz in \% pro Jahr} = \frac{\text{Zinsen in EUR} \cdot 100 \cdot 360}{\text{Kapital- bzw. Geldbetrag} \cdot \text{Tage der Verzinsung}}$$

Für die Anlage im Beispiel ergeben sich damit:

$$112,50 \text{ EUR} = \frac{15.000,00 \text{ EUR} \cdot 4,5\% \cdot 60 \text{ Tage}}{100 \cdot 360}$$

Aufgaben

? 1: Welchen Zweck erfüllt ein Kontenrahmen bzw. -plan?

? 2: Unterscheiden Sie jeweils: Grund- und Hauptbuch, Inventar und Bilanz, Umsatz- und Vorsteuer.

? 3: Verbuchen Sie die folgenden Vorgänge (mit Umsatzsteuer):

a) Die BE Partners KG kauft Handelswaren im Gesamtwert von 8.500,00 EUR (netto) ein. Lieferung erfolgt einige Tage später mit Zugang der Rechnung.

b) Vom Geschäftsgirokonto wurde die aktuelle Stromrechnung vom Versorgungsunternehmen abgebucht. Die Belastung beträgt 5.250,00 EUR (brutto).

c) Bei der Wareneingangskontrolle der Handelswaren wurde festgestellt, dass ein Teil unbrauchbar/beschädigt ist. Der Rücksendewert beträgt 1.250,00 EUR (netto).

d) Ein Großkunde bestellte Handelswaren im Wert von 3.500,00 EUR (netto), die heute geliefert werden. Verbuchen Sie die dazu passende Ausgangsrechnung.

e) Im werkseigenen Verkaufsladen wurde ein weiterer Absatzvorgang getätigt. Der Kunde bezahlt die Waren i.H.v. 21,50 EUR (brutto) bar.

? 4: Auf dem aktuellen Kontoauszug befindet sich ein Zahlungseingang über 5.965,50 EUR. Der Kunde hat 3 % Skonto bei der Bezahlung abgezogen. Verbuchen Sie den Zahlungseingang.

? 5: Eine größere Lieferantenrechnung über 25.450,00 EUR (br.) soll innerhalb der Skontofrist von 10 Tagen unter Abzug von 3 % Skonto beglichen werden.

a) Verbuchen Sie den Zahlungsausgang bei Ausnutzung von Skonto.

b) Angenommen, das Geschäftskonto ist überzogen. Für eine weitere Überziehung verlangt die Bank 10,50 % p.a. Zinsen. Soll innerhalb der Skontofrist oder der regulären Zahlungsfrist von 30 Tagen gezahlt werden? Begründen Sie rechnerisch Ihre Entscheidung.

? 6: Eine neue Computer-Anlage im Wert von 41.500,00 EUR wurde angeschafft. Nutzungsdauer lt. AfA-Tabelle 3 Jahre. Ermitteln Sie die Abschreibung in EUR im ersten Jahr und verbuchen Sie diese.

? 7: Erläutern Sie die Zahlungsbedingungen: Vorkasse, Sofortzahlung, Zahlungsziel und Zahlung unter Abzug von Skonto jeweils anhand eines praktischen Beispiels.

? 8: Berechnen Sie die fehlenden Werte in folgender Tabelle:

	Kapitalbetrag in EUR	Zinssatz in %	Zinsbetrag in EUR	Tage
a)	8.500,00	5,50		35
b)	5.000,00	2,75	57,29	
c)		10,00	19,44	20
d)	5.000,00		75,52	87

Teil B: Kosten- und Leistungsrechnung

1 Finanzbuchhaltung – Kosten- und Leistungsrechnung (KLR)

In der **Finanzbuchhaltung** (auch: externes Rechnungswesen, Rechnungskreis I) werden alle wirtschaftlichen Vorgänge erfasst, die im **gesamten Unternehmen** innerhalb eines Geschäftsjahres anfallen. Hierzu zählen die Beschaffungs- und Absatzvorgänge aus dem **Kerngeschäft** wie z.B. Einkauf von Handelswaren, Bezug von Strom, Bezahlung der Mitarbeiter, Verkauf von Handelswaren, usw. Zusätzlich erzielen viele Unternehmen noch Erträge (z.B. Vermietungen, Zinsen) aus Geschäften, die mit ihrem Kerngeschäft nichts zu tun haben. Ebenso können aus solchen Geschäften auch Aufwendungen anfallen (z.B. Verluste aus Wertpapiergeschäften).

Diese vielfältigen Geschäftsvorgänge sind die Grundlage für die Ermittlung des Erfolges (Gewinn oder Verlust) in der Finanzbuchhaltung, dem sog. **Unternehmensergebnis (Gesamtergebnis)**.

Merke: Das Kerngeschäft eines Unternehmens (auch: Betriebszweck, Sachziel) umfasst alle wirtschaftlichen Vorgänge, die im Rahmen der Beschaffung, Produktion und des Absatzes der Produkte des Sortiments normalerweise anfallen.

In der **Kosten- und Leistungsrechnung** (auch: internes Rechnungswesen, Betriebsbuchführung, Rechnungskreis II) konzentriert man sich hingegen nur auf die wirtschaftlichen Aktivitäten, die auch unmittelbar mit dem **Kerngeschäft** zusammenhängen. Diese Vorgänge bilden die Grundlage zur Ermittlung des **Betriebsergebnisses** (Gewinn oder Verlust).

2 Betriebsergebnisrechnung (auch: Abgrenzungsrechnung)

Die Ermittlung des Unternehmenserfolges in der Finanzbuchhaltung orientiert sich an handels- und steuerrechtlichen Vorgaben und umfasst alle wirtschaftlichen Vorgänge des Unternehmens. Eine längerfristige Planung und Steuerung des Unternehmens sowie eine verlässliche Preiskalkulation sollten sich aber an betriebswirtschaftlichen Gesichtspunkten orientieren. Hierfür eignet sich nur das **Betriebsergebnis**, das aus den **betrieblich bedingten** Aufwendungen und Erträgen ermittelt wird, also die, die durch das **Kerngeschäft** verursacht werden.

Merke: (1) Aufwendungen und Erträge sind dann **betrieblich bedingt**, wenn sie zum **Kerngeschäft** des Unternehmens gehören. Davon **abzugrenzen** sind **betriebsfremde, außerordentliche** und **periodenfremde Aufwendungen** und **Erträge**, die auch als **neutral** bezeichnet werden.

(2) **Betrieblich bedingte Aufwendungen** bezeichnet man in der KLR als **Kosten. Betrieblich bedingte Erträge** werden als **Leistungen** bezeichnet.

Neutrale Aufwendungen (A) und Erträge (E)	
betriebsfremd	Wirtschaftliche Vorgänge, die nicht zum Kerngeschäft gehören, z.B. Verluste aus Wertpapiergeschäften (A), Verkauf von gebrauchten Betriebsmitteln mit Verlust (A) bzw. Gewinn (E), Zinserträge (E), usw.
außerordentlich	Wirtschaftliche Vorgänge, die zwar zum Kerngeschäft gehören, aber ungewöhnlich bzw. selten anfallen, z.B. Schadensfälle (A), Aufwendungen durch Brandschäden (A), ungeklärter Kassenüberschuss (E), usw.
periodenfremd	Wirtschaftliche Vorgänge, die einer anderen Periode (Vor-/Folgejahr, Vor-/Folgequartal, usw.) zuzuordnen sind, z.B. Steuernachzahlung (A), Steuerrückerstattung (E), Lohnvorschüsse (A), usw.

Um die betrieblich bedingten Aufwendungen und Erträge von den neutralen zu trennen, nutzt man die **Abgrenzungs-** bzw. **Ergebnistabelle**. Sie hat folgenden Aufbau:

	I		II		III	
	Gewinn- und Verlustrechnung		Abgrenzungsrechnung (unternehmensbezogen)		Kosten- und Leistungsrechnung	
	Aufwand	Ertrag	Aufwand	Ertrag	Kosten	Leistungen
5100 UE Handelswaren		1.850.000				---> 1.850.000
5401 Mieterträge		85.000		---> 85.000		
5710 Zinserträge		25.000		---> 25.000		
6080 Aufw. Handelswaren	950.000				---> 950.000	
6040 Aufw. Verpackungsmaterial	300.000				---> 300.000	
6050 Aufw. Energie	375.000				---> 375.000	
6070 Aufw. so. Materialien	125.000				---> 125.000	
6200 Löhne	560.000				---> 560.000	
6300 Gehälter	325.000				---> 325.000	
7600 Steuernachzahlung	18.500		---> 18.500			

Summe	2.653.500	1.960.000	18.500	110.000	2.635.000	1.850.000
Erfolg	693.500 (Verlust)		91.500 (Gewinn)		785.000 (Verlust)	
	Erträge – Aufwendungen = Unternehmensergebnis (Gesamtergebnis)		Erträge – Aufwendungen = Abgrenzungsergebnis		Leistungen – Kosten = Betriebsergebnis aus dem Kerngeschäft	

Beispiel

Der in der Finanzbuchhaltung ermittelte Erfolg liegt bei –693.500 EUR und stellt einen Verlust dar. Bei genauerer Betrachtung und Abgrenzung der neutralen Vorgänge i.H.v. 91.500 EUR ergibt sich ein tatsächlicher Verlust im Kerngeschäft von 785.000 EUR.

Merke: Das Unternehmensergebnis setzt sich aus dem Betriebsergebnis (für das Kerngeschäft) und dem Abgrenzungsergebnis der neutralen Aufwendungen und Erträge zusammen.

Unternehmensergebnis = Betriebsergebnis + Abgrenzungsergebnis

Kalkulatorische Abschreibungen

Die bilanziellen Abschreibungen in der Finanzbuchhaltung richten sich nach gesetzlichen Vorgaben wie bspw. den vorgegebenen Nutzungsdauern der AfA-Tabellen. Dabei wird aber außer Acht gelassen, dass die **tatsächliche Nutzungsdauer** oftmals davon abweicht und die **Wiederbeschaffungskosten** von Sachanlagen sich durch Preissteigerungen verteuern. Anstelle der bilanziellen Abschreibungen berücksichtigt man deshalb in der KLR die kalkulatorischen Abschreibungen.

$$\text{kalk. Abschreibung in EUR} = \frac{\text{Wiederbeschaffungswert der Sachanlage}}{\text{tatsächliche Nutzungsdauer in Jahren}}$$

Merke: Kalkulatorische Abschreibungen existieren zwar in der Finanzbuchhaltung in Form der bilanziellen Abschreibungen, weisen aber meist einen anderen Betrag aus. Daher nennt man die kalkulatorischen Abschreibungen auch Anderskosten.

Kalkulatorischer Unternehmerlohn

In vielen Unternehmen ist ein Geschäftsführer (GmbH) oder Vorstand (AG) angestellt und erhält ein monatliches Gehalt. Diese Gehaltszahlung wird als Aufwand erfasst und – da es zum Kerngeschäft gehört – als Kosten in der KLR berücksichtigt. Viele andere Unternehmen wie Einzelunternehmen, OHG oder KG werden durch die Eigentümer und Gesellschafter geführt. Sie erhalten weder Lohn noch Gehalt, sondern erst am Jahresende den erwirtschafteten Gewinn als Entlohnung ausbezahlt. Dadurch entstehen für die Entlohnung keine Aufwendungen und folglich keine Kosten.

Damit aber die über den Gewinn ausgeschüttete Entlohnung auch mit verdient wird, muss sie vorher in die Preise einkalkuliert werden. Dies geht nur, wenn entsprechende Kosten berücksichtigt werden. Der **kalkulatorische Unternehmerlohn** geht daher als **Zusatzkosten** in die Kosten- und Leistungsrechnung mit ein. Die Höhe orientiert sich dabei an der Entlohnung vergleichbarer Positionen in anderen Unternehmen.

Merke: Beim **kalkulatorischen Unternehmerlohn** handelt es sich um **Zusatzkosten**, da sie in der Finanzbuchhaltung nicht berücksichtigt werden und damit keine Aufwendungen existieren.

Erweitert man die Abgrenzungstabelle nun um die kalkulatorischen Kosten, ändert sich das obige Beispiel folgendermaßen:

Beispiel

Bei der BE Partners KG wurden die bilanziellen Abschreibungen mit 145.000 EUR veranschlagt. In der KLR wurden die kalkulatorischen Abschreibungen allerdings mit 185.000 EUR kalkuliert. Der Unternehmerlohn wird mit 50.000 EUR in der KLR veranschlagt.

	I		IIa		IIb		III	
	Gewinn- und Verlustrechnung		**Abgrenzungsrechnung**				**Kosten- und Leistungsrechnung**	
			unternehmensbezogen		**kostenrechnerische Korrekturen**			
	Aufwand	Ertrag	Aufwand	Ertrag	Aufwand	verrechnete Kosten	Kosten	Leistungen
...								
6510 Abschreibungen Sachanlagen	145.000				145.000	185.000	185.000	
Kalk. Unternehmerlohn	0				0	50.000	50.000	
Summe	2.798.500	1.960.000	18.500	110.000	145.000	235.000	2.870.000	1.850.000
Erfolg	838.500 (Verlust)		91.500 (Gewinn)		90.000 (Gewinn)		1.020.000 (Verlust)	

Erträge – Aufwendungen = Unternehmensergebnis (Gesamtergebnis)	Erträge – Aufwendungen = Abgrenzungsergebnis	verrechnete Kosten – Aufwendungen = Ergebnis kostenrechnerischer Korrekturen	Leistungen – Kosten = Betriebsergebnis aus dem Kerngeschäft

Merke: Unternehmensergebnis = Betriebsergebnis + Abgrenzungsergebnis (unternehmensbezogen) + Abgrenzungsergebnis (kostenrechnerische Korrekturen)

Aufwendungen / Kosten und Erträge / Leistungen

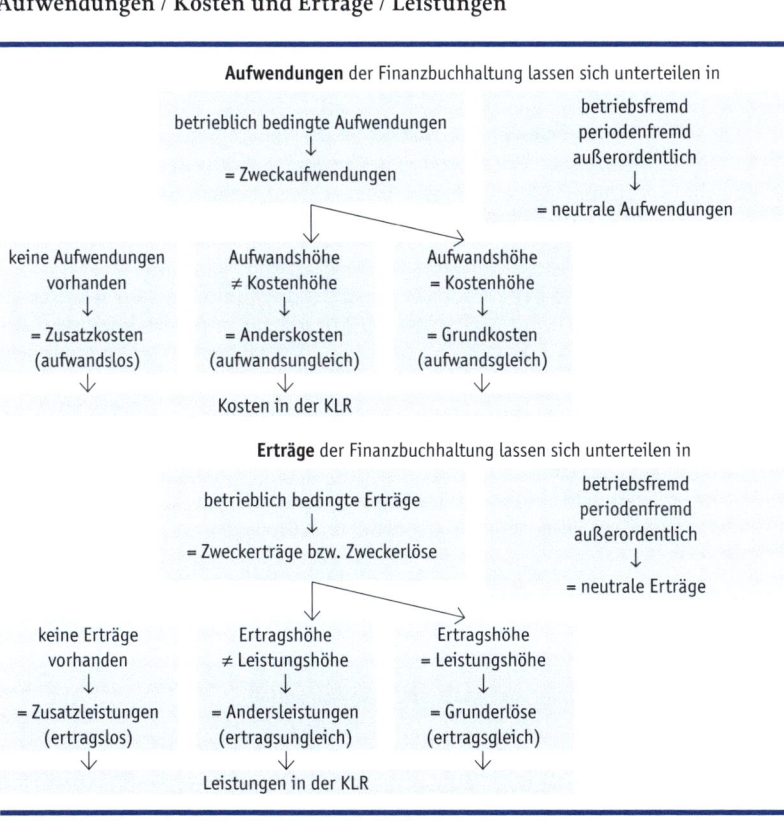

Aufwendungen der Finanzbuchhaltung lassen sich unterteilen in

betrieblich bedingte Aufwendungen
↓
= Zweckaufwendungen

betriebsfremd
periodenfremd
außerordentlich
↓
= neutrale Aufwendungen

keine Aufwendungen vorhanden
↓
= Zusatzkosten (aufwandslos)
↓

Aufwandshöhe ≠ Kostenhöhe
↓
= Anderskosten (aufwandsungleich)
↓

Aufwandshöhe = Kostenhöhe
↓
= Grundkosten (aufwandsgleich)
↓

Kosten in der KLR

Erträge der Finanzbuchhaltung lassen sich unterteilen in

betrieblich bedingte Erträge
↓
= Zweckerträge bzw. Zweckerlöse

betriebsfremd
periodenfremd
außerordentlich
↓
= neutrale Erträge

keine Erträge vorhanden
↓
= Zusatzleistungen (ertragslos)
↓

Ertragshöhe ≠ Leistungshöhe
↓
= Andersleistungen (ertragsungleich)
↓

Ertragshöhe = Leistungshöhe
↓
= Grunderlöse (ertragsgleich)
↓

Leistungen in der KLR

3 Vollkostenrechnung

3.1 Kostenartenrechnung

Bei der BE Partners KG entsteht jeden Tag eine Fülle an Aufwendungen in ganz unterschiedlichen Bereichen: u.a. Kosten für Personal (Sozialversicherung, vermögenswirksame Leistungen, usw.), Ausgaben für Handelswaren, Reparaturleistungen, Transportleistungen und Verpackungsmaterial, Sachkosten (Abschreibungen für BGA und Fuhrpark, usw.). Trotz aller Unterschiede lassen sie sich in zwei Gruppen einteilen: **Einzel-** bzw. **Gemeinkosten** und **variable** bzw. **fixe Kosten**.

Einzel- und Gemeinkosten

Viele Kosten können **direkt** dem jeweiligen Produkt (= **Kostenträger**) zugeordnet werden, wie bspw. Beschaffungspreis, Transportkosten, Verpackungsmaterial oder Mitarbeiterlöhne, die bei der Beschaffung eingesetzt waren. In diesem Fall handelt es sich um **Einzelkosten.**

Für viele weitere Tätigkeiten im Unternehmen entstehen aber auch Kosten, wie z.B. Gehälter der Mitarbeiter in der Buchhaltung oder dem Personal, Versicherungsbeiträge für das gesamte Unternehmen, Stromkosten, Steuern usw. Diese Kosten stehen nicht direkt mit einem Produkt in Zusammenhang, können also auch nicht ohne Weiteres zugeordnet werden. Vielmehr entstehen sie durch die Gesamtheit aller Produkte und Leistungen des Unternehmens. Man nennt sie daher auch **Gemeinkosten**. Gemeinkosten können einem Produkt nicht direkt, sondern nur auf „Umwegen" zugeordnet werden.

Merke: Einzelkosten können einem Kostenträger (= Produkt) direkt zugeordnet (man sagt: zugerechnet) werden. Gemeinkosten werden einem Kostenträger im Rahmen der Kostenstellen- bzw. -trägerrechnung indirekt zugerechnet.

Gesamtkosten = Einzelkosten + Gemeinkosten

Variable und fixe Kosten

Kosten bei der Beschaffung (z.B. Beschaffungspreis), Produktion (z.B. Lohnkosten) oder dem Absatz (z.B. Verpackungs- und Transportkosten) sind je Stück meist gleichbleibend und verändern sich erst durch eine steigende oder fallende Gesamtstückzahl (man sagt auch: **Beschäftigung**). Diese Kosten bezeichnet man als **variable Kosten**, deren Gesamthöhe von der jeweiligen **Stückzahl** abhängt.

Merke: Unter Beschäftigung (in Stück) versteht man die jeweilige Produktionsmenge. Der Beschäftigungsgrad (in %) bezeichnet die prozentuale Auslastung der Kapazität (= maximal mögliche Produktionsmenge).

Zu den **fixen Kosten** zählen hingegen Kosten für z.B. Gehälter, Versicherungen, Strom, Steuern, usw. Sie können sich zwar auch verändern, aber sind unabhängig von der **Beschäftigung**. Sie entstehen auch dann, wenn nichts produziert wird. Bei **sprungfixen** (auch: **intervallfixe**) Kosten handelt es sich um Fixkosten, die sich durch bestimmte Ereignisse verändern, z.B. Veränderung der Kapazität, Kauf oder Stilllegung einer Maschine, Einstellung neuer Mitarbeiter (Gehalt), usw.

Merke: Die gesamten variablen Kosten verändern sich bei steigender oder fallender Beschäftigung. Die fixen Kosten sind unabhängig von der jeweiligen Beschäftigung.

Gesamtkosten = (variable Stückkosten · Stückzahl) + fixe Kosten

3.2 Kostenstellenrechnung

Um die in der Kostenartenrechnung festgestellten Gemeinkosten den jeweiligen Unternehmensbereichen und später den Kostenträgern **verursachungsgerecht** zuzuordnen, nutzt man einen **Betriebsabrechnungsbogen** (**BAB**).

Kostenstellen

Im BAB werden ähnliche Bereiche und Abteilungen des Unternehmens zusammengefasst und als (**Haupt**)**Kostenstelle** dargestellt. Typische (Haupt)Kostenstellen sind:

Material	Abteilungen, die sich mit der Beschaffung, dem Eingang und der Lagerung notwendiger Materialien beschäftigen, z.B. Eingangslager, Einkaufsabteilung.
Fertigung	Abteilungen, die sich mit der Herstellung eigener Erzeugnisse oder Dienstleistungen befassen, z.B. Druckerei bei der BE Partners KG oder Design-Abteilung. Ist dieser Bereich sehr groß, können auch mehrere Fertigungsbereiche I, II, usw. gebildet werden.
Verwaltung	Allgemeine Abteilungen, die Leistungen für das gesamte Unternehmen wahrnehmen, z.B. Geschäftsführung, Buchhaltung, Personalabteilung, Poststelle.
Vertrieb	Abteilungen, die sich mit dem Versand und Absatz der Leistungen befassen, z.B. Ausgangslager, werkseigener Verkaufsladen.

In manchen Unternehmen gibt es noch Abteilungen wie bspw. eine Kantine oder spezielle Vorbereitungsstellen für die Fertigung. Diese erbringen Leistungen für mehrere andere Abteilungen und verursachen daher auch eigene Kosten. Diese sog. **Hilfskostenstellen** werden nacheinander auf ihre jeweiligen Hauptkostenstellen umgelegt, d.h. verteilt. Eine Kantine wird bspw. auf die Kostenstellen Material, Fertigung, Verwaltung und Vertrieb verteilt während eine Fertigungshilfskostenstelle nur auf die Fertigung umgelegt wird.

Verteilungsschlüssel

Um die entstandenen Gemeinkosten auf die einzelnen Kostenstellen zu verteilen, nutzt man **Verteilungsschlüssel**. Diese geben an, mit welchem Anteil die einzelnen Bereiche an den gesamten Gemeinkosten beteiligt werden sollen. Dies basiert entweder auf Erfahrungen der Vergangenheit oder auf genauen Verbrauchsmengen, die meist aufwändig ermittelt wurden, z.B. Stromverbrauch anhand der verbrauchten kw/h einzelner Maschinen.

Beispiel

Bei der BE Partners KG werden die Stromkosten i.H.v. 5.650,00 EUR anhand der Verbrauchsdaten auf die Kostenstellen umgelegt. Der (vereinfachte) Verteilungsschlüssel lautet 3 : 6 : 4 : 2. Der fällige Versicherungsbeitrag über 2.500,00 EUR wird anhand des folgenden Verteilungsschlüssels verteilt:

$$\frac{1}{9} : \frac{2}{9} : \frac{4}{9} : \frac{2}{9}$$

Kostenstellen	Verteilungsschlüssel	Stromkosten
Material	3 (Einheiten)	1.130,00 EUR
Fertigung	6 (Einheiten)	2.260,00 EUR
Verwaltung	4 (Einheiten)	1.506,67 EUR
Vertrieb	2 (Einheiten)	753,33 EUR
Summe	15 (Einheiten)	5.650,00 EUR
Nebenrechnung	EUR je Einheit = $\dfrac{5.650,00\ \text{EUR}}{15\ \text{Einheiten}}$ = 376,66666... EUR	

Hinweis: Die Gesamtkosten werden auf eine Einheit heruntergerechnet und dann mit dem jeweiligen Verteilungsschlüssel multipliziert.

Kostenstellen	Verteilungsschlüssel	Versicherungsbeitrag
Material	1/9	277,78 EUR
Fertigung	2/9	555,56 EUR
Verwaltung	4/9	1.111,10 EUR
Vertrieb	2/9	555,56 EUR
Summe	9/9	2.500,00 EUR
Nebenrechnung	EUR je Einheit = $\dfrac{2.500,00\ \text{EUR}}{9}$ = 277,77777... EUR	

Beispiel

Für das letzte Quartal hat die BE Partners KG folgende Kostenstellenrechnung durchgeführt.

Betriebsabrechnungsbogen (BAB)						
	gesamte Kosten	Kostenstelle Material	Hilfskostenstelle Fertigung	Kostenstelle Fertigung	Kostenstelle Verwaltung	Kostenstelle Vertrieb
div. Materialkosten	243.500,00	50.000,00	1.500,00	125.000,00	36.500,00	30.500,00
div. Fertigungskosten	166.000,00	60.000,00	5.000,00	75.000,00	15.500,00	10.500,00
Stromkosten	5.650,00	1.130,00	0	2.260,00	1.506,67	753,33
Versicherungsbeiträge	2.500,00	277,78	0	555,56	1.111,10	555,56
			6.500,00			
			$\dashrightarrow$ 6.500,00			
Summe	417.650,00	111.407,78		209.315,56	54.617,77	42.308,89

Ermittlung der Gesamtkosten

Erläuterungen:

Material(einzel)kosten   Einzelkosten für Material, usw.
+ Materialgemeinkosten   Summe der Materialgemeinkosten aus dem BAB.
= Materialkosten

Fertigungslöhne	Einzelkosten für Fertigungslöhne, usw.
+ Fertigungsgemeinkosten	Summe der Fertigungsgemeinkosten aus dem BAB.
= Fertigungskosten	

Materialkosten	auch:
+ Fertigungskosten	• HKA (Herstellkosten der Abrechnungsperiode)
= Herstellkosten der Produktion (HKP)	• HKU (Herstellkosten des Umsatzes)
	Dabei handelt es sich um alle Kosten, die im Rahmen der Produktion bzw. des Verkaufs innerhalb einer bestimmten Zeit entstanden sind.

+ Verwaltungsgemeinkosten	Summe der Verwaltungsgemeinkosten aus dem BAB.
+ Vertriebsgemeinkosten	Summe der Vertriebsgemeinkosten aus dem BAB.
= Selbstkosten	gesamte Kosten

Merke: Die Gesamtkosten für eine bestimmte Zeitspanne und die verkauften Produkte setzen sich aus den Einzel- und Gemeinkosten zusammen. Man nennt die Gesamtkosten auch Selbstkosten.

Gemeinkosten als Zuschlagsätze darstellen (Gemeinkostenzuschlagsätze, GK-Sätze)

Aus dem BAB lassen sich die gesamten Gemeinkosten für die einzelnen Kostenstellen ablesen. Für eine weitere Verwendung oder auch den Vergleich mit der Vergangenheit eignen sich absolute Zahlen nicht. Daher wandelt man die Gemeinkosten in prozentuale Anteile, sog. **Gemeinkostenzuschlagsätze**, um.

Ermittlung der Gemeinkostenzuschlagsätze	
Materialgemeinkosten → Bezugsbasis: Materialeinzelkosten, z.B. Beschaffungspreis	$= \dfrac{\text{Gemeinkosten d. Kostenstelle Material} \cdot 100\,\%}{\text{Materialeinzelkosten}}$
Fertigungsgemeinkosten → Bezugsbasis: Fertigungseinzelkosten, z.B. Fertigungslöhne	$= \dfrac{\text{Gemeinkosten d. Kostenstelle Fertigung} \cdot 100\,\%}{\text{Fertigungseinzelkosten}}$
Verwaltungsgemeinkosten → Bezugsbasis: Herstellkosten des Umsatzes	$= \dfrac{\text{Gemeinkosten d. Kostenstelle Verwaltung bzw. Vertrieb} \cdot 100\,\%}{\text{Herstellkosten des Umsatzes}}$
Vertriebsgemeinkosten → Bezugsbasis: Herstellkosten des Umsatzes	

3.3 Kostenträgerzeitrechnung

Im Kapitel zur Kostenstellenrechnung wurden bereits die Gesamtkosten einer Abrechnungsperiode ermittelt, indem alle Einzelkosten und Gemeinkosten aufsummiert wurden. Möchte man nun das entsprechende **Betriebsergebnis** für diese Zeitspanne errechnen, müssen nur noch die Verkaufserlöse gegenübergestellt werden.

    Selbstkosten des Umsatzes

– Umsatzerlöse der verkauften Erzeugnisse und Dienstleistungen

= Betriebsergebnis (Gewinn oder Verlust)

Für einen genaueren Überblick über die Zusammensetzung des Betriebsergebnisses für einzelne Produkte oder Produktgruppen, kann die Ermittlung mithilfe von Normal- und Istkosten durchgeführt werden.

Merke: Normalkosten beruhen auf den Gemeinkosten der Vergangenheit. Die Istkosten entsprechen den aktuellen Gemeinkosten.

Beispiel

Bei der BE Partners KG wurden für das letzte Quartal die Einzel- und Gemeinkosten ermittelt und das Betriebsergebnis auf Ist- und Normalbasis ermittelt:

	Istkosten	Normalkosten	Abweichung
Material(einzel)kosten	28.500,00	28.500,00	
+ Materialgemeinkosten	25 % = 7.125,00	30 % = 8.550,00	+1.425,00
= Materialkosten	35.625,00	37.050,00	
Fertigungslöhne	75.500,00	75.500,00	
+ Fertigungsgemeinkosten	125 % = 94.375,00	120 % = 90.600,00	−3.775,00
= Fertigungskosten	169.875,00	166.100,00	
Materialkosten	35.625,00	37.050,00	+1.425,00
+ Fertigungskosten	169.875,00	166.100,00	−3.775,00
= Herstellkosten der Produktion (HKP)	205.500,00	203.150,00	−2.350,00
+ Verwaltungsgemeinkosten	15 % = 30.825,00	15 % = 30.472,50	−352,50
+ Vertriebsgemeinkosten	10 % = 20.550,00	12 % =24.378,00	+3.828,00
= Selbstkosten	256.875,00	258.000,50	+1.125,50
Umsatzerlöse	325.000,00	325.000,00	
= Betriebsergebnis	68.125,00	66.999,50	+1.125,50

Beispiel

Die Kostenrechnung zeigt, dass die tatsächlichen Kosten in der betrachteten Zeitspanne um 1.125,50 EUR niedriger waren als die auf Normalkostenbasis vorab kalkulierten. Es liegt also eine Kostenüberdeckung vor.

Istgemeinkosten > Normalgemeinkosten	Istgemeinkosten < Normalgemeinkosten
↓	↓
Unterdeckung der Kosten, d.h. es sind mehr Kosten tatsächlich entstanden als vorab geplant.	**Überdeckung** der Kosten, d.h. es sind weniger Kosten tatsächlich entstanden als vorab geplant.
↓	↓
Betriebsergebnis ist zu hoch ausgefallen.	Betriebsergebnis ist zu niedrig ausgefallen.

Gründe:
- höhere Geh... ...re Gehaltskosten durch Kündigung
- höhere Versi... ...e Versicherungsbeiträge
- höhere Steu... ...e Steuern
- höhere Stro... ...e Stromkosten
- höhere Absc... ...e Abschreibungen
- usw.

[handschriftliche Notiz: S. 216 / Break-Even-Point / Kfix = db]

...ng erfahren Sie beim Thema Auftragsbearbeitung und -nachbereitung im Handlungskomplex 05 Vor- und Nachkalkulationen (siehe Seite 140).

4 Deckungsbeitragsrechnung

4.1 Ermittlung des Deckungsbeitrages

Fixe Kosten entstehen – wie bereits an anderer Stelle beschrieben – schon allein durch die Existenz des Unternehmens und sind damit unabhängig von der jeweiligen Produktion. Sie lassen sich zudem meist nur langfristig verändern bzw. reduzieren und sind kurzfristig konstant. Aus diesem Grund genügt es, bei betriebswirtschaftlichen Entscheidungen allein die variablen Kosten heranzuziehen. Grundlage bildet hierfür der sog. **Deckungsbeitrag (DB)**.

DB für bestimmte Stückzahl = (Preis je Stück · Stückzahl) – (variable Kosten je Stück · Stückzahl)

db je Stück = Preis je Stück – variable Kosten je Stück

Merke: Der **Deckungsbeitrag** je Stück (= db) wird bei Verkauf erzielt und trägt zur Deckung der fixen Kosten des Unternehmens bei.

4.2 Zusatzaufträge annehmen oder ablehnen?

Beispiel

Ein guter Stammkunde der BE Partners KG benötigt noch kurzfristig einen Druckauftrag über 5 800 Stück an Flyern. Die bisherige Kapazitätsauslastung würde die Annahme zulassen.

Ob ein Kundenauftrag zusätzlich angenommen werden soll, hängt von verschiedenen Faktoren ab:

* Ist noch eine freie Kapazität vorhanden, um den Auftrag anzunehmen?
* Handelt es sich um einen Stamm- oder Neukunden?
* Lässt sich mit dem Zusatzauftrag zusätzlicher Gewinn oder nur ein Verlust erwirtschaften?

Während sich die Frage nach der noch freien Kapazität und dem Kundenstatus relativ einfach und schnell beantworten lässt, muss für die Klärung eines zusätzlichen Gewinns bzw. Verlusts die Deckungsbeitragsrechnung herangezogen werden.

Merke: Ein **Zusatzauftrag** sollte angenommen werden, wenn ein **positiver Deckungsbeitrag** je Stück (**db >= 0**) erzielt werden kann.

Annahme eines Zusatzauftrages bei freier Kapazität?		
↓	↓	↓
ja, falls db > 0	ja/nein, falls db = 0	nein, falls db < 0
Ein vorhandener Verlust kann reduziert bzw. ein Gewinn erhöht werden.	Der Erfolg (Gewinn oder Verlust) bleibt zwar unverändert, aber die Annahme trägt zur Kundenbindung bei. Alternativ kann der Auftrag auch abgelehnt werden.	Mit jeder verkauften Einheit würde ein Gewinn um db sinken bzw. ein Verlust entsprechend steigen.

4.3 Festlegung der Preisuntergrenze

Art der Preisuntergrenze		Gründe
kurzfristig	• Preis = variable Kosten je Stück • Durch den Verkauf erzielt das Unternehmen keinen Deckungsbeitrag (db = 0). Somit wird kein Beitrag zur Deckung der fixen Kosten geleistet.	• Neukunden gewinnen • neue Produkte am Markt einführen • Reaktion auf Konkurrenzpreise • Konkurrenten vom Markt verdrängen
langfristig	• Preis = Selbstkosten je Stück = variable Kosten je Stück + fixe Kosten je Stück • Die fixen Kosten werden gedeckt. Allerdings wird kein Gewinn erzielt. Für eine Gewinnerzielung muss der Preis höher als die Selbstkosten je Stück sein.	• Erzielung von Gewinn

4.4 Ermittlung des Betriebsergebnisses

Das Betriebsergebnis kann für eine bestimmte Zeitperiode folgendermaßen ermittelt werden:

Stückbetrachtung

	Preis je Stück	→ · Stückzahl →
–	variable Kosten je Stück	→ · Stückzahl →
=	db je Stück	→ · Stückzahl →

Gesamtbetrachtung

	Umsatzerlöse
–	variable Kosten für alle Stück
=	DB
–	fixe Kosten
=	Betriebergebnis

Beispiel

Die BE Partners KG setzt ihr Hauptprodukt für 10,50 EUR (netto) ab. Die variablen Kosten belaufen sich derzeit auf 5,50 EUR je Stück und die fixen Kosten liegen bei 20.000,00 EUR.

Der Deckungsbeitrag je Stück beläuft sich auf: 10,50 – 5,50 = 5,00 EUR

Der Deckungsbeitrag für bspw. 4 500 Stück beträgt 22.500,00 EUR. Unter Abzug der fixen Kosten ergibt sich ein Betriebsergebnis von 2.500,00 EUR. Damit wurde im betrachteten Zeitraum ein Gewinn erwirtschaftet.

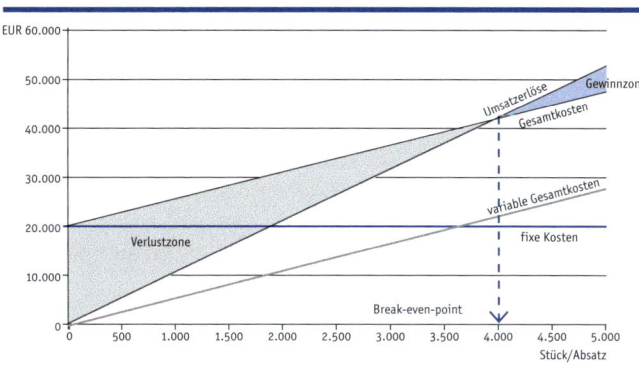

Merke: Mit dem Break-even-point (Gewinnschwelle) ermittelt man die Menge, bei der die gesamten Kosten den gesamten Erlösen entsprechen. Das Unternehmen erwirtschaftet dabei weder Gewinn noch Verlust.

$$\text{gesamte Kosten} = \text{gesamte Erlöse (Umsatzerlöse)}$$
$$\text{variable Kosten je Stück} \cdot \text{Stückzahl} + \text{fixe Kosten} = \text{Preis je Stück} \cdot \text{Stückzahl}$$
$$\downarrow \qquad \qquad \downarrow$$

$$\text{Stückzahl} = \frac{\text{fixe Kosten}}{\text{Preis je Stck.} - \text{variable Kosten je Stck.}}$$

bzw.

$$\text{Stückzahl} = \frac{\text{fixe Kosten}}{\text{db}}$$

Beispiel

$$\text{Break-even-point} = \frac{20.000,00\ \text{EUR}}{10,50\ \text{EUR} - 5,50\ \text{EUR}} = 4\,000\ \text{Stück}$$

Die BE Partners KG gelangt ab einer Stückzahl von 4 000 Stück in die Gewinnzone. Die Gewinnschwelle liegt also bei 4 000 Stück. Bei einer Stückzahl unterhalb der Gewinnschwelle wird ein Verlust erzielt.

4.5 Gesetz der Massenproduktion (Fixkostendegression)

Bei der Ermittlung der gesamten Stückkosten werden die fixen Kosten anteilig auf jedes Stück verteilt.

Stückkosten = variable Stückkosten + (fixe Kosten : Stückzahl)

Mit steigender Stückzahl wird der Anteil der fixen Kosten je Stück immer kleiner. Wird ein Produkt also „in Masse" hergestellt und abgesetzt, so sind die anteiligen fixen Kosten nur noch sehr gering je Stück. Die gesamten Stückkosten nähern sich damit den variablen Stückkosten an.

Aufgaben

? 1: Erläutern Sie das Kerngeschäft der BE Partners KG oder Ihres Ausbildungsunternehmens.

? 2: Unterscheiden Sie neutrale und betrieblich bedingte Aufwendungen und Erträge voneinander.

? 3: Erläutern Sie Anders- und Zusatzkosten anhand passender Beispiele.

? 4: Erläutern Sie den Aufbau und Zweck des Betriebsabrechnungsbogens.

? 5: Was versteht man unter einer Kostenstelle?

? 6: Erläutern Sie, wie die Gemeinkostenzuschlagsätze für die einzelnen Kostenstellen errechnet werden.

? 7: Wie können die Selbstkosten für eine bestimmte Zeitperiode ermittelt werden?

? 8: Unterscheiden Sie Normal- und Istgemeinkosten.

? 9: Wodurch entstehen Kostenüber- bzw. -unterdeckungen? Nennen Sie passende Beispiele.

? 10: Welche Auswirkungen haben Kostenabweichungen auf das Betriebsergebnis?

? 11: Beschreiben Sie die Ermittlung des Betriebsergebnisses mittels der Deckungsbeitragsrechnung.

? 12: Erläutern Sie den Break-even-point. Wie wird dieser rechnerisch und zeichnerisch ermittelt?

Integrative Prüfungsinhalte: Information, Kommunikation, Kooperation

Informieren, Kommunizieren und Kooperieren sind im Berufsalltag zwingend notwendig. Sie durchziehen die Arbeit wie ein roter Faden und sind in mehreren Kapiteln dieses Buches angesprochen. Als praktische Kompetenz muss Kommunikation geübt und dabei das Handeln begründet werden können. Das Allerwichtigste Wissen dazu ist hier nochmals zusammengefasst.

Erfolgreiche Zusammenarbeit

Die Arbeit der Mitarbeiter/-innen ist ein entscheidender Erfolgsfaktor für jedes Unternehmen. Eine der Grundlagen für gute und zielführende Arbeit ist die Zufriedenheit der Mitarbeiter/-innen in und mit ihrem Unternehmen. Zufriedenheit ergibt sich durch nicht materielle und materielle Faktoren/Arbeitsbedingungen:

Beispiele für nicht materielle Faktoren	Beispiele für materielle Faktoren
• Wertschätzung und Anerkennung • gute Zusammenarbeit/Betriebsklima • selbstverantwortliches Arbeiten	• zufriedenstellende Entlohnung • Erfolgsbeteiligung • betriebliche Sozialleistungen • ansprechende Arbeitsumgebung

Feedback

Feedbackgespräche dienen, wie die Bezeichnung sagt, der „Rückmeldung". Sie sollen konstruktiv sein, darin kommt Wertschätzung und Anerkennung zum Ausdruck und es kann sachliche Kritik geäußert werden. Nach der Besprechung des Vergangenen sollten sie auch eine Perspektive für Zukünftiges aufzeigen.

Grundlegende Feedback-Regeln	
... für den Feedbackgeber	... für den Feedbackempfänger
• höflich und taktvoll bleiben, nicht verletzen • positive Ich-Aussagen formulieren • klare, passende Worte, konkrete Verhaltensbeschreibung, ohne Interpretation und Wertung • auf konkrete Vorfälle beziehen, nicht pauschalisieren, keine Charaktereigenschaften nennen • nur eigene Eindrücke (kein Hörensagen) • Anregungen für konstruktive Verbesserung	• aufmerksam sein, ausreden lassen • sich Zeit nehmen, das Gehörte zu verarbeiten • bei Unklarheiten Verständnisfragen stellen • sich gegen vorgebrachte Kritik nicht verteidigen und nicht rechtfertigen • offen bleiben für konstruktive Anregungen • sich für ein Feedback bedanken

Teamarbeit

Bei Teamarbeit als spezielle Form der Zusammenarbeit in einer Gruppe spielen unterschiedliche Kenntnisse, Fähigkeiten und Eigenschaften zusammen. In Unternehmen bilden Teams eine Arbeitseinheit, die eine gemeinsame Aufgabe bzw. ein gemeinsames Ziel hat.

Merke: Voraussetzung für Teamarbeit ist eine Arbeitsatmosphäre, in der Gleichberechtigung herrscht.

Die folgende Abbildung zeigt die Voraussetzungen für gute Teamarbeit, die bei Gründung und Führung eines Teams hilfreich sind.

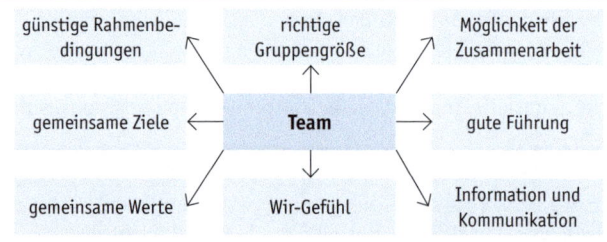

Für Teamleiter und für Teammitglieder ist es hilfreich, die **Phasen der Teamentwicklung** zu kennen (Testphase/Forming, Nahkampfphase/Storming, Organisierung/Norming und Verschmelzungsphase/Performing). Teams funktionieren besonders gut, wenn die einzelnen Teammitglieder aufgrund unterschiedlicher persönlicher Eigenschaften, Erfahrungen und Kenntnisse **unterschiedliche Rollen** wahrnehmen. In kleinen Teams kann eine Person mehrere Rollen ausfüllen; eine häufig genutzte, typische Liste unterschiedlicher Rollen stammt von Meredith Belbin.

Projektarbeit

Merke: Unter einem Projekt versteht man ein zeitlich begrenztes Vorhaben, das im Wesentlichen durch die Einmaligkeit seiner Rahmenbedingungen gekennzeichnet ist.

Ein Projekt ist durch Merkmale gekennzeichnet: seine Einmaligkeit, klare Zielvorgaben, eine Begrenzung (zeitlich, personell und finanziell), die Abgrenzung gegenüber anderen Vorhaben, Komplexität, einen bestimmten Schwierigkeitsgrad, ein Risiko und oft den interdisziplinären Charakter.

Der Begriff **Projektmanagement** umfasst die Abwicklung eines Projektes von der Planung über die Projektsteuerung und -kontrolle bis zum Projektabschluss. Die Verantwortung für das Projekt wird dem Projektleiter übertragen, der neben dem fachlichen Können über ein hohes Maß an sozialen Fähigkeiten verfügen muss. Zu seinen Hauptaufgaben gehört es, alle Projektmitglieder (Teammitglieder) im Sinne des Projektziels zu „managen" und die Zusammenarbeit im gesamten Projektteam zu optimieren.

Die **Durchführung eines Projekts** vollzieht sich in den gerade schon genannten **Projektphasen**:

| Projekt-definition | Projekt-planung | Projekt-realisation | Projekt-abschluss | Projekt-evaluation |

Die Einbindung einer Projektorganisation in die Unternehmensorganisation mit Vor- und Nachteilen der Projektarbeit ist auf S. 254 dargestellt.

Konfliktlösung

Ein Konflikt liegt vor, wenn zwischen zwei oder mehreren Beteiligten eine Unvereinbarkeit von Zielen, Interessen oder Bedürfnissen wahrgenommen wird. Wenn Konflikte unnachgiebig ausgetragen werden, beeinträchtigen sie die Arbeit im Unternehmen stark. Das ist aber auch der Fall, wenn Konflikte nicht angesprochen und gelöst werden.

Merke: Zu einem Konflikt gehören mindestens zwei sich widersprechende Ausgangspositionen oder Ziele.

Die **Ursachen** für Konflikte können im Prinzip auf drei Ebenen liegen. Die Beteiligten haben unterschiedliche
- Werte („Wertekonflikt") oder
- Ziele („Zielkonflikt") oder
- es besteht ein Problem im Umgang miteinander („Beziehungskonflikt").

Psychologisch betrachtet kann die Quelle für einen Konflikt jede frustrierte Erwartungshaltung sein, unabhängig davon, ob die Erwartung realistisch war. Lässt sich die Missstimmung nicht auflösen, kann dies der erste Schritt auf der Abwärtsspirale der **Konflikteskalation** werden. In deren weiterem Verlauf werden –

auf beiden Seiten – Konfliktpartner einbezogen und die Situation eskaliert möglicherweise bis zu einem „heißen Konflikt", in dem Gewalt angedroht wird und nicht mehr das ursprüngliche Problem im Mittelpunkt steht, sondern die Vernichtung des anderen.

Die Situation wird durch das **Eisbergmodell** veranschaulicht. Ähnlich wie beim Eisberg ist bei einem Konflikt zunächst nur der kleinere Teil sichtbar, während der größere Teil verborgen liegt, aber das Verhalten stark beeinflusst. Die beiden Teile entsprechen

- der **Sachebene** = sichtbarer Teil, dieser betrifft die Fakten und die wahrnehmbare Kommunikation und Körpersprache und
- die **Beziehungsebene** = verborgener Teil, wo Gefühle (durchaus unbewusst), Bedürfnisse und Werte unausgesprochen bleiben, aber die Kommunikation behindern.

Konfliktvermeidung zielt deshalb darauf ab, die Kommunikation sensibel wahrzunehmen und zu verbessern. Ein erster Schritt sind klare **Kommunikationsregeln** und eine **faire Gesprächsführung,** die konstruktiv mit allen schwierigen Kommunikationsstilen (z.B. Vielredner, Schweiger, Besserwissen, Respektlose) umgeht. Ansatzpunkte sind hier das **Vermeiden von Killerphrasen** bis hin zur **gewaltfreien Kommunikation.**

Ein weiterer Schritt besteht darin, **Konfliktsignale** bewusst wahrzunehmen. Aktive Signale (Vorwürfe, Streit, Angriffe) nimmt man unmmittelbar wahr, auf passive Signale, die nonverbal sein können oder sich z.B. in Beschwichtigen, Schweigen, Krankheit äußern können, muss man besonders achten.

Ist ein Konflikt bereits ausgeprägt, wird die **Konfliktlösung** in der Regel durch das **Führen von Konfliktgesprächen** eingeleitet. Diese können

- als Einzelgespräch (z.B. zwischen den Betroffenen oder zwischen einem Betroffenen und der Führungskraft) oder als Gruppengespräch geführt werden sowie
- nur im Kreis der Betroffenen oder mit einem Moderator oder Coach durchgeführt werden.

Nicht immer ist es günstig, wenn sich der Vorgesetzte in die Konfliktlösung einschaltet, sondern hilfreich kann die Hinzuziehung eines (internen oder externen) **Mediators** (Vermittlers) sein. Ein Mediator hat keine eigenen Konfliktinteressen, sondern kann aus den Meinungen der Konfliktparteien einen Kompromiss erarbeiten, der für beide Konfliktparteien akzeptabel ist.

Teil 2 Abschlussprüfung: Prüfungsbereich Wirtschafts- und Sozialkunde

Prüfungsgebiet:

Prüfungsgebiet 01: Berufs- und Arbeitswelt

Funktion 0101 Stellung, Rechtsform und Organisationsstruktur

Handlungskomplex 01: Zielsetzung, Aufgaben und Stellung des Ausbildungsbetriebs

Beispiel

In der BE Partners KG ist es bereits Tradition, dass die Auszubildenden des dritten Ausbildungsjahres eine Einführungswoche für die neuen Auszubildenden vorbereiten und durchführen. Tüley Öztürk und Sophie Fischer bereiten gerade einen kleinen Workshop zum Thema „Ziele und Aufgaben von Betrieben und ihre Stellung in der arbeitsteiligen Wirtschaft" für diese Einführungswoche vor. Sie überlegen, wie man den neuen Auszubildenden diese Themen am besten nahebringt, um sie mit der Berufs- und Arbeitswelt vertraut zu machen.

Betriebe handeln nicht planlos, sondern sie verfolgen mit ihrem alltäglichen Handeln zuvor festgelegte **betriebliche Ziele,** wie z.B. die Erzielung von Gewinn. Um diese Ziele zu erreichen, müssen verschiedene **betriebliche Aufgabenfelder,** wie z.B. Beschaffung, Lagerung und Absatz, erfüllt werden. Für diese Aufgabenerfüllung werden **betriebswirtschaftliche Produktionsfaktoren** benötigt.

Im Rahmen der **Arbeitsteilung** haben Betriebe zudem **Beziehungen zu anderen Unternehmen,** beispielsweise zu Lieferanten oder Kreditinstituten. Das gesamte Gefüge dieser Beziehungen zwischen den verschiedenen Teilnehmern am Wirtschaftsgeschehen kann im Rahmen des **Wirtschaftskreislaufs** dargestellt werden.

01 Ziele des Betriebes

Das vorrangige Ziel eines Unternehmens ist abhängig von der Art des Unternehmens.

- **Private Unternehmen** handeln nach dem **erwerbswirtschaftlichen Prinzip** und verfolgen vorrangig das Ziel der **Gewinnmaximierung**.
- **Öffentliche Unternehmen** handeln nach dem **gemeinwirtschaftlichen Prinzip** und verfolgen vorrangig das Ziel der **Bedarfsdeckung** (= bestmögliche Versorgung der Bevölke-

rung), möglichst bei Kostendeckung. Beispiele für öffentliche Unternehmen sind Krankenhäuser oder städtische Schwimmbäder.

Neben diesen vorrangigen Zielen bzw. Oberzielen verfolgen Betriebe zahlreiche weitere Ziele. Diese lassen sich in vier Kategorien einteilen und ergeben letztlich das gesamte Zielsystem eines Betriebes.

Betriebliche Ziele		
Sachziele	Hierunter versteht man den sachlichen Zweck bzw. den Gegenstand eines Betriebes.	z.B.: Produktion und Vertrieb von Werbemitteln, Erbringung von Werbedienstleistungen
Ökonomische Ziele	Mit diesen Zielen kommt zum Ausdruck, dass der Betrieb wirtschaftlich erfolgreich sein möchte.	z.B. Gewinnmaximierung, Kostensenkung, Umsatzsteigerung, Erhöhung des Marktanteils, Liquiditätssicherung
Ökologische Ziele	Diese Ziele drücken die Verantwortung eines Betriebes für den Erhalt einer lebenswerten Umwelt aus und dienen somit dem Umweltschutz.	z.B. Erhöhung der Recyclingquote, Ressourcenschonung, Reduzierung von Schadstoffausstoß, Lärmreduzierung, Verkauf von recyclingfähigen Produkten
Soziale Ziele	Diese Ziele beziehen sich vorwiegend auf die Bedürfnisse der Mitarbeiter.	z.B. Mitarbeiterzufriedenheit, ergonomische Arbeitsplätze, Arbeitsplatzsicherheit, gerechte Entlohnung der Mitarbeiter

Ökonomisches Prinzip

Ökonomische Ziele werden in der Regel dadurch erreicht, dass Betriebe **wirtschaftlich handeln**. Die zur Verfügung stehenden Mittel (z.B. Geld oder Arbeitskräfte) müssen sinnvoll und planvoll eingesetzt werden, damit die wirtschaftlichen Ziele erreicht werden können.

Beispiel

Im Rahmen der Beschaffungsplanung werden in der BE Partners KG Angebotsvergleiche durchgeführt. Dabei spielt der Bezugspreis der Güter eine große Rolle. Meist wird beim günstigsten Lieferanten eingekauft, um die wirtschaftlichen Ziele Kostensenkung und Gewinnmaximierung zu erreichen.

Wirtschaftliches Handeln erfolgt nach dem ökonomischen Prinzip, welches in zwei Ausprägungen zur Anwendung kommen kann.

Ökonomisches Prinzip	
Maximalprinzip	**Minimalprinzip**
Mit **fest vorgegebenem Mitteleinsatz** soll ein möglichst **großer (maximaler) Erfolg** erzielt werden.	Ein **fest vorgegebener Erfolg** soll mit möglichst **geringem (minimalem) Mitteleinsatz** erreicht werden.
Beispiele: • Für eine Werbekampagne steht ein Budget von 50.000,00 € zur Verfügung. (fest vorgegebener Mitteleinsatz) • Mit der Werbekampagne sollen möglichst viele Neukunden gewonnen werden. (möglichst großer Erfolg)	Beispiele: • In der BE Partners KG soll heute die Inventur durchgeführt werden. (fest vorgegebener Erfolg) • Die Inventur soll von möglichst wenigen Mitarbeitern durchgeführt werden. (möglichst geringer Mitteleinsatz)

Merke: Maximal- und Minimalprinzip lassen sich nicht gleichzeitig anwenden, sie sind also nicht miteinander kombinierbar. Es ist nicht möglich, den Erfolg zu maximieren und gleichzeitig den Mitteleinsatz zu minimieren.

Beispielsweise kann man keine möglichst große Produktionsmenge anstreben und gleichzeitig die Anzahl der Arbeitskräfte minimieren.

02 Mögliche Zielbeziehungen

Zielbeziehungen der betrieblichen Ziele	
Zielharmonie bzw. komplementäre Ziele	**Zielkonflikt bzw. konkurrierende Ziele**
Die Ziele ergänzen bzw. unterstützen sich gegenseitig.	Die Ziele behindern sich gegenseitig bzw. sie sind nicht gemeinsam erreichbar.
Beispiele: • Kostensenkung und Gewinnmaximierung • Lärmreduzierung und Mitarbeiterzufriedenheit • Verkauf recyclingfähiger Produkte und Verbesserung des Unternehmensimages	Beispiel: • gerechte Entlohnung und Kostenminimierung • höhere Mitarbeiterzufriedenheit und Rentabilitätssteigerung • Verbesserung der Produktqualität und Reduzierung der Bezugspreise

Die verschiedenen betrieblichen Ziele beeinflussen sich häufig gegenseitig. Dabei kann es vorkommen, dass sich zwei Ziele gegenseitig unterstützen oder behindern. Folglich können die zwei grundsätzlich unterschiedlichen Beziehungen zwischen betrieblichen Zielen unterschieden werden.

03 Aufgabenfelder des Betriebes

Obwohl es in der Gesamtwirtschaft eine Vielfalt verschiedenartiger Betriebe gibt, die ganz unterschiedliche Sach- oder Dienstleistungen erbringen, findet man einige Aufgabenfelder in nahezu allen Betrieben – unabhängig von der Betriebsart oder der Branche.

Aufgabenfelder des Betriebes (auch: Betriebliche Grundfunktionen)	
Beschaffung	Um Leistungen erstellen zu können, müssen Betriebe Produktionsfaktoren beschaffen. In erster Linie ist hiermit der Einkauf von **Materialien** bzw. **Werkstoffen** für die spätere Produktion oder von **Handelswaren** zum späteren Verkauf gemeint. Im weiteren Sinne gehört zu diesem Aufgabenfeld aber auch die Beschaffung von **Betriebsmitteln** und **Arbeitskräften**.
Lagerhaltung	Dieses Aufgabenfeld betrifft vorrangig Sachleistungsbetriebe und Handelsunternehmen. Während Sachleistungsbetriebe (Industrie und Handwerk) zunächst die eingekauften **Werkstoffe** und später die **fertigen Produkte** lagern müssen, geht es in Handelsbetrieben um die Lagerung von **Handelswaren** bis zu ihrem Verkauf. Im weiteren Sinne müssen aber nahezu alle Betriebe lagern, beispielsweise **Büromaterialien**.
Leistungs-erstellung	Hierbei wird grundsätzlich zwischen Sachleistungs- und Dienstleistungsbetrieben unterschieden. Die **Leistungserstellung in Sachleistungsbetrieben** (Industrie und Handwerk) besteht in der **Produktion von Sachgütern**. Während die Produktion in Industriebetrieben überwiegend maschinell und automatisiert erfolgt, ist das Handwerk durch manuelle Fertigung gekennzeichnet. Die **Leistungserstellung in Dienstleistungsbetrieben** erfolgt durch die **Bereitstellung von Dienstleistungen** (z.B. Versicherungen, Transportbetriebe).
Absatz	Eine wichtige Aufgabe für alle Betriebe besteht darin, die erstellten Sach- oder Dienstleistungen auf dem Absatzmarkt zu verkaufen. Für einen erfolgreichen Absatz sind eine **kundenorientierte Ausrichtung des Betriebes** und die **Nutzung der Marketinginstrumente** von besonderer Bedeutung.
Verwaltung	Verwaltende Aufgaben stellen in der Regel sekundäre Aktivitäten im Unternehmen dar, da sie nicht zu den Kernprozessen (Einkauf, Lagerhaltung, Leistungserstellung, Absatz) gehören. Sie sind aber im Rahmen von **Unterstützungsprozessen** (Supportprozessen) erforderlich, um die Kernprozesse zu fördern. Zu den verwaltenden Aufgaben gehören beispielsweise die Personalverwaltung oder das Rechnungswesen.

04 Betriebswirtschaftliche Produktionsfaktoren

Für die Erfüllung der betrieblichen Aufgaben benötigen Betriebe die folgenden betriebswirtschaftlichen Produktionsfaktoren (auch: betriebliche Produktionsfaktoren).

Betriebswirtschaftliche Produktionsfaktoren

Elementarfaktoren   **Dispositiver Faktor**

Betriebsmittel	Werkstoffe	Ausführende Arbeit	Leitende Arbeit
sind alle Güter des Anlagevermögens, die langfristig der Leistungserstellung dienen und nicht in das Erzeugnis eingehen (z.B. Grundstücke, Gebäude, Fuhrpark, Produktionsmaschinen, Büromaschinen, Computer, Büromöbel).	sind alle Güter, die als Ausgangsstoffe für die Herstellung eines Erzeugnisses benötigt werden und bei der Herstellung in das Produkt eingehen bzw. verbraucht werden.	ist geistige oder körperliche Arbeit von Mitarbeitern, die direkt zum Zwecke der Leistungserstellung erfolgt (z.B. Verfassen einer Bestellung, Bedienung einer Produktionsmaschine, Beratung eines Kunden, Fahren eines LKW).	umfasst die Tätigkeiten von leitenden Mitarbeitern (Instanzen). Im Wesentlichen sind dies Planung, Organisation und Kontrolle (z.B. Produktionsplanung, Tourenplanung der LKW-Fahrer, Einsatzplanung von Mitarbeitern.

Rohstoffe	Hilfsstoffe	Betriebsstoffe
sind die Hauptbestandteile eines Erzeugnisses (z.B. Papier für ein Werbeplakat).	sind die Nebenbestandteile eines Erzeugnisses (z.B. Druckfarbe für ein Werbeplakat).	werden zum Betreiben von Fertigungsmaschinen benötigt (z.B. Schmieröl für eine Druckmaschine).

Minimalkostenkombination

Zu den Aufgaben des dispositiven Faktors gehört vor allem, die elementaren Produktionsfaktoren zum Zwecke der Leistungserstellung sinnvoll zu kombinieren. Häufig gibt es mehrere technische Möglichkeiten, um eine Leistung zu erstellen (z.B. „kapitalintensiv" mit einer modernen Maschine und wenig Arbeitskräften oder „arbeitsintensiv" mit einer einfacheren Maschine und mehr Arbeitskräften). In diesem Fall wird häufig die kostengünstigste Kombination der Produktionsfaktoren gesucht – die Minimalkostenkombination.

Beispiel

In der BE Partners KG sollen zukünftig Mousepads nach Kundenwunsch bedruckt werden. Eine bestimmte Produktionsmenge kann durch folgende Faktorkombinationen erbracht werden:

	Arbeitseinheiten	Kapitaleinheiten
Kombination 1	120	1
Kombination 2	40	3
Kombination 3	20	5
Kombination 4	10	8

Der Preis für eine Arbeitseinheit beträgt 250,00 € und der für eine Maschineneinheit 8.000,00 €.
Mit folgender Tabelle lassen sich die Gesamtkosten für jede Faktorkombination ermitteln.

	Arbeitskosten		Kapitalkosten		Gesamtkosten
Kombination 1	120 · 250,00 € =	30.000,00 €	1 · 8.000,00 € =	8.000,00 €	38.000,00 €
Kombination 2	**40 · 250,00 € =**	**10.000,00 €**	**3 · 8.000,00 € =**	**24.000,00 €**	**34.000,00 €**
Kombination 3	20 · 250,00 € =	5.000,00 €	5 · 8.000,00 € =	40.000,00 €	45.000,00 €
Kombination 4	10 · 250,00 € =	2.500,00 €	8 · 8.000,00 € =	64.000,00 €	66.500,00 €

Das Unternehmen wird die Kombination 2 wählen, da dort die Gesamtkosten mit 34.000,00 € am niedrigsten sind.

05 Stellung des Betriebes im gesamtwirtschaftlichen Zusammenhang

Am wirtschaftlichen Geschehen nehmen neben verschiedenen Betrieben weitere Wirtschaftssubjekte wie die privaten Haushalte oder der Staat teil. Zwischen diesen Wirtschaftsteilnehmern bestehen in einer arbeitsteiligen Wirtschaft zahlreiche Beziehungen, welche bildhaft im Wirtschaftskreislauf veranschaulicht werden.

Einfacher Wirtschaftskreislauf

Im einfachen Wirtschaftskreislauf wird die vereinfachende Annahme unterstellt, dass nur **private Haushalte** und **Unternehmen** am Wirtschaftsgeschehen teilnehmen. Auf dieser Grundlage können die Tauschbeziehungen zwischen diesen beiden Wirtschaftsteilnehmern in Form von **Güter- und Geldströmen** sehr anschaulich dargestellt werden.

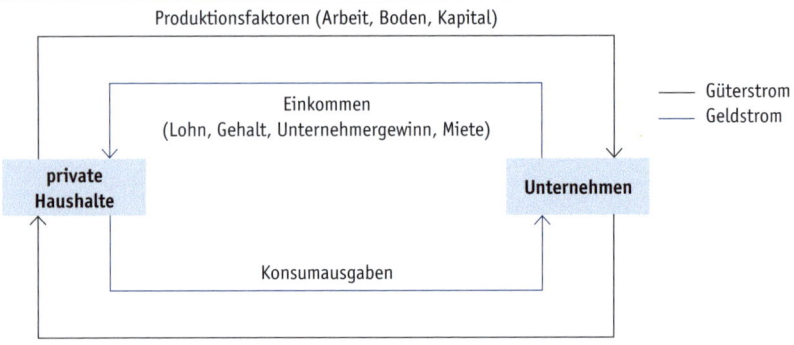

Private Haushalte stellen den Unternehmen ihre Arbeitskraft und weitere Produktionsfaktoren wie Grundstücke und Kapital zur Verfügung. Sie bekommen dafür als Gegenleistung ihr Einkommen in Form von Löhnen, Gehältern, Miete, usw. Dieses Geld verwenden sie, indem sie Konsumausgaben tätigen und damit bei den Unternehmen Sachgüter oder Dienstleistungen kaufen.

Erweiterter Wirtschaftskreislauf

Das Modell des Wirtschaftskreislaufs wird komplexer, aber auch realistischer, wenn **zusätzlich die Wirtschaftsteilnehmer Banken, Staat und Ausland** berücksichtigt werden.

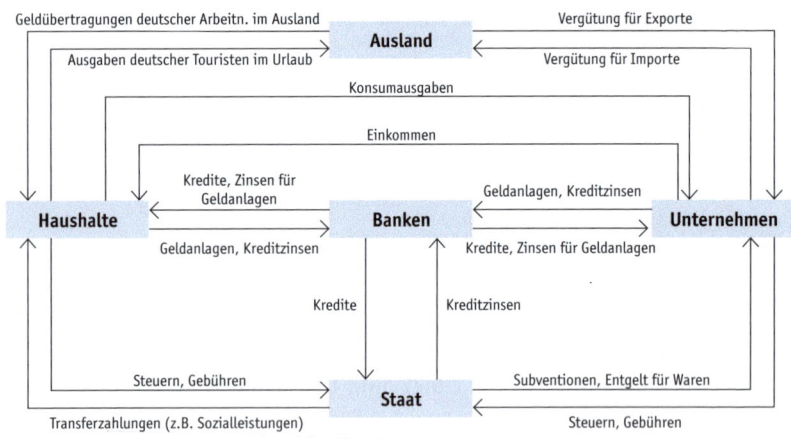

Da in diesem Modell die Beziehungen zwischen den Wirtschaftssubjekten sehr umfangreich sind, beschränkt man sich bei der anschaulichen Darstellung meist auf beispielhafte Geldströme. Es wird deutlich, dass Betriebe durch vielfältige Beziehungen zu anderen Wirtschaftsteilnehmern in die Gesamtwirtschaft eingebunden sind.

Arbeitsteilung

Im Modell des Wirtschaftskreislaufs werden alle Betriebe einer Volkswirtschaft zum gemeinsamen Wirtschaftssektor „Unternehmen" zusammengefasst. Dahinter stecken zahlreiche Betriebe, die sich auf bestimmte Sachziele konzentrieren und somit die Vielzahl an Aufgaben zur Erstellung von unzähligen Sachgütern und Dienstleistungen untereinander aufteilen. Zudem agieren die Mitarbeiter innerhalb der Betriebe arbeitsteilig, indem sie sich jeweils auf bestimmte betriebliche Aufgabenfelder (z.B. Einkauf, Lager, Verkauf, Leistungserstellung, Verwaltung) konzentrieren.

Arten der Arbeitsteilung			
Berufliche Arbeitsteilung	**Betriebliche Arbeitsteilung**	**Volkswirtschaftliche Arbeitsteilung**	**Internationale Arbeitsteilung**
• **Berufsbildung**: Bildung von Grundberufen (z.B. Kaufmann, Arzt, Schmied) • **Berufspaltung**: Spezialisierung innerhalb der Berufe (z.B. Goldschmied, Hufschmied, Waffenschmied)	• **Bildung von Stellen** mit eingegrenztem Aufgabenbereich • **Bildung von Abteilungen** • **Zerlegung von Arbeitsabläufen** in Teilschritte	Hierunter versteht man die Einteilung aller Betriebe in drei große Wirtschaftsbereiche bzw. **Wirtschaftssektoren gemäß der Produktionsstufe.**	Hierunter versteht man die **Spezialisierung ganzer Volkswirtschaften** bzw. Länder auf die Erbringung bestimmter Leistungen bzw. Erzeugung bestimmter Güter.

Einteilung der Betriebe in drei Wirtschaftssektoren		
Primärer Sektor	**Sekundärer Sektor**	**Tertiärer Sektor**
Dem primären Sektor werden alle Betriebe der **Urerzeugung** zugeordnet. Insbesondere gehören hierzu land- und forstwirtschaftliche Betriebe, Fischereibetriebe und Betriebe der Rohstoffgewinnung (z.B. Bergbau).	Dem sekundären Sektor werden alle Betriebe der **Weiterverarbeitung** zugeordnet. Insbesondere gehören hierzu **Industrie- und Handwerksbetriebe**.	Der tertiäre Sektor wird auch als **Dienstleistungssektor** bezeichnet. Neben sonstigen **Dienstleistungsbetrieben** werden vor allem auch die **Handelsbetriebe** diesem Sektor zugeordnet.

Handlungskomplex 02: Rechtsform des Ausbildungsbetriebes erläutern

Beispiel

Die heutige BE Partners KG wurde 1985 zunächst von Rolf Bastian als Druckerei gegründet und von ihm alleine geführt. Das Einzelunternehmen firmierte seinerzeit als Druckerei Bastian e. K. Als Herr Bastian im Jahr 2002 das Unternehmen vergrößern und das Leistungsspektrum um Werbedienstleistungen erweitern wollte, entstand großer Kapitalbedarf. Dörthe Epstein trat in das Unternehmen ein und versorgte es mit zusätzlichem Eigenkapital. Da jetzt zwei Gesellschafter vorhanden waren, musste die Rechtsform des Einzelunternehmens aufgegeben werden. Herr Bastian und Frau Epstein gründeten deswegen 2002 die Personengesellschaft BE Partners KG und führen sie seitdem als Gesellschafter. Herr Bastian ist Komplementär und Frau Epstein ist Kommanditistin.

Bei der Gründung eines Unternehmens muss eine Rechtsform (auch: Unternehmensform) gewählt werden.

Kriterien für die Wahl einer Rechtsform	
• **Kapitalaufbringung** (Anzahl der Unternehmensgründer, Höhe des erforderlichen Eigenkapitals) • **Haftungsregelung** (Anzahl der haftenden Personen, Vollhafter oder Teilhafter) • **Einflussmöglichkeiten auf Entscheidungen** (Geschäftsführungsbefugnis, Vertretungsbefugnis)	• **Art der Gewinn- oder Verlustverteilung** (z.B. gesetzliche Vorgaben) • **Besteuerung des Gewinns** (Einkommensteuerpflicht oder Körperschaftssteuerpflicht)

01 Übersicht über die privatrechtlichen Unternehmensformen

Grundsätzlich lassen sich die alternativen Rechtsformen danach unterscheiden, welche Personen oder Personengruppen das Eigenkapital des Unternehmens aufbringen. Die Wahl einer Unternehmensform muss aber unter Berücksichtigung aller der oben genannten Kriterien gut abgewogen werden.

Unternehmensformen

Einzelunternehmen	Personengesellschaften	Kapitalgesellschaften
• eingetragener Kaufmann bzw. eingetragene Kauffrau (e. K.)	• Kommanditgesellschaft (KG) • Offene Handelsgesellschaft (OHG)	• Gesellschaft mit beschränkter Haftung (GmbH) • Aktiengesellschaft (AG)

Einzelunternehmen bieten generell den Vorteil, dass der Geschäftsinhaber die alleinige Geschäftsführungsbefugnis hat, wodurch Entscheidungsprozesse beschleunigt werden. Außerdem muss er einen Unternehmensgewinn mit niemandem teilen.

Personengesellschaften bieten hingegen den Vorteil, dass die geschäftsführende Arbeit auf mehrere Gesellschafter verteilt werden kann. Durch die Möglichkeit, weitere Gesellschafter in das Unternehmen aufzunehmen, können Personengesellschaften außerdem besser mit Eigenkapital ausgestattet werden, als Einzelunternehmen. Aus diesem Grund, und weil mehrere Gesellschafter haften, genießen Personengesellschaften bei Geschäftspartnern (z.B. Lieferanten) eine höhere Kreditwürdigkeit. Diese bessere Kreditwürdigkeit bewirkt insbesondere, dass die Beschaffung von Fremdkapital (z.B. bei Banken) für Personengesellschaften einfacher ist als für Einzelunternehmen.

Kapitalgesellschaften bieten gegenüber Personengesellschaften insbesondere den Vorteil, dass die Haftung auf das Gesellschaftsvermögen beschränkt ist. Die Gesellschafter können ihr Risiko als Selbstständige also begrenzen, da sie – z.B. im Fall eines Unternehmensverlusts – nur mit ihrer Eigenkapitaleinlage und nicht mit ihrem Privatvermögen haften. Da Kapitalgesellschaften die Möglichkeit bieten, mehrere bzw. viele Gesellschafter aufzunehmen, besteht zudem eine sehr gute Möglichkeit der Eigenkapitalbeschaffung.

02 Regelungen zu den wesentlichen privatrechtlichen Unternehmensformen

Kriterium	Einzelunternehmung	Kommanditgesellschaft	Gesellschaft mit beschränkter Haftung
Gründung	• erfolgt ausschließlich durch eine Person (den Inhaber)	• mindestens ein Komplementär (Vollhafter) und ein Kommanditist (Teilhafter) erforderlich • mehrere Komplementäre und mehrere Kommanditisten möglich	mindestens eine Person (Gesellschafter) erforderlich
Firmenzusatz	e. K. / e. Kfm. / e. Kffr.	KG	GmbH

Kriterium	Einzelunternehmung	Kommanditgesellschaft	Gesellschaft mit beschränkter Haftung
Aufbringung des Eigenkapitals	• Aufbringung des erforderlichen Eigenkapitals durch eine Person (den Inhaber) • Erhöhung des Eigenkapitals nur durch den Inhaber möglich • keine Vorschrift zur Höhe des Eigenkapitals	• Aufbringung des erforderlichen Eigenkapitals durch mehrere Personen (die Gesellschafter) • Aufnahme neuer Gesellschafter möglich • Erhöhung der Kapitaleinlagen aller Gesellschafter möglich	• jeder Gesellschafter leistet eine Stammeinlage (mind. 100,00 €) • gesamtes Stammkapital der Gesellschaft mindestens 25.000,00 € • Aufnahme neuer Gesellschafter möglich • Erhöhung der Stammeinlagen möglich
Geschäftsführung und Vertretung[1]	• grundsätzlich alleine durch den Inhaber • Inhaber kann aber Mitarbeitern Prokura erteilen	• grundsätzlich durch den Komplementär • Kommanditisten haben nur Informations- und Widerspruchsrecht bei außergewöhnlichen Geschäften • Komplementär kann aber den Kommanditisten Prokura erteilen	• grundsätzlich durch den berufenen Geschäftsführer • Gesellschafterversammlung entscheidet z.B. über Gewinnverwendung und Ein- bzw. Abberufung von Geschäftsführern • Geschäftsführer kann auf Beschluss der Gesellschafterversammlung Prokura erteilen
Haftung	• Inhaber haftet unbeschränkt mit Geschäfts- und Privatvermögen	• Komplementäre haften unbeschränkt mit ihrem Privat- und dem Geschäftsvermögen • Kommanditisten haften nur mit ihrer Kapitaleinlage	• Haftung ist beschränkt auf die Höhe des Gesellschaftsvermögens
gesetzliche Gewinnverteilung	• dem Inhaber steht der gesamte Gewinn zu • Inhaber muss ggf. den gesamten Verlust tragen	• zuerst 4 % auf die jeweilige Kapitaleinlage • Rest in angemessenem Verhältnis (sollte im Gesellschaftsvertrag geregelt werden) • Verlustverteilung in angemessenem Verhältnis (sollte im Gesellschaftsvertrag geregelt werden)	• Gewinn oder Verlust wird im Verhältnis der Stammeinlagen oder gemäß Gesellschaftsvertrag verteilt
Besteuerung	Einkommensteuerpflicht des Inhabers	Einkommensteuerpflicht jedes Gesellschafters	Körperschaftssteuerpflicht der GmbH

[1] Die Geschäftsführung betrifft das Innenverhältnis eines Unternehmens. Der zur Geschäftsführung Berechtigte darf alle innerbetrieblichen Entscheidungen treffen (z.B. bezüglich der angebotenen Leistungen, der einzustellenden oder zu kündigen-

den Mitarbeiter, des Marketingkonzepts). Häufig werden viele dieser Entscheidungsbefugnisse dann aber an bestimmte Mitarbeiter durch Vollmachten (vgl. Kapitel XXX) übertragen.

Die Vertretung betrifft das Außenverhältnis eines Unternehmens. Der zur Vertretung des Unternehmens Berechtigte darf das Unternehmen gegenüber Außenstehenden (z.B. Lieferanten, Kunden, Banken, Mitarbeitern) vertreten. Dies bedeutet insbesondere, dass er Willenserklärungen gegenüber Geschäftspartnern abgeben und mit diesen Verträge schließen darf.

Merke: Die Regelung der Haftung ist ein wesentliches Unterscheidungsmerkmal zwischen Personen- und Kapitalgesellschaften.

Während es bei Personengesellschaften immer mindestens einen Gesellschafter gibt, der auch mit seinem Privatvermögen haftet (z.B. Komplementär bei der KG), ist die Haftung bei Kapitalgesellschaften (z.B. GmbH) auf das Gesellschaftsvermögen beschränkt.

Zu beachten ist in diesem Zusammenhang, dass der geringere Haftungsumfang grundsätzlich die Kreditwürdigkeit einer GmbH verringert. Dies kann bei der Fremdkapitalbeschaffung gegenüber Banken und bei Großaufträgen an Lieferanten nachteilig sein.

Beispiel

Die BE Partners KG erhält einen Großauftrag des Neukunden Solartech GmbH. Im Handelsregister erfährt Herr Bastian von der BE Partners KG, dass die Solartech GmbH nur über das Mindeststammkapital von 25.000,00 € verfügt. Da die Solartech GmbH individuell zu gestaltende Werbemittel mit einem Auftragswert von 150.000,00 € bei der BE Partners KG bestellt hat, entscheidet Herr Bastian, dass mit dem Kunden Vorkasse vereinbart wird. Der Haftungsumfang der GmbH ist ihm zu gering, um den Kunden auf Rechnung zu beliefern.

Handlungskomplex 03: Investition und Finanzierung

Beispiel

Die BE Partners KG möchte für die Werbemittelproduktion neue Druckmaschinen anschaffen. Herr Bastian hat sich bereits bei mehreren infrage kommenden Lieferanten informiert und schätzt das Investitionsvolumen auf ca. 1,5 Mio. €. Zur Finanzierung dieser Investition hat er von der Hausbank der BE Partners KG bereits ein Angebot über ein Darlehen mit einem Zinssatz von 2,5 % vorliegen. Die Bank verlangt aufgrund des hohen Darlehensbetrags jedoch eine Kreditsicherheit. Alternativ hat ihm einer der möglichen Lieferanten auch bereits ein interessantes Leasing-Angebot unterbreitet.

01 Zusammenhang zwischen Investition und Finanzierung

Merke: Unter einer **Investition** versteht man in erster Linie die langfristige Anlage von finanziellen Mitteln in Sachvermögen.

Anders ausgedrückt: Geldkapital wird in Anlage- oder Umlaufvermögen (z.B. Grundstücke, Gebäude, Maschinen, Büroausstattung, Werkstoffe, Waren) umgewandelt. Dementsprechend erkennt man die Investitionen eines Unternehmens auf der **Aktivseite der Bilanz.**

Merke: Unter **Finanzierung** versteht man in erster Linie alle Maßnahmen, die der Beschaffung von finanziellen Mitteln dienen.

Zu unterscheiden ist hierbei, ob im Rahmen einer Finanzierungsmaßnahme (weiteres) Eigenkapital oder Fremdkapital (z.B. im Rahmen eines Darlehens) beschafft wird. Dementsprechend erkennt man die Finanzierung eines Unternehmens auf der **Passivseite der Bilanz.**

Der enge Zusammenhang zwischen Investition und Finanzierung besteht darin, dass eine Investition finanziert werden muss. Bevor finanzielle Mittel im Rahmen einer Investition verwendet werden (Mittelverwendung), müssen sie durch Finanzierung beschafft werden (Mittelherkunft). Dieser Zusammenhang zwischen Herkunft und Verwendung von Kapital wird in der Bilanz dargestellt.

Aktiva	Bilanz	Passiva
= Darstellung der Vermögensstruktur		= Darstellung der Kapitalstruktur
• Anlagevermögen (z.B. Grundstücke, Gebäude, Maschinen, Fuhrpark) • Umlaufvermögen (z.B. Werkstoffe, Handelswaren)		• Eigenkapital • Fremdkapital (z.B. Darlehen, Verbindlichkeiten)
↑		↑
Wie wurden die finanziellen Mittel verwendet? **Investition = Mittelverwendung**		Woher kommen die finanziellen Mittel? **Finanzierung = Mittelherkunft**

02 Finanzierungsarten

Unternehmen stehen verschiedene Möglichkeiten zur Verfügung, finanzielle Mittel zu beschaffen. Somit können geplante Investitionen bzw. regelmäßige Geschäfte auf verschiedene Arten finanziert werden.

Eigenfinanzierung und Fremdfinanzierung

Grundsätzlich werden die Finanzierungsarten in Möglichkeiten der **Eigenfinanzierung und der Fremdfinanzierung unterschieden**. Zudem stehen **Sonderformen** zur Verfügung.

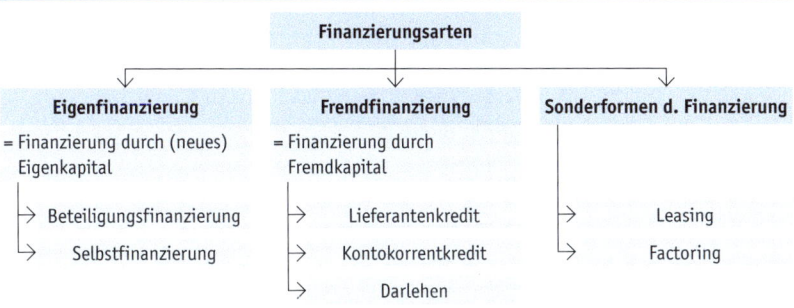

Innenfinanzierung und Außenfinanzierung

Die Finanzierungsarten können auch **nach der Herkunft des Kapitals in Innen- und Außenfinanzierung** kategorisiert werden. Von den im Schaubild genannten Finanzierungsarten ist die Selbstfinanzierung eine Form der Innenfinanzierung, da das Geld in Form von Gewinnen vom Unternehmen selbst („von innen") kommt. Die Beteiligungsfinanzierung stellt hingegen – neben den Möglichkeiten der Fremdfinanzierung – eine weitere Form der Außenfinanzierung dar, da das Geld in Form von Kapitaleinlagen aus dem Privatvermögen der Gesellschafter („von außen") in das Unternehmen kommt.

02-1 Eigenfinanzierung

Merke: Bei der Eigenfinanzierung wird dem Unternehmen neues Eigenkapital zugeführt. Dieses kann entweder von den (bisherigen oder neuen) Inhabern bzw. Gesellschaftern aufgebracht werden oder durch die Einbehaltung von Unternehmensgewinnen entstehen.

Beteiligungsfinanzierung (auch: Einlagenfinanzierung)

Bei einer Beteiligungsfinanzierung wird dem Unternehmen durch die vorhandenen oder durch neue Eigentümer (Gesellschafter) Eigenkapital zugeführt. Dies geschieht

- bei der Gründung des Unternehmens durch die erstmaligen Kapitaleinlagen der Gesellschafter,
- durch die Aufnahme neuer Gesellschafter und deren Kapitaleinlage oder
- durch die Erhöhung der Kapitaleinlagen der vorhandenen Gesellschafter.

Selbstfinanzierung

Eine Selbstfinanzierung liegt vor, wenn der Unternehmensgewinn nicht an die Eigentümer (Gesellschafter) ausgeschüttet wird, sondern im Unternehmen einbehalten wird und somit zur Aufstockung des Eigenkapitals verwendet wird.

02-2 Fremdfinanzierung

Merke: Bei der Fremdfinanzierung wird Fremdkapital von externen Kapitalgebern (z.B. Lieferanten, Banken) zur Verfügung gestellt.

Lieferantenkredit

Ein Lieferantenkredit liegt immer dann vor, wenn das Unternehmen ein vom Lieferanten gewährtes Zahlungsziel nutzt. Grundsätzlich hätte ein Lieferant immer das Recht, sofortige Bezahlung einer Lieferung zu verlangen. Wenn der Lieferant aber dem Kunden in der Rechnung die Zahlung zu einem späteren Zeitpunkt anbietet, dann bietet er damit einen Lieferantenkredit an.

Beispiel

In einer Rechnung der Alantara Filmproduktion AG an die BE Partners KG befindet sich die Formulierung „zahlbar innerhalb von 30 Tagen nach Rechnungsdatum". Die BE Partners KG nutzt dieses Zahlungsziel aus und nimmt somit für 30 Tage einen Lieferantenkredit in Anspruch.

Häufig wird in Rechnungen zusätzlich zum Zahlungsziel auch eine Skontofrist angeboten (z.B. „zahlbar innerhalb von 10 Tagen mit 3 % Skonto oder 30 Tage netto"). Dann wäre die Inanspruchnahme des Lieferantenkredits (Zahlung nach 30 Tagen) nicht „umsonst", da bei einer Ausnutzung des Zahlungsziels von 30 Tagen auf den Abzug der 3 % Skonto verzichtet werden müsste. Für Details zum Skonto und der Skontoberechnung siehe Seite 198.

Kontokorrentkredit

Als Kontokorrentkredit bezeichnet man die **Überziehung des Geschäftskontos** bis zu einem festgelegten Betrag (Kreditlimit). Da Kreditinstitute für Kontokorrentkredite in der Regel höhere Zinsen verlangen, als beispielsweise für langfristige Darlehen, sollte der Kontokorrentkredit eher **kurzfristig** genutzt werden. Er bietet Unternehmen aber wichtige Handlungsspielraum bei kurzfristigen Liquiditätsengpässen.

Darlehen

Im Gegensatz zu den kurzfristigen Möglichkeiten der Fremdfinanzierung wie Lieferantenkredit oder Kontokorrentkredit, ist das Darlehen eine Möglichkeit der **langfristigen Fremdfinanzierung**. Es bietet sich insbesondere für mittel- oder langfristige Investitionen an, bei denen der benötigte Geldbetrag über einen längeren Zeitraum zurückgezahlt werden soll.

Beim Darlehen zahlt in der Regel eine Bank dem Unternehmen die benötigte Kreditsumme bzw. den Darlehensbetrag zu einem bestimmten Zeitpunkt aus. Im Darlehensvertrag werden Konditionen wie Zinssatz, Laufzeit oder Tilgungsplan vereinbart. Nach der Art und Weise, wie der Darlehensbetrag vom Darlehensnehmer zurückgezahlt wird (Form der Tilgung), werden verschiedene Darlehensarten unterschieden.

Darlehensarten	
Fälligkeitsdarlehen (Festdarlehen)	Der gesamte Darlehensbetrag wird erst zum Fälligkeitstermin getilgt. Während der Laufzeit zahlt der Darlehensnehmer nur regelmäßige Zinsen.
Annuitätendarlehen	Regelmäßige Zahlung eines gleichbleibenden Betrags (Annuität = Tilgung + Zinsen). Mit der Zeit steigt dabei der Tilgungsanteil an der Annuität.
Abzahlungsdarlehen (Ratendarlehen)	Der regelmäßige Tilgungsbetrag bleibt konstant. Da die Zinsen mit der Zeit sinken, sinkt auch der monatlich zu zahlende Gesamtbetrag.

02-3 Wahl der optimalen Finanzierungsart

Je nach Finanzierungsanlass muss die Frage nach der optimalen Finanzierungsart unterschiedlich beantwortet werden. Die richtige Wahl ist dabei von verschiedenen Kriterien abhängig.

Merke: Grundsätzlich gilt, dass die finanziellen Mittel dem Unternehmen immer so lange zur Verfügung stehen müssen, wie sie gebraucht werden.

Beispiel

In der BE Partners KG muss heute eine Lieferantenrechnung über 180.000,00 € bezahlt werden. Das Geschäftskonto bei der Hausbank weist aber nur ein Guthaben von 160.000,00 € auf. Da die Sachbearbeiterin Rechnungswesen weiß, dass in den nächsten Tagen mehrere Forderungen an eigene Kunden fällig werden, entschließt sie sich, die Lieferantenrechnung zu überweisen und somit zur Finanzierung den Kontokorrentkredit der Hausbank in Anspruch zu nehmen.

Beispiel

Die BE Partners KG plant seit einigen Jahren, eine Außenstelle in Köln zu eröff-nen. Zur Selbstfinanzierung dieses Vorhabens verzichten die Gesellschafter Herr Bastian und Frau Epstein bereits seit einigen Jahren auf die Gewinnausschüttung und belassen den Gewinn zur Steigerung des Eigenkapitals im Unternehmen.

Vergleich zwischen Eigenfinanzierung und Fremdfinanzierung	
Vorteile der Eigenfinanzierung	**Vorteile der Fremdfinanzierung**
• Kapital steht langfristig (unbefristet) zur Verfügung • keine Zins- und Tilgungsbelastung • keine Belastung der Liquidität • bessere Eigenkapitalausstattung verbessert die Eigenkapitalquote und die Kreditwürdigkeit	• in der Regel einfache und formlose Beschaffung • kein Mitspracherecht der Fremdkapitalgeber bei unternehmerischen Entscheidungen • Fremdkapitalzinsen mindern den steuerlichen Gewinn

02-4 Sonderformen der Finanzierung: Leasing und Factoring

Leasing

Eine Alternative zum kreditfinanzierten Kauf von Sachgütern ist häufig das Leasing. Es handelt sich insofern um eine Sonderform der Finanzierung, da man beim Leasing kein Geld, sondern eine Sache (z.B. PKW, Maschine, PC, Fotokopierer) erhält.

Der Eigentümer dieser Sache **(Leasinggeber)** überlässt dem Unter-nehmen **(Leasingnehmer)** die Sache zu festgelegten vertraglichen Vereinbarungen **(Leasingvertrag)**. Der Leasingnehmer wird für einen bestimmten Zeitraum Besitzer dieser Sache und darf sie nut-zen. Hierfür zahlt er an den Leasinggeber ein vereinbartes Entgelt **(Leasingrate)**. Nach Ablauf des Zeitraums wird die geleaste Sache an den Eigentümer zurückgegeben oder von ihm gekauft.

Vergleich zwischen Leasing und Kreditkauf

Bei der Entscheidung zwischen Leasing und Kreditkauf spielen natürlich die Gesamtkosten eine entscheidende Rolle. Ein guter Vergleich ist allerdings nur möglich, wenn beim Leasing ein Rest-wert festgelegt wurde, zu dem der Leasingnehmer den Leasingge-genstand am Ende der Laufzeit kaufen kann.

Kostenvergleich zwischen Leasing und Kreditkauf	
Leasing	**Kreditkauf**
Summe der Leasingraten + ggf. Abschlussgebühr + Kaufpreis am Ende der Leasinglaufzeit	Kaufpreis + ggf. Gebühren (z.B. Darlehensgebühren) + Summe der Kreditzinsen
= Gesamtkosten bei Leasing	= Gesamtkosten bei Kreditkauf

Neben den Gesamtkosten gibt es weitere Aspekte, die bei der Entscheidung für Leasing oder Kreditkauf beachtet werden sollten.

Vorteile des Leasings	**Vorteile des Kreditkaufs**
• Verringerung des Kapitalbedarfs • Minderung des steuerlichen Gewinns durch die Leasingraten • keine Kreditsicherheiten erforderlich • zeitliche Befristung der Leasingdauer ermöglicht häufigere Modernisierung	• Kreditzinsen häufig niedriger als die Leasingraten • Erwerb von Eigentum an der Sache ermöglicht flexiblere Nutzung bzw. Anpassung/Veränderung • Verkauf der gekauften Sache möglich, falls sie nicht mehr gebraucht wird

Factoring

Beim Factoring verkauft ein Unternehmen eine Forderung an einen sogenannten **Factor** (z.B. eine Factoring-Bank). Es handelt sich hierbei um eine Sonderform der Finanzierung, weil ein Unternehmen eine schwer einzutreibende oder auch eine noch nicht fällige Forderung „zu Geld machen" und damit seine Liquidität erhöhen kann. Ein weiterer Vorteil besteht darin, dass das Risiko des Forderungsausfalls an den Factor abgetreten wird, da dieser sich jetzt um die Eintreibung der Forderung kümmern muss. Der Kaufpreis der Forderung fällt dabei natürlich nach Abzug der Factoring-Gebühr niedriger aus als der Nennwert der Forderung.

Vorteile des Factorings

• Abtretung des Risikos eines Forderungsausfalls
• frühzeitige Liquidierung durch Verkauf der Forderung vor ihrer Fälligkeit (Vorfinanzierung)
• weniger Aufwand mit Mahnwesen oder Inkassomaßnahmen

02-5 Berechnung der Kreditkosten

Bei der Wahl zwischen Finanzierungsalternativen muss häufig ein Kostenvergleich vorgenommen werden. Neben der Berechnung von **Kreditzinsen** ist es dabei wichtig, auch eventuelle **weitere Kosten** der Finanzierungsvariante mit einzubeziehen.

Merke: $\text{Zinsen} = \dfrac{\text{Kapital} \cdot \text{Zinssatz} \cdot \text{Tage}}{100 \cdot 360}$

Beispiel

Die BE Partners KG benötigt für die Erweiterung des Verwaltungsgebäudes ein Darlehen in Höhe von 500.000,00 €. Von der Hausbank liegt ein Angebot mit folgenden Konditionen vor:
- Darlehenssumme: 500.000,00 €
- Zinssatz: 4 % p. a. (jährliche Zinszahlung)
- Abschlussgebühr: 1 % der Darlehenssumme
- Kontoführungsgebühr: 30,00 € (jährlich)
- Laufzeit: 6 Jahre (Fälligkeitsdarlehen: Rückzahlung des gesamten Darlehensbetrags nach 6 Jahren)

Herr Bastian berechnet zunächst die Kreditzinsen für den gesamten Darlehenszeitraum von 6 Jahren:

Zinsen $= \dfrac{500.000 \cdot 4 \cdot (6 \cdot 360)}{100 \cdot 360} = 120.000,00$

Um das Angebot der Hausbank mit anderen Angeboten vergleichen zu können, rechnet er die weiteren Kreditkosten dazu:

Ermittlung der gesamten Kreditkosten	
Kreditzinsen	120.000,00 €
Abschlussgebühr (1 % von 500.000,00 €)	5.000,00 €
Kontoführungsgebühr (6 · 30,00 €)	180,00 €
gesamte Kreditkosten	125.180,00 €

03 Möglichkeiten der Kreditsicherung

Fremdkapitalgeber sind grundsätzlich nur dann bereit, jemandem einen Kredit zu gewähren, wenn sie sicher sein können, dass sie das Geld auch zurückbekommen. Deswegen verlangen sie häufig, dass der Kreditnehmer den Kredit durch eine so genannte Kreditsicherheit absichert. Dies gilt insbesondere, wenn der Kreditgeber Zweifel an der Kreditwürdigkeit (Bonität) des Kreditnehmers hat.

03-1 Personalsicherheiten

Eine Personalsicherheit gibt einem Kreditgeber (Gläubiger) die Möglichkeit, sich **an eine dritte Person zu wende**n, wenn der Kreditnehmer (Schuldner) seine Zahlungsverpflichtung nicht erfüllt.

Selbstschuldnerische Bürgschaft

Die gängigste Form der Personalsicherheiten ist die selbstschuldnerische Bürgschaft. Hierbei schließt der Kreditgeber nicht nur mit dem Kreditnehmer einen Kreditvertrag. Er schließt zusätzlich mit einem Dritten – dem Bürgen – einen Bürgschaftsvertrag. In diesem Bürgschaftsvertrag verpflichtet sich der Bürge, für die Verbindlichkeiten des Kreditnehmers einzustehen. Diese Form der Kreditsicherheit wird insbesondere von Banken genutzt. Sobald der Kreditnehmer eine Kreditrate nicht fristgerecht bezahlt, ist sofort der Bürge zur Zahlung verpflichtet.

03-2 Realsicherheiten

Eine Realsicherheit gibt einem Kreditgeber die Möglichkeit, **einen vereinbarten Teil des Vermögens des Kreditnehmers zu verwerten**, falls dieser seine Zahlungspflicht nicht erfüllt.

Einfacher Eigentumsvorbehalt

Diese Form der Sicherheit ist beim Thema „Angebote" mitbehandelt, siehe Seite 90.

Sicherungsübereignung

Hier wird vom Kreditnehmer zur Kreditsicherung per Vertrag das **Eigentum an beweglichen Sachen** aus seinem Vermögen (z.B. Maschinen, PKW) an den Kreditgeber **abgetreten**. Während der Kreditlaufzeit **bleibt der Kreditnehmer aber unmittelbarer Besitzer** der Sachen und kann sie nutzen. Nur wenn der Kreditnehmer seiner Rückzahlungspflicht nicht fristgerecht nachkommt, darf der Kreditgeber die übereigneten Sachen verwerten.

Lombardkredit (Faustpfand)

Beim Lombardkredit bekommt der Kreditgeber vom Kreditnehmer Wertgegenstände als Pfand ausgehändigt. Im Gegensatz zur Sicherungsübereignung wird der Kreditgeber in diesem Moment nicht Eigentümer, sondern Besitzer der Sachen. Der **Kreditnehmer bleibt Eigentümer.** Das vertraglich vereinbarte Pfandrecht gibt dem Kreditgeber aber die Möglichkeit, die gepfändeten Wertgegenstände nach Androhung und Ablauf einer Wartefrist zu verkaufen, falls der Gläubiger seine Schuld nicht fristgerecht begleicht.

Der Lombardkredit bietet sich aus Sicht des Kreditnehmers an, wenn er über pfändbare Wertgegenstände verfügt, die er kurz- bzw. mittelfristig für die Erfüllung der betrieblichen Aufgaben nicht benötigt. Häufig werden Wertpapiere, Edelmetalle oder Schmuck als Kreditsicherheiten verwendet.

Grundpfandrechte

Gerade für langfristige Kredite verlangen Kreditinstitute häufig ein Grundpfandrecht zur Absicherung. Im Gegensatz zum Lombardkredit handelt es sich hierbei um **Pfandrechte an unbeweglichen Sachen**, also an Immobilien, die zugunsten des Kreditgebers in das Grundbuch eingetragen werden. Zahlt der Kreditnehmer seinen Kredit nicht fristgerecht zurück, **kann der Kreditgeber die Forderung aus einer Zwangsversteigerung der Immobilie befriedigen**. Grundpfandrechte werden in Grundschulden und Hypotheken unterschieden. Eine **Hypothek** erlischt automatisch, wenn der Kredit zurückgezahlt wurde. Eine **Grundschuld** bleibt nach Rückzahlung des Darlehens bestehen und kann somit für weitere Darlehen genutzt oder vom Eigentümer der Immobilie gelöscht werden.

Handlungskomplex 04: Aufbauorganisation und Ablauforganisation

Beispiel

Die BE Partners KG möchte ihr Leistungsspektrum erweitern und zukünftig auch im Bereich Social Media Marketing Dienstleistungen anbieten. Man ist sich darüber einig, dass eine ausführende Stelle neu gebildet werden soll. Zurzeit wird einerseits überlegt, wie die Stelle im Rahmen der Aufbauorganisation in das bestehende Organigramm eingegliedert werden soll. Außerdem wird gerade mithilfe einer ereignisgesteuerten Prozesskette veranschaulicht, wie zukünftig der Arbeitsablauf organisiert werden soll, wenn ein Kunde einen Auftrag zur Gestaltung eines Unternehmensauftritts in einem Sozialen Netzwerk erteilt.

Ohne **Betriebsorganisation** würde es in einem Unternehmen chaotisch zugehen, da weder Zuständigkeiten und Befugnisse, noch die Art und Weise der Erledigung von Arbeitsabläufen geregelt wären. Aus diesem Grund ist es erforderlich, Betriebe zu organisieren, d.h. dauerhafte Regelungen festzulegen.

01 Aufgaben und Ziele betrieblicher Organisation

Die Betriebsorganisation umfasst ein System an organisatorischen Regelungen, die einerseits die Art und Weise des Betriebsaufbaus **(Aufbauorganisation)** und andererseits die betrieblichen Abläufe **(Ablauforganisation)** regeln. Beide Bereiche sind eng miteinander verbunden, haben aber unterschiedliche Aufgaben zu erfüllen.

Aufgaben der betrieblichen Organisation

Aufbauorganisation	Ablauforganisation
• Gliederung des Betriebes durch das Bilden von Stellen und Abteilungen (→ werden dargestellt im **Organigramm**) • Festlegung von Aufgaben, Verantwortlichkeiten und Befugnissen der Stelleninhaber (→ werden erfasst in **Stellenbeschreibungen**)	• zeitliche und räumliche Regelung von typischen Arbeitsabläufen (→ werden dargestellt in **Ablaufdiagrammen** und **ereignisgesteuerten Prozessketten**) • Optimierung des Schnittstellenmanagements (→ erfolgt durch die Analyse von Arbeitsabläufen)

Das übergeordnete **Ziel der Betriebsorganisation** besteht darin, ein **organisatorisches Gleichgewicht zu schaffen**. Die festgelegten Regelungen sollen im Betrieb einerseits für **genügend Stabilität** im betrieblichen Geschehen sorgen und andererseits Freiräume für **genügend Flexibilität** lassen, um auf besondere Situationen oder Entwicklungen angemessen reagieren zu können.

Organisatorisches Gleichgewicht
= Der Betrieb ist weder unter- noch überorganisiert.

Es gibt ausreichend Stabilität durch	Es gibt genügend Flexibilität durch
Organisation = dauerhafte Regelung voraussehbarer und sich wiederholender Vorgänge → Arbeitsaufwand für Kommunikation und Koordination wird minimiert. Arbeitsabläufe können routiniert und effizient durchgeführt werden.	**Disposition** = planmäßige Festlegung von Entscheidungsspielräumen, damit in begründeten Einzelfällen von der grundsätzlichen Regelung abgewichen werden kann und **Improvisation** = spontane Regelung unerwarteter betrieblicher Situationen → Freiräume bzw. Entscheidungsspielräume für besondere Situationen bleiben erhalten.

Aus diesem übergeordneten Ziel der Betriebsorganisation lassen sich Unterziele ableiten:

Ziele der betrieblichen Organisation

- Steigerung der Effizienz der Arbeitsabläufe
- Kostenminimierung
- Optimierung des innerbetrieblichen Informations- und Materialflusses
- Mitarbeiter weder unter- noch überfordert

- Mitarbeiter sollen jederzeit Klarheit darüber haben, was sie wann zu tun haben
- Betriebsmittel (z.B. Maschinen) sollen optimal ausgelastet werden

---

02 Organisatorischer Aufbau des Betriebes

Die Aufbauorganisation spielt vor allem bei der Gründung eines Betriebes eine große Rolle. **Stellen** müssen erstmals gebildet und die Stelleninhaber mit unterschiedlichen **Vollmachten** ausgestattet werden, damit sie ihre Aufgaben eigenständig erfüllen können. In mittleren und großen Unternehmen müssen Stellen sinnvoll zu **Abteilungen** zusammengefasst werden und es muss ein passendes **Leitungssystem** gewählt werden. Das „optische" Ergebnis dieser Tätigkeiten ist dann das **Organigramm** des Betriebes.

02-1 Arten von Stellen

Merke: Eine Stelle ist definiert als kleinste organisatorische Einheit in einem Unternehmen. Die wesentlichen Merkmale einer Stelle wie die Aufgaben, Befugnisse und Weisungsbeziehungen des Stelleninhabers werden in einer Stellenbeschreibung zusammengefasst.

Grundsätzlich können drei Stellenarten gebildet werden:

Stellenarten		Beispiele
Ausführende Stellen	• Stellen zur Ausführung angewiesener Aufgaben • haben selber keine Weisungsbefugnis • befinden sich auf unterster Hierarchieebene	• Sachbearbeiter • Monteur • Produktionsarbeiter
Instanzen (Weisungsstellen)	• Stellen mit Weisungsbefugnis • Umfang der Weisungsbefugnis ist dabei unerheblich	• Geschäftsführer • Abteilungsleiter • Gruppenleiter
Stabsstellen	• nur Beratungsfunktion • haben selber keine Weisungsbefugnis • werden Instanzen beigeordnet • sollen Instanzen entlasten und mit ihrem Spezialwissen unterstützen	• Assistent der Geschäftsleitung • Stelle für Rechtsangelegenheiten • Systemadministrator

02-2 Vollmachten

Der Inhaber eines Betriebes ist in der Regel nicht in der Lage, alle anfallenden Geschäfte selber durchzuführen. Deswegen stattet er seine Mitarbeiter mit unterschiedlich umfangreichen **Handlungsbefugnissen** (Vollmachten) aus. Sie sind erforderlich, damit Mitarbeiter jederzeit angemessen handeln können. Das folgende Schaubild gibt einen ersten Überblick.

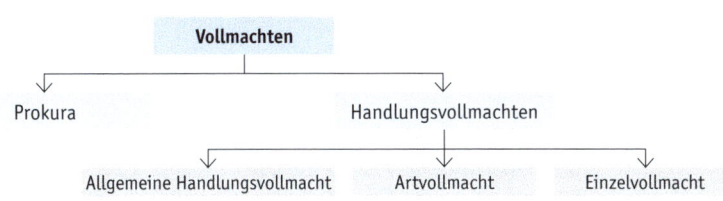

Prokura

Die Prokura ist die umfangreichste Vollmacht, da sie einen Mitarbeiter auch zu Handlungen ermächtigt, die über das normale Tagesgeschäft hinausgehen. Ein Prokurist wird damit quasi zum Stellvertreter des Inhabers und macht seine Prokura durch die Kennzeichnung **„ppa."** vor seiner Unterschrift deutlich.

Merke: Die Prokura ermächtigt zu allen Arten von gerichtlichen und außergerichtlichen Geschäften und Rechtshandlungen, die der Betrieb eines Handelsgewerbes mit sich bringt (§ 49 Abs. 1 HGB).

Die Tabelle zeigt exemplarisch, wie weit die Handlungsbefugnis eines Prokuristen geht und listet die verbotenen Handlungen eines Prokuristen auf, die nur der Inhaber vornehmen darf:

Erlaubte Handlungen des Prokuristen	Verbotene Handlungen des Prokuristen
• Mitarbeiter einstellen oder entlassen	• Verkauf des Unternehmens
• Grundstücke kaufen	• Insolvenz anmelden
• andere Unternehmen erwerben	• neue Gesellschafter aufnehmen
• den Geschäftsbereich erweitern	• Handelsregistereinträge beantragen
• Kredite aufnehmen oder gewähren	• Grundstücke belasten oder verkaufen
• Bürgschaften eingehen	• Prokura erteilen oder entziehen
• Güter einkaufen oder verkaufen	• Bilanz oder Inventar unterschreiben
• Anlagevermögen erwerben oder veräußern	• Firma ändern

Die **Erteilung oder der Entzug der Prokura** kann nur **durch den Inhaber** durch ausdrückliche Erklärung vorgenommen werden und muss in das Handelsregister eingetragen werden.

Dabei kann der Inhaber zwischen folgenden Arten wählen.

Arten der Prokura	
Einzelprokura	Jeder Prokurist kann allein das Unternehmen nach außen vertreten.
Gesamtprokura	Zwei (oder mehrere) Prokuristen können nur gemeinsam das Unternehmen nach außen vertreten. („Vier-Augen-Prinzip" /„Mehr-Augen-Prinzip")
Filialprokura	Die Prokura ist auf eine Filiale bzw. Geschäftsstelle beschränkt.

Handlungsvollmachten
Die Befugnisse von Handlungsbevollmächtigten sind grundsätzlich geringer, als die von Prokuristen. Bei der Vertretung nach außen machen Handlungsbevollmächtigte dies durch die Kennzeichnung **„i.A."** (im Auftrag) oder **„i.V."** (in Vollmacht) deutlich, wobei in vielen Betrieben die Kennzeichnung „i.V." den Allgemeinen Handlungsbevollmächtigten vorbehalten ist. Bei den Handlungsvollmachten müssen drei Arten unterschieden werden.

Handlungsvollmachten		Beispiele
Allgemeine Handlungsvollmacht (auch: Gesamtvollmacht)	... ermächtigt zu allen gewöhnlichen Geschäften im üblichen Umfang, die im Geschäftsbereich des Unternehmens üblicherweise vorkommen.	Einstellung oder Entlassung von Mitarbeitern Einkauf oder Verkauf aller Güter des Betriebes
Artvollmacht	... ermächtigt zur regelmäßigen und dauerhaften Ausübung bestimmter (vereinbarter) Handlungen.	Ein Mitarbeiter im Verkauf darf ab sofort auch kassieren.
Einzelvollmacht	... ermächtigt zur einmaligen Ausübung einer einzelnen Handlung.	Ein Auszubildender wird mit einem Botengang beauftragt.

Wichtig ist in diesem Zusammenhang die **Abgrenzung der Befugnisse eines Prokuristen von denen des Allgemeinen Handlungsbevollmächtigten.** Die Befugnisse des Allgemeinen Handlungsbevollmächtigten sind insofern geringer, da ihm

- alle Handlungen untersagt sind, die auch dem Prokuristen untersagt sind,
- zusätzlich außergewöhnliche Handlungen untersagt sind (z.B. Aufnahme eines Darlehens),

- zusätzlich Geschäfte im für den Betrieb ungewöhnlichen Umfang untersagt sind und
- zusätzlich branchenunübliche Geschäfte untersagt sind.

Alle Handlungsvollmachten dürfen vom Inhaber und vom Prokuristen erteilt werden. Auch ist es möglich, Untervollmachten zu erteilen:

- Allgemeine Handlungsbevollmächtigte dürfen im Rahmen ihrer Vollmacht Art- und Einzelvollmachten erteilen.
- Artbevollmächtigte dürfen im Rahmen ihrer Vollmacht Einzelvollmachten erteilen.

02-3 Leitungssysteme

Die im Rahmen der Aufbauorganisation gebildeten Stellen müssen durch die Bildung von Abteilungen organisatorisch sinnvoll miteinander in Verbindung gebracht werden. Hierdurch werden auch die Beziehungen (Kommunikationswege, Dienstwege, Weisungswege, Meldewege) zwischen den Mitarbeitern geregelt. Dabei können verschiedenartige Leitungssysteme zur Anwendung kommen.

Merke: Je nach gewähltem Leitungssystem werden die Stellen und Abteilungen des Betriebes auf unterschiedliche Weise miteinander verknüpft.

Linienorganisation (auch: Einlinienorganisation)
Beim Liniensystem sind alle Stellen in einem **einheitlichen Kommunikationsweg** eingegliedert. **Jeder Mitarbeiter erhält genau von einem Vorgesetzten Anweisungen** (Weisungsweg) und hat in umgekehrter Richtung genau einen direkten Ansprechpartner bei Meldungen oder Vorschlägen (Meldeweg). Durch die klare Struktur entsteht ein sehr übersichtliches Organigramm. Es gibt nur Instanzen und ausführende Stellen, keine Stabsstellen.

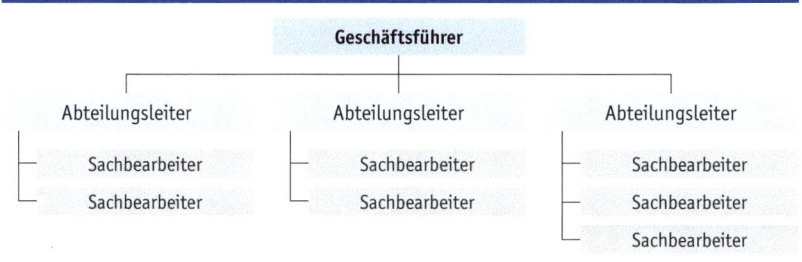

Linienorganisation

Vorteile	Nachteile
• übersichtliche Organisation • eindeutige Weisungsbeziehungen • eindeutige Aufgaben- bzw. Verantwortungsbereiche • gute Koordination und Kontrolle durch Instanzen möglich	• lange und schwerfällige Kommunikationswege • Informationsaustausch zwischen den Abteilungen wird erschwert • lange Entscheidungsprozesse • hohe Belastung der Instanzen

Stablinienorganisation

Das Stabliniensystem ist eine Weiterentwicklung des Liniensystems. Zur **Entlastung von bestimmten Leitungsstellen (Instanzen)** werden diesen **Stabsstellen (Stäbe) zugeordnet**. Stabsstellen sind Stellen mit **beratender Funktion ohne Weisungsbefugnis**. Inhaber von Stabsstellen haben häufig Spezialwissen, mit dem sie die Instanzen bei Entscheidungen unterstützen können. Grundsätzlich können Stabsstellen jeder Instanz beigeordnet werden, nicht nur dem Geschäftsführer.

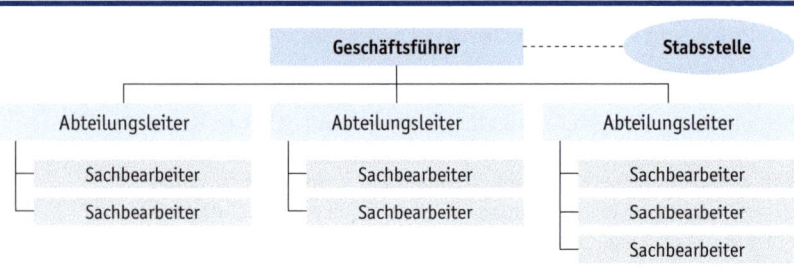

Stablinienorganisation

Vorteile	Nachteile
• Vorteile des Liniensystems bleiben weitgehend erhalten • Entlastung der Instanzen • hohe Qualität der Entscheidungen durch zusätzliches Spezialwissen	• Konflikte zwischen Stabsstelle und Instanz sind möglich • Instanzen entfernen sich von untergeordneten Mitarbeitern, da sie deren Beratung nicht benötigen • zusätzliche Personalkosten

Projektorganisation

Bei der Projektorganisation handelt es sich in der Regel um eine sogenannte **Sekundärorganisation**. Der Betrieb ist dabei grundsätzlich nach einem der klassischen Modelle für Leitungssysteme (z.B. Linienorganisation) organisiert (= Primärorganisation). Für die **Durchführung größerer Projekte** reicht diese eigentliche Aufbauorganisation oftmals aber nicht aus. Denn gerade in der klassischen Linienorganisation ist die **Kooperation von Spezialisten verschiedener Abteilungen** nicht vorgesehen, für die Durchführung von Projekten ist sie aber zwingend erforderlich. Deswegen wird für die Projektdauer neben dieser vorhandenen Primärorganisation zusätzlich auf eine Projektorganisation (= Sekundärorganisation) zurückgegriffen, indem für eine bestimmte Zeit ein **Projektteam gebildet wird**. Auch innerhalb eines Projektteams wird (zeitlich befristet) eine Hierarchie gebildet, indem ein **weisungsberechtigter Projektmanager** bestimmt wird. Zudem werden die verschiedenen Rollen bzw. Aufgaben der einzelnen Projektmitglieder klar geregelt.

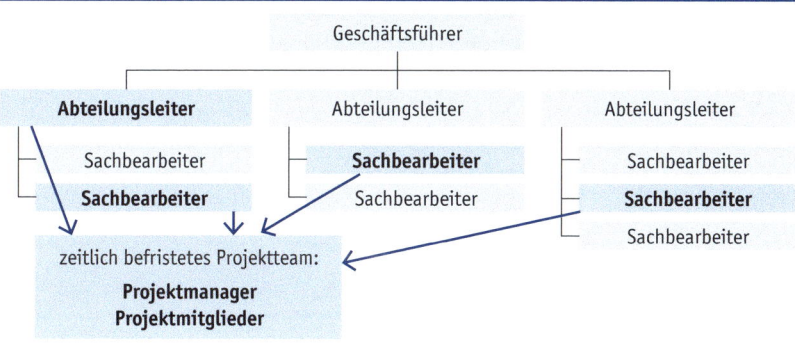

Beispiel

Eine der Dienstleistungen der Werbeagentur BE Partners KG besteht darin, Werbekonzepte für Kunden zu entwickeln. Für diese Aufträge werden Projektteams aus zwei bis vier Mitarbeitern gebildet. Für die Entwicklung einer aktuellen Werbekampagne wurde für drei Wochen ein Projektteam aus Sabine Meyer als Grafik-Designerin und Jacques Schneider als Texter aus der Abteilung Kreation sowie Uwe Dittmer als Kontakter aus der Abteilung Kundenbetreuung gebildet. Marius Schurns ist als Projektmanager für das Projekt verantwortlich.

Projektorganisation	
Vorteile	**Nachteile**
• innerhalb der Projektgruppe bestehen sehr kurze Kommunikationswege • Projektgruppen können gemäß der Fähigkeiten der Mitarbeiter flexibel und zielgerichtet gebildet werden • sehr flexibles Leitungssystem, da Projektgruppen einfach gebildet oder erweitert werden können • hohe Ergebnisqualität, da sich Mitglieder auf die Projektarbeit konzentrieren	• Projektmitglieder fehlen für einen bestimmten Zeitraum auf ihren eigentlichen Linienstellen • Grundaufgaben der Linienstellen werden vernachlässigt • unübersichtliche Organisation („Wer macht eigentlich gerade was?") • Gefahr, dass sich Projektmitglieder von ihrer eigentlichen Abteilung isolieren

Matrixorganisation

Bei der Matrixorganisation existieren **zwei Weisungsebenen gleichberechtigt nebeneinander**. Die eine Weisungsebene ist funktionsorientiert. Die Instanzen sind als **Funktionsmanager** Spezialisten für eine Tätigkeit (Funktion). Die andere Weisungsebene ist objektorientiert (meist produktorientiert). Die Instanzen sind als **Produktmanager** Experten für eine Produktgruppe.

Merke: In der Matrixorganisation kümmern sich immer zwei Spezialisten bzw. Fachbereiche um die Lösung einer Aufgabe.

Geschäftsleitung	Funktionsmanager Beschaffung	Funktionsmanager Produktion	Funktionsmanager Absatz
Produktmanager Produktgruppe A	Beschaffung Produktgruppe A	Produktion Produktgruppe A	Absatz Produktgruppe A
Produktmanager Produktgruppe B	Beschaffung Produktgruppe B	Produktion Produktgruppe B	Absatz Produktgruppe B
Produktmanager Produktgruppe C	Beschaffung Produktgruppe C	Produktion Produktgruppe C	Absatz Produktgruppe C

Beispiel

Im dargestellten Industriebetrieb müssen Rohstoffe für die Produktgruppe A beschafft werden. Der Produktmanager für die Produktgruppe A entscheidet über die Art und erforderliche Güte der Rohstoffe. Der Funktionsmanager für die Beschaffung entscheidet, bei welchem Lieferanten bestellt wird.

Matrixorganisation

Vorteile	Nachteile
• gute Ausnutzung der Fähigkeiten der Mitarbeiter • Förderung der Teamarbeit • qualitativ hochwertige Problemlösungen • Entlastung der Geschäftsleitung	• großer Kommunikationsbedarf • lange Entscheidungsprozesse • schwierige/ungenaue Kompetenzabgrenzung • hohes Konfliktpotenzial

03 Arbeits- und Geschäftsprozesse

In Unternehmen werden zahlreiche Arbeits- bzw. Geschäftsprozesse durchgeführt. Ein **Geschäftsprozess** besteht dabei aus einer **Abfolge logisch verknüpfter Einzeltätigkeiten** (Funktionen, Aktivitäten), die ausgeführt werden, um eine **betriebliche Aufgabe zu erfüllen**. Geschäftsprozesse gehen oft über Abteilungsgrenzen hinweg und gehören zur Ablauforganisation.

Merke: Ein Geschäftsprozess hat einen festgelegten Anfang, eine festgelegte Reihenfolge von Einzeltätigkeiten und ein festgelegtes Ende. Unterschieden werden Kernprozesse und Unterstützungsprozesse.

Geschäftsprozesse

Kernprozesse (Wertschöpfungsprozesse)	Unterstützungsprozesse (Supportprozesse)
Kernprozesse umfassen alle Tätigkeiten, die **direkt der Wertschöpfung** des Betriebes dienen und einen **unmittelbaren Kundennutzen** haben. Sie unterstützen direkt das Sachziel des Betriebes, sind mit seinen Grundfunktionen verknüpft und leiten sich aus dessen Kernkompetenz ab. Je nach Branche ist die Zuordnung unterschiedlich.	Unterstützungsprozesse sind jene betrieblichen Prozesse, die die optimale Ausführung der Kernprozesse unterstützen, aber selbst **keinen unmittelbaren Kundennutzen** erzeugen. Ein Merkmal von unterstützenden Prozessen ist, dass sie **nur indirekt zur Wertschöpfung** beitragen bzw. das Sachziel des Unternehmens nur indirekt unterstützen.
Beispiele in einem Industriebetrieb: • Beschaffung von Werkstoffen • Herstellung von Erzeugnissen • Bearbeitung eines Kundenauftrags	Beispiele: • Beschaffung von qualifizierten Mitarbeitern • Aufbereitung und Auswertung von Wertströmen im Rechnungswesen • Durchführung der Inventur

Merke: Unterstützungsprozesse fördern die optimale Gestaltung von Kernprozessen.

04 Ist-Aufnahme der Prozesse

Im Sinne einer **Geschäftsprozessoptimierung** sollte die Durchführung von Geschäftsprozessen regelmäßig überprüft werden. Bevor ein Geschäftsprozess analysiert und ggf. verbessert werden kann, muss **zunächst ermittelt werden, wie der Prozess zurzeit abläuft**. Der Ist-Zustand muss aufgenommen werden. Hierzu stehen mehrere Verfahren bzw. Erhebungsmethoden zur Verfügung.

Beobachtung
Bei dieser Erhebungsmethode werden die Mitarbeiter bei der Erledigung ihrer Aufgaben beobachtet. Dies kann stichprobenartig (Multimomentmethode) oder dauerhaft (Dauerbeobachtungsmethode) passieren. Die Methode der Beobachtung liefert sehr detaillierte Notizen der Beobachter, bietet sich aber nur bei Arbeitsabläufen an, die auch visuell erfassbar sind.

Beobachtung	
Vorteile	Nachteile
• Arbeitsabläufe werden unverfälscht erfasst • liefert sehr detailliertes Datenmaterial • kein zusätzlicher Aufwand für die am Arbeitsablauf beteiligten Mitarbeiter	• hoher Aufwand durch den Einsatz von Beobachtern • Störung und Verunsicherung der Mitarbeiter durch die Beobachtung

Schriftliche Befragung (Fragebogen)
Die am Arbeitsablauf beteiligten Mitarbeiter füllen vorbereitete Fragebögen zum Arbeitsablauf aus, die anschließend statistisch ausgewertet werden. Diese Methode bietet sich insbesondere bei einfachen Arbeitsabläufen an, an denen viele Mitarbeiter beteiligt sind. Wichtig ist die gut durchdachte Gestaltung des Fragebogens.

Schriftliche Befragung	
Vorteile	Nachteile
• geringe Kosten • schnelle Erfassung und Auswertung • auch viele Mitarbeiter können befragt werden	• nicht alle Informationen können erfasst werden • Probleme beim Verständnis der Fragen können zu ungenauem Datenmaterial führen

Mündliche Befragung (Interview)

Bei dieser Methode wird mit jedem am Arbeitsablauf beteiligten Mitarbeiter ein Gespräch geführt, in dem Fragen zum Arbeitsablauf gestellt werden. Oft handelt es sich um halbstandardisierte Interviews auf Grundlage eines vorformulierten Fragebogens, bei denen die Befragten aber auch die Möglichkeit haben, besondere Aspekte zum Arbeitsablauf zu nennen, die ihnen aufgefallen sind.

Mündliche Befragung	
Vorteile	Nachteile
• ausführliches Datenmaterial • detailliertes Datenmaterial durch offenen Teil • Probleme im Arbeitsablauf werden eher erkannt	• hoher Aufwand für Vorbereitung, Durchführung und Auswertung der Interviews • Auswertung des offenen Teils schwierig

Selbstaufschreibung (Arbeitsbericht)

Hierbei schreiben die Mitarbeiter selbst eine Art Arbeitsbericht, häufig mithilfe von Formularen. Sie beschreiben den Ablauf ihrer Arbeit (z.B. Tätigkeiten, Dauern, Beteiligte, Besonderheiten) und können auf Auffälligkeiten aus ihrer Sicht hinweisen.

Selbstaufschreibung	
Vorteile	Nachteile
• Mitarbeiter können auf Schwachstellen hinweisen, die ihnen persönlich aufgefallen sind • Mitarbeiter können Verbesserungsvorschläge formulieren	• Mitarbeiter können Arbeitsbericht „schönen", aus Angst vor persönlichen Nachteilen • schwierige Auswertung, wenn Arbeitsberichte unterschiedlich verfasst werden

05 Darstellungsformen von Geschäftsprozessen bzw. Arbeitsabläufen

Um einen Arbeitsablauf analysieren und ggf. verbessern zu können, müssen die im Rahmen der Ist-Aufnahme gewonnenen Informationen zunächst einmal **anschaulich grafisch dargestellt** werden. Diese **Visualisierung von Geschäftsprozessen** in einem **Ablaufdiagramm** oder einer **ereignisgesteuerten Prozesskette (EPK)** bietet dann die Möglichkeit, Schwachstellen zu erkennen.

Ablaufdiagramm (auch: Arbeitsablaufdiagramm)

In einem Ablaufdiagramm werden die einzelnen **Tätigkeiten (Arbeitsschritte)** innerhalb eines Geschäftsprozesses **in zeitlicher Reihenfolge (chronologisch) untereinander** notiert. Dadurch wird klar, welcher Arbeitsschritt auf welchen folgt. Zusätzlich verdeutlichen Symbole, um welche **Tätigkeitsart** es sich jeweils handelt. Häufig wird in einer weiteren Spalte die jeweilige (durchschnittliche) Dauer jedes einzelnen Arbeitsschrittes erfasst.

Symbole in Ablaufdiagrammen

◯ = Bearbeitung   ⇨ = Transport   ☐ = Kontrolle   𝖣 = Verzögerung   ▽ = Lagerung

---

Beispiel

In der BE Partner KG wurde eine Ist-Aufnahme des Arbeitsablaufs „Kontrolle und Erfassung von Eingangsrechnungen" durchgeführt. Das folgende Ablaufdiagramm gibt den Ist-Zustand wieder.

Arbeitsablauf: Kontrolle und Erfassung von Eingangsrechnungen

Lfd. Nr.	Tätigkeit	Art der Tätigkeit	Dauer (Min.)
1	Sachbearbeitung Post gibt Rechnung an Sachbearbeitung Einkauf	◯⇨☐𝖣▽	5
2	Zwischenablage im Postkorb der Sachbearbeitung Einkauf	◯⇨☐𝖣▽	120
3	Erfassung der Rechnung im ERP-System	◯⇨☐𝖣▽	10
4	Lieferschein wird im ERP-System gesucht	◯⇨☐𝖣▽	5
5	Sachliche Prüfung der Rechnung mit dem Lieferschein	◯⇨☐𝖣▽	10
6	Weiterleitung an Sachbearbeitung Rechnungswesen	◯⇨☐𝖣▽	5
7	Zwischenablage im Postkorb der Sachbearbeitung Rechnungswesen	◯⇨☐𝖣▽	300
8	Rechnerische Prüfung der Rechnung	◯⇨☐𝖣▽	10
9	Ermittlung des Zahlbetrags (Skonto beachten)	◯⇨☐𝖣▽	5
10	Buchung der Rechnung	◯⇨☐𝖣▽	3
11	Erfassung der Daten für die Zahlung im ERP-System	◯⇨☐𝖣▽	8
12	Ablage der Rechnung	◯⇨☐𝖣▽	5

Das Ablaufdiagramm ist eine gute und einfache Möglichkeit, um Arbeitsabläufe zu veranschaulichen, die **keine Verzweigungen oder parallel verlaufende Tätigkeiten** aufweisen. Bei solchen linearen Geschäftsprozessen liefern sie vor allem anschauliche Informationen darüber, welche Tätigkeitsarten wie oft und (wenn eine Zeitspalte vorhanden ist) wie lange durchgeführt werden.

Merke: Eine wichtige Aufgabe des Ablaufdiagramms besteht darin, aufzuzeigen, wie häufig und ggf. wie lange effiziente Tätigkeiten (Bearbeitung und Kontrolle) und ineffiziente Tätigkeiten (Transport und Verzögerung) durchgeführt werden. Im Sinne der Geschäftsprozessoptimierung sollte die Anzahl und Gesamtdauer der ineffizienten Tätigkeiten minimiert werden.

Ereignisgesteuerte Prozesskette (EPK)

Wenn Arbeitsabläufe nicht linear sind, sondern z.B. parallel durchführbare Arbeitsschritte oder **Verzweigungen aufgrund von bestimmten Ereignissen** aufweisen, stößt das Ablaufdiagramm schnell an seine Grenzen. Dann sind ereignisgesteuerte Prozessketten zur Veranschaulichung geeignet. Grundsätzlich werden bei der **Darstellung funktionaler Zusammenhänge** mit ereignisgesteuerten Prozessketten **Ereignisse, Tätigkeiten und drei verschiedene Operatoren** unterschieden, siehe unten folgende Zusammenstellung.

Merke: Jede ereignisgesteuerte Prozesskette beginnt mit einem Ereignis und niemals mit einer Tätigkeit. Ereignisse und Tätigkeiten wechseln sich (ggf. verknüpft durch einen Operator) immer ab.

Symbole in ereignisgesteuerten Prozessketten

Symbol	Bedeutung	Beispiel
Ereignis	Dieses Symbol wird verwendet, wenn sich **etwas ereignet** oder im Arbeitsablauf ergeben hat (Auslöser oder Ergebnis).	Ware ist eingegangen
Tätigkeit (auch Funktion genannt)	Dieses Symbol wird verwendet, wenn im Arbeitsablauf (als Reaktion auf ein Ereignis) **etwas getan werden muss**, bzw. eine Funktion ausgeführt werden muss.	Anzahl der Packstücke prüfen

XOR oder ✕	Der Operator **„Exklusives Oder"** wird verwendet, wenn entweder das eine oder das andere Ereignis eintreten kann, aber **nicht beide gleichzeitig.**	Anzahl der Pack- stücke prüfen ↓ ⌐—— XOR ——⌐ ↓ ↓ Anzahl Anzahl stimmt stimmt nicht
OR oder ∨	Der Operator **„Oder"** wird verwendet, wenn entweder das eine oder das andere Ereignis eintreten kann, oder **auch beide gleichzeitig.**	Anzahl Pack- Packstücke stücke falsch beschädigt └→ OR ←┘ ↓ Ware unter Vor- behalt annehmen
AND oder ∧	Der Operator **„Und"** wird verwendet, wenn **beide Ereignisse** zusammen **eintreten** müssen, bzw. beide Bedingungen erfüllt sein müssen.	Anzahl Pack- Packstücke stücke richtig unbeschädigt └→ AND ←┘ ↓ Ware annehmen

Handlungskomplex 05: Zusammenarbeit des Betriebes mit externen Institutionen

Beispiel

Herr Seydlitz organisiert gerade eine Ausbildungsplatzbörse in der BE Partners KG und beauftragt Frau Deneke, externe Partner für dieses Vorhaben zu gewinnen. Frau Deneke nimmt daraufhin Kontakt mit der Industrie- und Handelskammer und der Agentur für Arbeit auf. Beide Institutionen signalisieren sofort großes Interesse an einer Zusammenarbeit bei diesem Vorhaben.

Betriebe haben nicht nur Kontakte zu anderen Betrieben wie Lieferanten oder Kreditinstituten. Es gibt zudem zahlreiche Institutionen, zu denen Betriebe Kontakte pflegen und mit denen sie in bestimmten Situationen zusammenarbeiten.

01 Wichtige Wirtschaftsorganisationen und Behörden für die Betriebe

Die folgende Tabelle stellt einen Auszug der wichtigsten Wirtschaftsorganisationen und Behörden dar, mit denen Unternehmen zusammenarbeiten.

Kammern	Die Industrie- und Handelskammern (IHK) gehören in ihrer Gesamtheit zu den größten Wirtschaftsorganisationen Deutschlands. Jeder Betrieb ist zur Mitgliedschaft in der regional zuständigen IHK verpflichtet, ausgenommen sind nur Gewerbetreibende und Freiberufler mit eigenen Kammern (z.B. Handwerksbetriebe in der Handwerkskammer, Ärzte in der Ärztekammer). Eine zentrale Aufgabe der IHKs besteht in der **Durchführung und Überwachung der Berufsausbildung**. Sie berät Betriebe bei allen Fragen zur Berufsausbildung und **vermittelt bei Problemen im Rahmen der Ausbildung.**
Arbeitgeber-verbände	Ein Arbeitgeberverband ist eine **Vereinigung mehrerer Arbeitgeber** mit dem Ziel der **gemeinsamen Interessenvertretung**, insbesondere **gegenüber den Gewerkschaften bei Tarifverhandlungen** und **gegenüber dem Staat**. Es gibt – branchenbezogen – mehrere Arbeitgeberverbände und die Mitgliedschaft für Betriebe ist freiwillig. Arbeitgeberverbände sind somit quasi das Sprachrohr der Unternehmen und unterstützen diese durch Brancheninformationen und Rechtshilfe.
Gewerk-schaften	Gewerkschaften sind – als Gegenstück zu den Arbeitgeberverbänden – die **Interessenvertretungen der Arbeitnehmer, insbesondere bei Tarifverhandlungen.** Sie setzen sich **für bessere Arbeitsbedingungen** (z.B. höhere Vergütung, kürzere Arbeitszeit, Arbeitsplatzsicherheit) ihrer Mitglieder ein. Es gibt – branchenbezogen – mehrere Gewerkschaften und die Mitgliedschaft für Arbeitnehmer ist freiwillig. Gewerkschaften sind somit quasi das Sprachrohr der Arbeitnehmer und unterstützen diese beispielsweise durch Rechtsberatung und während eines Streiks durch Streikgeld.
Agenturen für Arbeit	Die Zusammenarbeit mit den Agenturen für Arbeit findet insbesondere im Rahmen der Personalarbeit der Betriebe statt. Wenn Betriebe **Personal beschaffen** wollen, können sie den **Arbeitgeber-Stellen-Service** der Agentur für Arbeit nutzen, indem sie **freie Stellen melden** und sich Bewerber vermitteln lassen. Zudem bietet die Agentur für Arbeit eine **Jobbörse** an, in der Betriebe freie Stellen eintragen können. Umgekehrt können Arbeitgeber auch die eingestellten Bewerberprofile nach geeigneten Kandidaten durchsuchen.
Finanzämter	siehe dazu bei „Personalbezogene Aufgaben", S. 177
Sozialver-sicherungs-träger	siehe dazu bei „Personalbezogene Aufgaben", S. 174

Aufgaben

? 1: Geben Sie für die folgenden Ziele der Werbeagentur BE Partners KG an, ob es sich um

(1) Sachziele, (2) Ökonomische Ziele, (3) Ökologische Ziele oder (4) Soziale Ziele handelt.

a) Marktführerschaft erlangen

b) Produktion und Vertrieb von Werbemitteln

c) Anteil des Warenversands per Bahn erhöhen

d) ergonomischere Arbeitsplatzgestaltung

e) Marketingkonzepte erstellen

f) Erhöhung der Eigenkapitalrentabilität

? 2: Geben Sie an, in welchem Fall nach dem Maximalprinzip gehandelt wird.

(1) Ein Außendienstmitarbeiter möchte die Strecke von Bonn nach München mit möglichst wenig Benzin zurücklegen.

(2) Ein Sachbearbeiter wählt den passenden Lieferanten für einen Rohstoff mithilfe der Bezugspreiskalkulation aus.

(3) Beim Drucken wird in der Verwaltung der BE Partners KG für interne Dokumente häufig der Sparmodus verwendet, damit eine Tonerkartusche möglichst lange hält.

(4) Florian Hamm muss für die Weihnachtspost der BE Partners KG Briefmarken kaufen. Er geht mit 150,00 € in die Postfiliale und kauft 100 Briefmarken zu 1,50 €.

(5) Die Richter & Co. KG versucht, die gewünschte Umsatzsteigerung von 5 % mit möglichst geringen Kosten für Marketingmaßnahmen zu realisieren.

? 3: Geben Sie an, ob es sich bei den folgenden betriebswirtschaftlichen Produktionsfaktoren um

(1) Betriebsmittel, (2) Werkstoffe, (3) Ausführende Arbeit oder (4) Leitende Arbeit handelt.

a) Planung der Produktionsmengen

b) Stahl in einem Automobilwerk

c) Gabelstapler

d) Erstellung der Gehaltsabrechnungen

e) Reinigungsmittel für die Produktionsmaschinen

? 4: Welche Beziehungen bestehen zwischen Privaten Haushalten und Unternehmen im einfachen Wirtschaftskreislauf?

? 5: Unterscheiden Sie das Einzelunternehmen, die KG und die GmbH hinsichtlich der Haftungsregelungen.

? 6: An der Berger & Paulmann KG ist die Kommanditistin Tanja Paulmann mit einer Kapitaleinlage von 150.000,00 € beteiligt. Der Komplementär Juri Berger hat 250.000,00 € eingebracht. Im Gesellschaftsvertrag ist geregelt, dass die Gewinnverteilung im Verhältnis der Einlagen erfolgen soll, nachdem die Kapitalverzinsung nach HGB berücksichtigt wurde. Ermitteln Sie, wie der diesjährige Gewinn in Höhe von 80.000,00 € verteilt wird.

? 7: Geben Sie für die untenstehenden Aussagen jeweils an, ob sie zwingend auf die

(1) Dobel KG, (2) Volkmann GmbH, (3) Löhr e. K. oder (4) alle drei Unternehmen zutreffen. Tragen Sie jeweils die Ziffer ein.

a) Das Unternehmen wird durch einen Geschäftsführer vertreten. ☐

b) Es gibt nur einen Inhaber, der auch mit dem Privatvermögen haftet. ☐

c) Das gesamte Stammkapital muss mindestens 25.000,00 € betragen. ☐

d) In diesem Unternehmen gibt es auch Gesellschafter, die mit dem Privatvermögen haften. ☐

e) Das Unternehmen haftet ausschließlich mit dem Gesellschaftsvermögen. ☐

? 8: Worin besteht der Unterschied zwischen Eigen- und Fremdfinanzierung?

? 9: Die BE Partners KG muss eine neue Maschine anschaffen. Ordnen Sie den unten stehenden Möglichkeiten zur Finanzierung die jeweils zutreffende der folgenden Finanzierungsarten zu. Tragen Sie die jeweilige Ziffer ein:

(1) Beteiligungsfinanzierung, (2) Fremdfinanzierung, (3) Leasing, (4) Factoring, (5) Selbstfinanzierung

a) Der Lieferant der Maschine gewährt der BE Partners KG ein Zahlungsziel von 90 Tagen. ☐

b) Vom Vorjahresgewinn der BE Partners KG werden 200.000,00 € nicht an die Gesellschafter ausgeschüttet. ☐

c) Die Kommanditistin der BE Partners KG erhöht ihre Einlage um 200.000,00 €. ☐

d) Die BE Partners KG verkauft Forderungen in Höhe von 200.000,00 € an eine Bank. ☐

e) Der BE Partners KG wird vertraglich nur der Besitz der Maschine gegen Zahlung einer jährlichen Rate zugesichert. Nach Ablauf von 8 Jahren muss die Maschine zurückgegeben werden. ☐

(?) 10: Die BE Partners KG lässt sich für die Finanzierung der Maschine (vgl. Aufgabe 9) auch ein Darlehensangebot von der Hausbank mit folgenden Konditionen erstellen:

- Darlehenssumme: 200.000,00 €
- Zinssatz: 5 % p. a. (jährliche Zinszahlung)
- Laufzeit: 8 Jahre (Rückzahlung der gesamten Darlehenssumme nach 8 Jahren)
- Abschlussgebühr: 1,5 % der Darlehenssumme

Berechnen Sie die gesamten Darlehenskosten über die gesamte Laufzeit des Darlehens.

(?) 11: Die Hausbank der BE Partners KG verlangt für das Darlehen (vgl. Aufgabe 10) eine Kreditsicherheit. Ordnen Sie den unten stehenden Vorschlägen die jeweils zutreffende der folgenden Arten der Kreditsicherung zu:

(1) Selbstschuldnerische Bürgschaft, (2) Eigentumsvorbehalt, (3) Sicherungsübereignung, (4) Lombardkredit, (5) Grundschuld

a) Die BE Partners KG soll den Kredit durch die Belastung eines im Anlagevermögen befindlichen Grundstücks absichern.

b) Die Hausbank soll für die Laufzeit des Darlehens Eigentümerin von zwei LKW aus dem Fuhrpark der BE Partners KG werden. Die Werbeagentur darf die LKW aber weiterhin nutzen.

c) Falls die BE Partners KG den Kredit nicht fristgerecht zurückzahlt, möchte sich die Hausbank an eine dritte Person wenden können, die dann für die Verbindlichkeit der BE Partners KG einsteht.

(?) 12: Definieren Sie den Begriff „Stelle".

(?) 13: Erläutern Sie die drei verschiedenen Stellenarten und geben Sie jeweils ein Beispiel.

(?) 14: Erläutern Sie die verschiedenen Vollmachten, die im Unternehmen erteilt werden können.

? 15: Herr Wiese ist Prokurist der „Weserbergland-Brauerei OHG". Der Abteilungsleiterin Einkauf, Frau Nerlich, ist von einem Inhaber des Unternehmens, Herrn Niemann, eine Allgemeine Handlungsvollmacht erteilt worden. Geben Sie jeweils an, welchem Personenkreis die unten aufgeführten Rechtsgeschäfte gestattet sind. Tragen Sie die jeweiligen Ziffern ein:

(1) nur Frau Nerlich, (2) nur Herrn Wiese, (3) nur Herrn Niemann, (4) nur Frau Nerlich und Herrn Niemann, (5) nur Herrn Niemann und Herrn Wiese, (6) nur Herrn Wiese und Frau Nerlich, (7) allen dreien, (8) keinem der drei

a) Aufnahme eines Darlehens ☐

b) Verkauf eines Grundstücks ☐

c) Übertragung der Prokura auf einen anderen Mitarbeiter ☐

d) Aufnahme eines neuen Gesellschafters ☐

e) Verkauf einer üblichen Menge Bier an einen Großhändler ☐

f) Kauf einer hochmodernen Abfüllanlage zur Rationalisierung ☐

? 16: Erklären Sie das Stabliniensystem, die Matrixorganisation und die Projektorganisation und geben Sie jeweils einen Vorteil und Nachteil dieser Leitungssysteme an.

? 17: Was ist der Unterschied zwischen Kern- und Unterstützungsprozessen in Unternehmen?

? 18: Erläutern Sie die verschiedenen Methoden zur Ist-Aufnahme von Arbeitsabläufen und geben Sie jeweils einen Vorteil und Nachteil an.

? 19: Sie sollen in der BE Partners KG eine ereignisgesteuerte Prozesskette für den Ist-Zustand des Arbeitsablaufs „Kontrolle von Eingangsrechnungen" erstellen. Stellen Sie den folgenden Teil des Arbeitsablaufs als Ausschnitt aus dieser EPK dar.

„... Als nächstes wird die Rechnung rechnerisch geprüft. Die Prüfung kann entweder ergeben, dass sie rechnerisch richtig oder falsch ist. Wenn sie rechnerisch richtig ist, wird sie gebucht. Wenn sie rechnerisch falsch ist, wird Rücksprache mit dem Einkäufer gehalten. ..."

Funktion 0102   Produkt- und Dienstleistungsangebot

Handlungskomplex 01: Leistungsspektrum des Ausbildungsbetriebes beschreiben

Beispiel

In der Berufsschulklasse von Sascha Reimers wird über die Leistungserstellung in unterschiedlichen Betrieben diskutiert. Es wird schnell klar, dass die Ausbildungsbetriebe der Kaufleute für Büromanagement hinsichtlich der erbrachten Leistungen sehr unterschiedlich sind. Es gibt Industriebetriebe, in denen Produkte in großen Stückzahlen gefertigt werden und Handwerksbetriebe, in denen überwiegend individuell nach Kundenauftrag gefertigt wird. Außerdem gibt es Handelsbetriebe, die Handelswaren kaufen, lagern und verkaufen und weitere Dienstleistungsbetriebe wie eine Auskunftei und ein Krankenhaus.

01 Arten der Leistungserstellung

Die Leistungserstellung der verschiedenen Betriebe einer Wirtschaft ist sehr unterschiedlich. Grundsätzlich können Sachleistungsbetriebe und Dienstleistungsbetriebe unterschieden werden.

Merke: Sachleistungsbetriebe stellen Sachgüter (materielle Güter) her und Dienstleistungsbetriebe bieten Dienste (immaterielle Güter) an.

Betriebsarten nach der Leistungserstellung			
Sachleistungsbetriebe		Dienstleistungsbetriebe	
Industriebetriebe	Handwerksbetriebe	Handelsbetriebe	Sonstige Dienstleistungsbetriebe
• überwiegend maschinelle und automatisierte Fertigung • Produktion auf Lager bzw. für den „anonymen Markt" • häufig Massenproduktion • z.B. Chemiefabrik, Automobilproduzent, Möbelfabrik	• überwiegend manuelle Fertigung • häufig Fertigung nach Kundenauftrag • häufig individuelle Fertigung von Einzelstücken • z. B Dachdeckerei, Bauunternehmen, Tischlerei, Fleischerei, Schneiderei	• Kauf von großen Mengen einer Ware und Verkauf von kleineren Mengen • zwischendurch Lagerhaltung ohne (wesentliche) Veränderung der Ware • Unterscheidung in Großhandelsbetriebe und Einzelhandelsbetriebe	• bieten weitere Dienstleistungen für Unternehmen oder Haushalte an • z.B. Banken, Versicherungen, Auskunfteien, Speditionen, Anwälte, Steuerberater, Ärzte, Kliniken, öffentliche Betriebe (Wasserwerk, Müllentsorgung, etc.)

Handlungskomplex 02: Leistungen der Wirtschaftszweige darstellen

In der gesamtwirtschaftlichen Betrachtung erfolgt die Herstellung von Sachgütern in der arbeitsteiligen Wirtschaft (siehe dazu auch bei „Stellung des Betriebes im gesamtwirtschaftlichen Zusammenhang", S. 231) entlang von sogenannten **Wertschöpfungsketten**. Jedes Sachgut, das vom Endverbraucher gekauft wird, hat seinen Ursprung im **primären Wirtschaftssektor**. Unternehmen der **Urproduktion** haben beispielsweise Rohstoffe gewonnen. Diese Rohstoffe werden im **sekundären Sektor** von Unternehmen **weiterverarbeitet**. Die so produzierten Güter werden letztlich im **tertiären Wirtschaftssektor** über **Handelsunternehmen** an den Endverbraucher vertrieben.

01 Verschiedene Leistungen der Wirtschaftszweige

Das folgende Schaubild verdeutlicht die verschiedenen Leistungen entlang der Wirtschaftsstufen (auch: Wirtschaftszweige, Wirtschaftssektoren) im Rahmen der volkswirtschaftlichen Leistungserstellung.

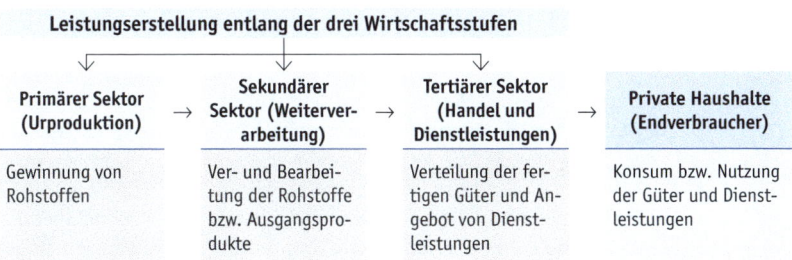

Leistungserstellung entlang der drei Wirtschaftsstufen

Primärer Sektor (Urproduktion)	→	Sekundärer Sektor (Weiterverarbeitung)	→	Tertiärer Sektor (Handel und Dienstleistungen)	→	Private Haushalte (Endverbraucher)
Gewinnung von Rohstoffen		Ver- und Bearbeitung der Rohstoffe bzw. Ausgangsprodukte		Verteilung der fertigen Güter und Angebot von Dienstleistungen		Konsum bzw. Nutzung der Güter und Dienstleistungen

Beispiel

Bevor ein Haushalt einen Holztisch kaufen und nutzen kann, muss ein **forstwirtschaftlicher Betrieb** den Rohstoff Holz gewinnen und dafür Bäume fällen **(primärer Sektor)**. Diese werden im **Sägewerk** zu Brettern verarbeitet, die an eine **Möbelfabrik** geliefert und dort zu einem Tisch weiterverarbeitet werden **(beides sekundärer Sektor)**. Ein **Möbelgroßhändler** kauft die Möbel in großen Mengen dort ein, verkauft sie in kleineren Mengen an **Möbeleinzelhändler** weiter, die einzelne Möbel an private Haushalte verkaufen **(beides tertiärer Sektor)**.

Handlungskomplex 03: Markt- und Wettbewerbssituation des Betriebes darstellen

Beispiel

Die Fly Bike Werke GmbH denkt über die Entwicklung und Markteinführung eines E-Bikes nach. Das Unternehmen hat die BE Partners KG mit einer Marktanalyse beauftragt. Die Werbeagentur soll ermitteln, wie die Marktsituation bezüglich Angebot und Nachfrage zurzeit ist und wie viele Wettbewerber es gibt. Außerdem soll die Werbeagentur unter Berücksichtigung der derzeitigen konjunkturellen Lage eine Absatzprognose vornehmen und einen optimalen Preis für die Markteinführung vorschlagen.

Unternehmen agieren auf verschiedenen Märkten, die verschiedene Merkmale aufweisen. Gerade bei der Festlegung von Verkaufspreisen für die eigenen Leistungen müssen die jeweiligen **Markt- und Wettbewerbsbedingungen** beachtet werden. Neben dem sogenannten **Marktpreis**, der sich unter Berücksichtigung von **Angebot und Nachfrage** auf einem Markt ergibt, müssen vor allem die **Anzahl der Konkurrenten** und die **Machtverhältnisse** auf dem Markt beachtet werden. Letztlich beeinflusst auch die **konjunkturelle Lage** unternehmerische Entscheidungen.

01 Markt als Zusammentreffen von Angebot und Nachfrage

Betriebe sind im Beschaffungs- und Absatzbereich auf vielen verschiedenen Märkten tätig. Gemeinsames Merkmal aller Märkte ist, dass hier immer Angebot und Nachfrage nach einer Leistung (bzw. einem Gut) aufeinandertreffen. Durch den mengenmäßigen Ausgleich zwischen Angebot und Nachfrage ergibt sich dabei der Marktpreis, gewissermaßen als Kompromiss zwischen den Wünschen der Anbieter und der Nachfrager.

Merke: Auf einem Markt trifft Angebot und Nachfrage zusammen und durch deren Ausgleich bildet sich ein Marktpreis.

02 Marktpreisbildung

Zum besseren Verständnis des Modells der Marktpreisbildung muss zunächst geklärt werden, wie sich Anbieter und Nachfrager auf Märkten in Abhängigkeit vom Preis verhalten.

02-1 Verhalten der Anbieter in Abhängigkeit vom Preis (Gesetz des Angebots)

Privatwirtschaftliche **Unternehmen** verfolgen primär das Ziel der **Gewinnmaximierung**. Wenn für ein bestimmtes Gut der am Markt erzielbare Verkaufspreis niedriger ist, als die durch die Herstellung dieses Gutes entstehenden Kosten, wird ein Anbieter das Gut nicht anbieten. Steigt der erzielbare Preis, werden mehr Anbieter dieses Gut (in größeren Mengen) anbieten, da sie ihre Kosten decken und zunehmende Gewinne erzielen können.

Beispiel

Die folgende Tabelle gibt die gesamten Angebotsmengen an Spargel auf einem Wochenmarkt bei unterschiedlichen Preisen wieder.

Preis pro kg	gesamte Angebotsmenge
5,00 €	50 kg
7,50 €	100 kg
10,00 €	150 kg
12,50 €	200 kg
15,00 €	250 kg

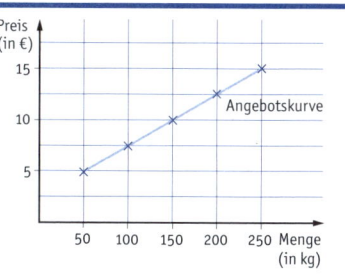

Merke: Steigt der Marktpreis, so steigt die gesamte Angebotsmenge (Gesetz des Angebots).

02-2 Verhalten der Nachfrager in Abhängigkeit vom Preis (Gesetz der Nachfrage)

Private **Haushalte** verfolgen primär das Ziel der **Nutzenmaximierung**. Um sich möglichst viele Güter leisten zu können, möchten sie **für die einzelnen Güter möglichst wenig bezahlen**. Wenn **Unternehmen als Nachfrager** auf einem Markt auftreten, haben sie das gleiche Interesse. Der Grund hierfür ist das ökonomische Ziel der **Kostenminimierung**. Für die gesamte Nachfragemenge auf einem Markt gilt folglich, dass sie bei sinkenden Preisen zunimmt, da dann mehr Nachfrager dieses Gut nachfragen.

Beispiel

Die Tabelle gibt die gesamten Nachfragemengen an Spargel auf einem Wochenmarkt bei unterschiedlichen Preisen wieder.

Preis pro kg	gesamte Nachfragemenge
5,00 €	250 kg
7,50 €	200 kg
10,00 €	150 kg
12,50 €	100 kg
15,00 €	50 kg

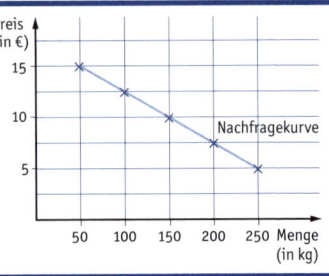

Merke: Sinkt der Marktpreis, so steigt die gesamte Nachfragemenge (Gesetz der Nachfrage).

02-3 Preisbildung im Modell der vollständigen Konkurrenz (Gleichgewichtspreis)

Betrachtet man das Verhalten der Anbieter- und Nachfrager gemeinsam, ergibt sich das gesamte **Marktmodell mit beiden Marktseiten**. Der Ausgleich der Interessen von Anbietern und Nachfragern erfolgt durch die **Bildung des Gleichgewichtspreises**. Im Schnittpunkt von Angebots- und Nachfragekurve liegt das **Marktgleichgewicht.** In diesem Punkt sind die **Angebotsmenge und die Nachfragemenge gleich**. Folglich wird diese Gleichgewichtsmenge zum Gleichgewichtspreis am Markt abgesetzt.

Beispiel

Die Tabelle vereint die Angebots- und Nachfragemengen bei unterschiedlichen Preisen. Zum Gleichgewichtspreis von 10,00 € werden 150 kg Spargel abgesetzt.

Preis pro kg	gesamte Angebotsmenge	gesamte Nachfragemenge
5,00 €	50 kg	250 kg
7,50 €	100 kg	200 kg
10,00 €	150 kg	150 kg
12,50 €	200 kg	100 kg
15,00 €	250 kg	50 kg

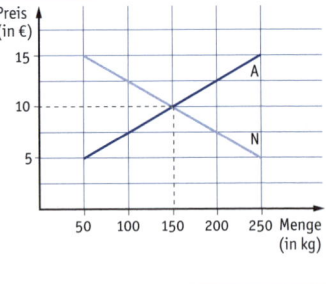

Merke: Im Marktmodell der vollständigen Konkurrenz ergibt sich für alle Anbieter und Nachfrager ein einheitlicher Marktpreis. Zu diesem **Gleichgewichtspreis** wird die **Gleichgewichtsmenge** angeboten und nachgefragt. Angebot und Nachfrage werden zu diesem Preis also ausgeglichen.

Annahmen des Modells der vollständigen Konkurrenz

Die obigen Betrachtungen zur Marktpreisbildung gehen davon aus, dass **die Entscheidungen der Anbieter und Nachfrager ausschließlich vom Preis des Gutes bestimmt** werden. Damit die modellhafte Preisbildung in dieser Weise funktionieren kann, müssen die folgenden Annahmen unterstellt werden:

Annahmen des Modells der vollständigen Konkurrenz	
Polypol	Auf dem betrachteten Markt gibt es **viele Anbieter und viele Nachfrager**.
Homogene Güter	Die angebotenen Güter sind **vollkommen gleichartig**.
Markttransparenz	Alle **Marktteilnehmer kennen sämtliche Informationen** zum Markt, insbesondere kennen die Nachfrager die Preise aller Anbieter.
keine Präferenzen	Es werden keine Anbieter aufgrund anderer Kriterien als dem Preis bevorzugt. Insbesondere liegen **keine persönlichen Präferenzen** (keine Bevorzugung wegen persönlicher Beziehungen), **keine räumlichen Präferenzen** (keine Bevorzugung wegen räumlicher Nähe) und **keine zeitlichen Präferenzen** (keine Bevorzugung wegen längerer Öffnungszeiten bzw. kürzerer Lieferzeiten) vor.

Merke: Nur unter den Annahmen der vollständigen Konkurrenz ergibt sich im Marktmodell ein für alle Anbieter und Nachfrager einheitlicher Gleichgewichtspreis.

02-4 Angebotsüberhang und Nachfrageüberhang (Käufermarkt und Verkäufermarkt)

Bei Preisen ober- oder unterhalb des Gleichgewichtspreises ergeben sich Marktungleichgewichte, die ganz unterschiedliche Auswirkungen auf die „Machtverhältnisse" auf dem Markt haben.

Angebotsüberhang – Käufermarkt

Bei einem **Preis oberhalb des Gleichgewichtspreises** ist das **Angebot größer als die Nachfrage**. Es liegt ein **Angebotsüberhang** (auch: Nachfragelücke) vor. In dieser Situation können die Anbieter nicht ihr gesamtes Angebot absetzen, da zu dem hohen Preis zu wenig nachgefragt wird. In einer solchen Marktsituation sind die **Nachfrager** gegenüber den Anbietern **in einer stärkeren (mächtigeren) Position** und werden die Anbieter durch ihr Verhalten (wenig Nachfrage) zu Preissenkungen veranlassen. Deswegen wird diese Marktsituation auch als **Käufermarkt** bezeichnet.

Beispiel

Auf dem bereits oben betrachteten Markt (Spargel auf einem Wochenmarkt) verlangen die Gemüsehändler an einem Markttag 12,50 € für ein kg Spargel. Insgesamt werden zu diesem Preis 200 kg Spargel angeboten. Zu diesem recht hohen Preis sind aber nur wenige Nachfrager bereit, zu kaufen. Die Gesamtnachfrage beträgt nur 100 kg. Die Differenz zwischen Angebotsmenge und Nachfragemenge ist der Angebotsüberhang. Er beträgt 100 kg. Diese Differenzmenge wird zwar angeboten, aber nicht nachgefragt und daher auch nicht abgesetzt. Dieser Zustand wird die Anbieter veranlassen, den Preis bis zum Gleichgewichtspreis von 10,00 € zu senken.

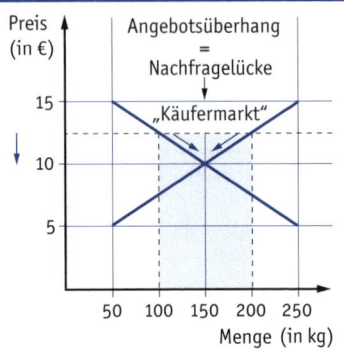

Merke: Bei einem Preis oberhalb des Gleichgewichtspreises liegt ein Angebotsüberhang vor. Der Begriff „Käufermarkt" drückt aus, dass die Käufer (Nachfrager) in dieser Situation eine stärkere Marktposition („Marktmacht") haben, als die Anbieter.

Nachfrageüberhang – Verkäufermarkt

Bei einem **Preis unterhalb des Gleichgewichtspreises** ist die **Nachfrage größer als das Angebot**. Es liegt ein **Nachfrageüberhang** (auch: Angebotslücke) vor. In dieser Situation werden nicht alle Wünsche der Nachfrager befriedigt, weil zu dem niedrigen Preis nur wenige Unternehmen anbieten. In einer solchen Marktsituation sind die **Anbieter** gegenüber den Nachfragern **in einer stärkeren (mächtigeren) Position**. Ihr Angebot ist sehr begehrt. Deswegen wird diese Marktsituation auch als **Verkäufermarkt** bezeichnet. Die Anbieter werden diese Situation für Preiserhöhungen nutzen (siehe Beispiel auf der folgenden Seite).

Merke: Bei einem Preis unterhalb des Gleichgewichtspreises liegt ein Nachfrageüberhang vor. Der Begriff „Verkäufermarkt" drückt aus, dass die Verkäufer (Anbieter) in dieser Situation eine stärkere Marktposition („Marktmacht") haben, als die Nachfrager.

In der Realität gibt es Nachfrageüberhänge und somit Verkäufermärkte nur sehr selten. Fast alle Märkte sind durch eine Vielzahl an Anbietern und somit durch hohe Angebotsmengen bzw. -überhänge und starken Wettbewerb gekennzeichnet. Solche Käufermärkte erfordern von den anbietenden Unternehmen zunehmend den **Einsatz absatzpolitischer Instrumente (Marketing)**, damit die eigenen Produkte nachgefragt und damit abgesetzt werden.

Beispiel

Auf dem bereits betrachteten Markt (Spargel auf einem Wochenmarkt) verlangen die Gemüsehändler an einem Markttag nur 7,50 € für ein kg Spargel. Insgesamt werden zu diesem Preis 100 kg Spargel angeboten. Zu diesem recht niedrigen Preis wollen viele Nachfrager kaufen. Die Gesamtnachfrage beträgt 200 kg. Die Differenz zwischen Nachfragemenge und Angebotsmenge ist der Nachfrageüberhang. Er beträgt 100 kg. Diese Differenzmenge wird zwar nachgefragt, aber nicht angeboten und daher auch nicht abgesetzt. Dieser Zustand wird die Anbieter veranlassen, den Preis bis zum Gleichgewichtspreis von 10,00 € zu erhöhen.

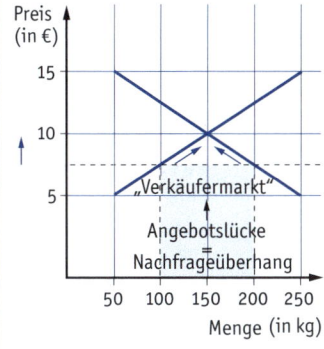

03 Arten von Märkten (Marktformen)

Die Wettbewerbsintensität auf Märkten hängt entscheidend von der Anzahl der Anbieter ab. Grundsätzlich werden drei Situationen unterschieden:

- **Polypol:** Markt mit **vielen** Anbietern
- **Oligopol:** Markt mit **wenigen** Anbietern
- **Monopol:** Markt mit **einem** Anbieter

Wenn gleichzeitig auch die Anzahl der Nachfrager betrachtet wird, ergeben sich die folgenden neun möglichen Marktformen.

Marktformen	viele Anbieter	wenige Anbieter	ein Anbieter
viele Nachfrager	**Polypol** Bsp: viele Blumenhändler – viele Konsumenten	**(Angebots-)Oligopol** Bsp: wenige Autohersteller – viele Konsumenten	**(Angebots-)Monopol** Bsp: ein Wasserwerk – viele Konsumenten
wenige Nachfrager	**Nachfrageoligopol** Bsp: viele Landwirte – wenige Molkereien	**zweiseitiges Oligopol** Bsp: wenige Hersteller von Zügen – wenige Zugbetreiber	**beschränktes Angebotsmonopol** Bsp: ein Hersteller eines speziellen Medikaments – wenige Nachfrager, da seltene Krankheit
ein Nachfrager	**Nachfragemonopol** Bsp: viele Bundeswehrstiefelhersteller – Staat als einziger Nachfrager	**beschränktes Nachfragemonopol** Bsp: wenige Straßenbauunternehmen – Staat als einziger Nachfrager	**zweiseitiges Monopol** Beispiel: ein Hersteller von Panzern – Bundeswehr als einziger Abnehmer

Die Konkurrenzsituation auf einem Markt, bzw. die vorliegende Marktform, beeinflusst die Anbieter besonders in ihren Möglichkeiten, Preise festzusetzen.

Hochpreisstrategie

Je weniger Anbieter auf einem Markt vertreten sind, desto eher besteht für die vorhandenen Anbieter die Möglichkeit, hohe Preise zu verlangen. Wenn es einem Unternehmen beispielsweise gelingt, sich durch eine technische Innovation ein Alleinstellungsmerkmal zu schaffen, kann für das betroffene Gut eine Hochpreisstrategie gewählt werden. Da man der einzige Anbieter einer speziellen Leistung ist, agiert man (bis andere Anbieter die Leistung nachgeahmt haben) quasi auf einem Monopol. Diese **starke Marktposition** kann ausgenutzt werden, um im Rahmen einer **Hochpreisstrategie** den Preis für das Gut auf einem relativ hohen Niveau festzusetzen.

Merke: Die Marktmacht eines Anbieters ist umso stärker, je weniger Wettbewerber auf dem Markt vorhanden sind (Monopol, Oligopol). Diese Situation kann für die Umsetzung einer Hochpreisstrategie genutzt werden.

Niedrigpreisstrategie

Je mehr Anbieter auf einem Markt vertreten sind, desto geringer ist der Marktanteil eines einzelnen Anbieters. In dieser Situation müssen Unternehmen häufig einen „vom Markt vorgegebenen" Preis für ein Gut akzeptieren und ihre Leistungen auch maximal zu diesem Preis anbieten. Zur Ausweitung des eigenen Marktanteils bietet es sich auf solchen wettbewerbsintensiven Märkten häufig an, eher eine Niedrigpreisstrategie zu wählen, falls die Kostensituation dies zulässt. Die **schwache Marktposition** zwingt Anbieter tendenziell eher, im Rahmen einer **Niedrigpreisstrategie** den Preis für ein Gut auf relativ niedrigem Niveau festzusetzen (Preiskämpfe).

Merke: Die Marktmacht eines Anbieters ist umso schwächer, je mehr Wettbewerber auf dem Markt vorhanden sind (Polypol). Diese Situation zwingt Unternehmen häufig dazu, im Rahmen einer Niedrigpreisstrategie Marktanteile zu sichern oder auszubauen.

04 Markt- und Wettbewerbssituation in Abhängigkeit vom Konjunkturverlauf

Die wirtschaftliche Entwicklung einer Volkswirtschaft wird in der Regel am **Bruttoinlandsprodukt (BIP)** gemessen. Das BIP gibt den Wert aller in einem bestimmten Zeitraum in einem Land erzeugten Waren und Dienstleistungen an. Die **Entwicklung des BIP verläuft nicht gleichmäßig**. Sie ist vielmehr verschiedenen Schwankungen unterworfen, die kurzfristiger, mittelfristiger oder langfristiger Natur sein können. Es werden unterschieden:

- **Saisonale Schwankungen:** Hierbei handelt es sich überwiegend um **jahreszeitlich verursachte kurzfristige Schwankungen.** In Deutschland werden diese vor allem durch einen Rückgang des BIP im Winter aufgrund geringerer Tätigkeit in bestimmten Branchen (z.B. Baugewerbe) verursacht.

- **Konjunkturelle Schwankungen:** Hierbei handelt es sich um mittelfristige Schwankungen der wirtschaftlichen Aktivität. In einem Zeitraum von ca. vier bis sieben Jahren durchläuft eine Volkswirtschaft in der Regel einen **Konjunkturzyklus**, der aus den **Phasen Aufschwung (Expansion), Hochkonjunktur (Boom), Abschwung (Rezession) und Tiefstand (Depression) besteht.**

- **Trend:** Der Trend beschreibt die **langfristige Entwicklung** einer Volkswirtschaft, häufig über einen Betrachtungszeitraum von mehreren Jahrzehnten. In „gesunden" Volkswirtschaften zeigt der langfristige Trend einen **Wachstumspfad** an. Dies bedeutet, dass das BIP langfristig zunimmt.

Merke: Ein Konjunkturzyklus besteht aus den vier Konjunkturphasen Aufschwung, Hochkonjunktur, Abschwung und Tiefstand.

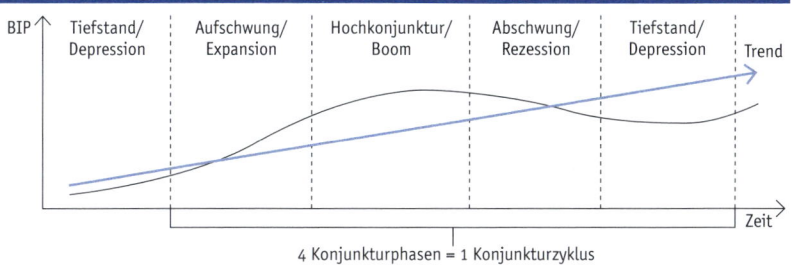

4 Konjunkturphasen = 1 Konjunkturzyklus

Merkmale der Konjunkturphasen (Konjunkturindikatoren)

Um die gegenwärtige Konjunkturphase zu bestimmen (Konjunkturdiagnose) oder zukünftige wirtschaftliche Entwicklungen vorherzusagen (Konjunkturprognose), können verschiedene Konjunkturindikatoren herangezogen werden. Es handelt sich dabei um volkswirtschaftlich relevante Größen, die sich im Verlauf eines Konjunkturzyklus typischerweise folgendermaßen entwickeln:

Konjunkturindikator	Aufschwung	Hochkonjunktur	Abschwung	Tiefstand
BIP (real)	steigt	hoch	sinkt	niedrig
Konsumnachfrage	steigt	sehr hoch	sinkt	niedrig
Preise	leicht steigend	stark steigend	wenig steigend	kaum steigend
Zinssätze	steigen	hoch	sinkend	niedrig
Arbeitslosenquote	sinkt	niedrig	steigt	hoch
Löhne (real)	steigen leicht	steigen stark	sinken leicht	sinken deutlich
Lagerbestände	werden abgebaut	sehr gering	zunehmend	hoch
Investitionen	nehmen zu	sehr hoch	werden weniger	sehr gering

Einfluss der Konjunkturphasen auf betriebliche Entscheidungen

Die Beobachtung der konjunkturellen Entwicklungen ist für Unternehmen sehr wichtig, da viele betriebliche Entscheidungen auch von der derzeitigen oder zukünftigen konjunkturellen Lage beeinflusst werden. Die folgende Auflistung gibt einige wichtige Zusammenhänge wieder:

- **Investitionsplanung**: Investitionen werden im Abschwung und im Tiefstand vermindert, im Aufschwung steigt die Investitionsneigung wieder.
- **Absatzplanung**: Die Produktion wird im Abschwung und im Tiefstand zurückgefahren, damit nicht zu große Lagerbestände (Kapazitätsengpässe vermeiden) aufgebaut werden.
- **Personalplanung**: Im Aufschwung werden eher neue/zusätzliche Mitarbeiter eingestellt, als im Abschwung.
- **Preisgestaltung**: Im Boom können eher höhere Preise am Markt durchgesetzt werden. Im Abschwung und im Tiefstand muss aufgrund der rückläufigen Nachfrage damit gerechnet werden, dass durch Wettbewerber ein Preiskampf ausgelöst wird.

Aufgaben

? 1: Was ist der Unterschied zwischen Sachleistungsbetrieben und Dienstleistungsbetrieben? Geben Sie auch jeweils zwei Beispiele an.

? 2: Ordnen Sie den unten aufgeführten Betrieben jeweils den richtigen Wirtschaftssektor zu.

(1) Primärer Sektor   (2) Sekundärer Sektor   (3) Tertiärer Sektor

a) Abfallentsorgung Hermsmeier GmbH

b) Käserei Alpenland KG

c) Landwirtschaftlicher Betrieb Werner Huber GmbH

d) Kiosk Michalski e.K.

e) Lampenfabrik Krüger AG

? 3: Die folgenden Tabellen stellen das prognostizierte Verhalten von Anbietern und Nachfragern auf einem Markt dar.

Prognostizierte Angebotsmengen aller Anbieter:

Preis (€)	15	20	25	30	35	40	45	50	55
Menge (Stück)	100	200	300	400	500	600	700	800	900

Prognostizierte Nachfragemengen aller Nachfrager:

Preis (€)	55	50	45	40	35	30	25	20	15
Menge (Stück)	100	200	300	400	500	600	700	800	900

a) Ermitteln Sie den Gleichgewichtspreis und die Gleichgewichtsmenge.

b) Beschreiben Sie so genau wie möglich (Fachbegriffe) die Situation bei einem Preis von 20 €.

c) Beschreiben Sie so genau wie möglich (Fachbegriffe) die Situation bei einem Preis von 45 €.

d) Geben Sie den Marktabsatz (in Stück) und Marktumsatz (in €) bei einem Preis von 30 € an.

? 4: Welche der folgenden Aussagen beschreibt am ehesten Käufermärkte?

(1) Diese Märkte sind durch geringe Angebotsmengen und große Nachfragemengen gekennzeichnet.

(2) Diese Märkte erfordern den Einsatz absatzpolitischer Instrumente.

(3) Auf diesen Märkten herrscht eine geringe Wettbewerbsintensität.

(4) Auf diesen Märkten haben die Verkäufer die stärkere Marktposition gegenüber den Käufern.

(5) Auf diesen Märkten liegen Nachfrageüberhänge vor.

? 5: Geben Sie für die folgenden Fälle jeweils an, welche Marktform vorliegt.

a) Nur das städtische Wasserwerk bietet den Einwohnern die Versorgung mit Trinkwasser an.

b) Zahlreiche Bauern im Alpenvorland liefern ihre Milch nur an wenige große Molkereien.

c) Der Benzinmarkt in Deutschland wird von fünf Anbietern beherrscht.

d) In Köln gibt es am Valentinstag viele Blumengeschäfte zur Auswahl.

e) Auf die Ausschreibung des Bundes für eine neue Autobahn bewerben sich viele Straßenbauunternehmen.

? 6: In der Tageszeitung entnehmen Sie einem Artikel zur konjunkturellen Lage in Deutschland die folgenden Informationen:

- Das reale Bruttoinlandsprodukt ist im Vergleich zum Vorjahr um 0,5 % gesunken.
- Die Arbeitslosenquote ist im Vergleich zum Vorjahr von 7,2 % auf 8,9 % gestiegen.
- Die Inflationsrate ist von 2,6 % im Vorjahr auf 0,7 % in diesem Jahr gesunken.

a) In welcher Konjunkturphase befindet sich die deutsche Wirtschaft zurzeit?

b) Geben Sie an, mit welcher der folgenden Entwicklungen Betriebe am ehesten rechnen müssen, wenn diese Konjunkturphase weiter andauert.

(1) Die Güterpreise werden weiter deutlich steigen.

(2) Die Nachfrage nach Konsumgütern wird zunehmen.

(3) Die Zinssätze für Kredite werden steigen.

(4) In Tarifverhandlungen werden zunehmend höhere Lohnerhöhungen durchgesetzt.

(5) Die Lagerbestände werden zunehmen.

Funktion 0103   Berufsbildung

Handlungskomplex 01: Rechte und Pflichten aus dem Ausbildungsvertrag feststellen

Berufsbildungsgesetz

Grundlage einer einheitlichen und anerkannten Berufsausbildung ist das Berufsbildungsgesetz (BBiG). Es enthält Rechte und Pflichten vor Beginn und ab Beginn der Ausbildung. Nach §10 BBiG muss der Ausbildende einen Berufsausbildungsvertrag schriftlich ausfertigen, den der Auszubildende (ggf. sein gesetzlicher Vertreter) zu unterschreiben hat. Nach Vertragsabschluss, aber noch vor Ausbildungsbeginn, muss der Ausbildende die Eintragung in das Verzeichnis der Berufsausbildungsverhältnisse bei der zuständigen Kammer beantragen. Während der Ausbildung sieht das BBiG folgende Pflichten vor:

Pflichten nach BBiG	
... der Auszubildenden (§ 13)	... der Ausbildenden (§ 13)
Bemühen, die berufliche Handlungs-fähigkeit zu erwerben, insbesondere 1. aufgetragene Aufgaben sorgfältig ausführen 2. Teilnahme an Ausbildungsmaßnahmen 3. Weisungen folgen 4. geltende Ordnung beachten 5. Werkzeuge und Einrichtungen pfleglich behandeln 6. Stillschweigen zu Betriebsgeheimnissen	(1) Ausbildende müssen 1. Handlungsfähigkeit vermitteln 2. selbst ausbilden oder Ausbilder/-in beauftragen 3. kostenlos Arbeitsmittel bereitstellen 4. Auszubildende anhalten, die Berufsschule zu besuchen und Ausbildungsnachweise zu führen 5. Auszubildende charakterlich fördern und Gefährdung abwenden (2) Ausbildende dürfen nur Aufgaben übertragen, die der Ausbildung dienen und angemessen sind

Berufsausbildungsvertrag

Das Berufsausbildungsverhältnis ist ein besonders ausgestaltetes Arbeitsverhältnis auf der Grundlage des Ausbildungsvertrags zwischen dem Ausbildenden und dem Auszubildenden. Der Ausbildungsvertrag regelt sowohl Fragen der Ausbildung als auch des damit verbundenen Arbeitsverhältnisses, wie z.B. Arbeitszeit und Urlaub.

Inhalte des Ausbildungsvertrags (Mindestanforderungen nach § 11 BBiG)
1. Art, sachliche und zeitliche Gliederung sowie Ziel der Berufsausbildung, insbesondere die Berufstätigkeit, für die ausgebildet werden soll
2. Beginn und Dauer der Berufsausbildung: Das Ausbildungsverhältnis soll nicht mehr als drei Jahre und nicht weniger als zwei Jahre dauern. Die Ausbildung endet mit Bestehen der Abschlussprüfung, unabhängig von der im Vertrag festgelegten Ausbildungsdauer.
3. Ausbildungsmaßnahmen außerhalb der Ausbildungsstätte, z.B. Seminare, andere Betriebsstätten oder Zweigstellen
4. Die Dauer der regelmäßigen täglichen Ausbildungszeit richtet sich nach gesetzlichen und tariflichen Bestimmungen.
5. Dauer der Probezeit: Die Probezeit darf bis zu vier Monate betragen. Während der Probezeit kann das Ausbildungsverhältnis von beiden Vertragsparteien ohne Einhalten der Kündigungsfrist und ohne Angabe von Gründen gekündigt werden.
6. Die Zahlung und die Höhe der Vergütung richten sich nach gesetzlichen und tariflichen Bestimmungen.
7. Die Dauer des Urlaubs richtet sich nach gesetzlichen und tariflichen Bestimmungen.
8. Kündigung: Nach der Probezeit kann das Ausbildungsverhältnis nur gekündigt werden   • aus einem wichtigen Grund ohne Einhalten der Kündigungsfrist (innerhalb von zwei Wochen, nachdem der wichtige Grund bekannt wurde).   • vom Auszubildenden mit einer Frist von vier Wochen, wenn der Auszubildende die Berufsausbildung aufgeben oder sich in einem anderen Beruf ausbilden lassen will.
9. ein allgemein gehaltener Hinweis auf die Tarifverträge, Betriebs- oder Dienstvereinbarungen, die auf das Berufsausbildungsverhältnis anzuwenden sind

Handlungskomplex 02: Aufgaben der Beteiligten im dualen System der Berufsausbildung beschreiben

Der Beruf Kaufmann/Kauffrau für Büromanagement gehört zum dualen Ausbildungssystem, d.h., die Ausbildung findet an **zwei Lernorten** statt: Ausbildungsbetrieb und Berufsschule.

Die betriebliche Ausbildung erfolgt auf der Grundlage des privatrechtlichen Ausbildungsvertrags, siehe oben. Der schulischen Ausbildung liegt das Schulgesetz des jeweiligen Bundeslandes, der Rahmenlehrplan der Kultusministerkonferenz (KMK) sowie der daraus entwickelte Lehrplan des Bundeslandes zugrunde.

Die folgende Übersicht zeigt die wesentlichen Aufgaben der beiden Lernorte:

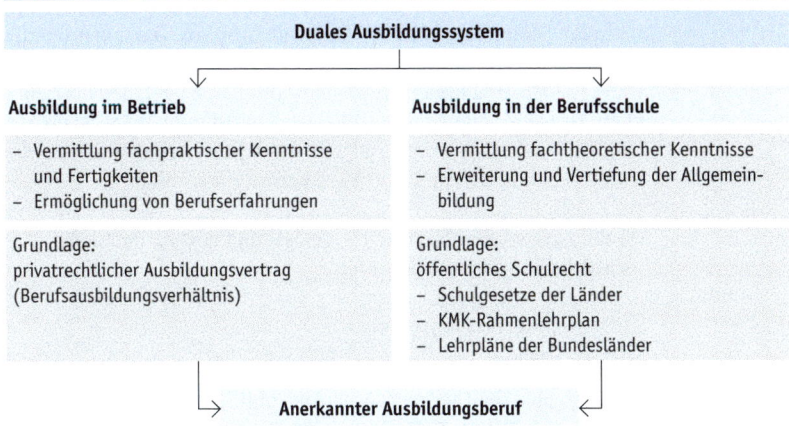

Neben Betrieb und Berufsschule gestaltet als dritter Beteiligter die **zuständige Stelle** die duale Ausbildung. Während der Staat durch Gesetze und Erlass der Ausbildungsordnung die Grundlagen der Ausbildung und der einzelnen Berufe regelt, übernehmen die zuständigen Stellen die konkrete Betreuung, zum Beispiel durch das Prüfungswesen, Schlichtungsstellen für Streitfälle und eine Ausbildungsberatung. Sie sind meistens bei den jeweiligen Kammern angesiedelt.

Handlungskomplex 03: Betrieblichen Ausbildungsplan mit der Ausbildungsordnung vergleichen

Die Ausbildung zum Kaufmann/zur Kauffrau für Büromanagement ist in der **Ausbildungsordnung** dieses Berufs näher geregelt. Deren 11 Paragrafen umfassen

§ 1 Staatliche Anerkennung des Ausbildungsberufes	§ 7 Abschlussprüfung
§ 2 Dauer der Berufsausbildung	§ 8 Gewichtungs- und Bestehensregelungen
§ 3 Struktur der Berufsausbildung	§ 9 Zusatzqualifikationen
§ 4 Ausbildungsrahmenplan, Ausbildungsberufsbild	§ 10 Prüfung der Zusatzqualifikationen
§ 5 Durchführung der Berufsausbildung	§ 11 Inkrafttreten, Außerkrafttreten
§ 6 Zwischenprüfung	

Zur Ausbildungsordnung gehört als Anlage der **Ausbildungsrahmenplan**, der die sachliche und zeitliche Gliederung der Berufsausbildung im Lernort Betrieb vorgibt.

Im Betrieb erstellt der Ausbildende auf Basis des Ausbildungsrahmenplans den **betrieblichen Ausbildungsplan**. Dazu werden die verbindlichen Ausbildungsinhalte in Ausbildungseinheiten untergliedert und organisatorisch und zeitlich nach den betrieblichen Gegebenheiten festgelegt. Dabei wird auch angegeben, an welchen Arbeitsplätzen und mit welchen Arbeitsmitteln die jeweils erforderlichen Kenntnisse vermittelt werden.

Handlungskomplex 04: Arbeits-, sozial- und mitbestimmungsrechtliche Vorschriften beachten

01 Betriebsverfassungsgesetz

Das Betriebsverfassungsgesetz (BetrVG) regelt die Interessenvertretung von Arbeitnehmern und Auszubildenden in den Betrieben der privaten Wirtschaft. Dazu wird der **Betriebsrat** gewählt, der Mitbestimmungs- und Mitwirkungsrechte ausübt und mit dem Arbeitgeber Betriebsvereinbarungen abschließen kann (s. S. 164 f.).

Die **Jugend- und Auszubildendenvertretung (JAV)** ist eine spezielle Interessenvertretung von Jugendlichen und Auszubildenden. Für sie gelten nach dem BetrVG folgende Regelungen:

Wahlvoraussetzungen	• Bestehen eines Betriebsrates • mindestens 5 Wahlberechtigte
Wahlberechtigte	• alle Jugendlichen (unter 18 Jahre) • alle Auszubildenden unter 25 Jahre
wählbare Mitglieder	• alle Betriebsangehörigen unter 25 Jahre
Amtszeit	• 2 Jahre
Aufgaben	• Vertretung der Interessen Jugendlicher und Auszubildender im Betriebsrat • Überwachung der Einhaltung von gesetzlichen Bestimmungen für Jugendliche und Azubis • Förderung der Integration ausländischer Auszubildender sowie der Gleichstellung von Mann und Frau
Rechte der JAV	• Recht auf Teilnahme an Betriebsratssitzungen (1 JAV-Vertreter) • Stimmrecht bei Jugend-/Ausbildungsfragen im Betriebsrat • Recht auf Unterrichtung durch den Betriebsrat • Recht auf Freistellung für JAV-Aufgaben • Recht auf Schulung • Kündigungsschutz

Die JAV vertritt die Interessen der Jugendlichen und Auszubildenden nicht direkt gegenüber dem Arbeitgeber, sondern nur über den Betriebsrat. Für JAV-Mitglieder gilt wie für alle Angehörigen des Betriebsrates ein Kündigungsschutz, der bis zu einem Jahr über die Amtszeit hinausreicht. Da ein Ausbildungsverhältnis und die Betriebszugehörigkeit jedoch auch ohne Kündigung automatisch mit Bestehen der Prüfung enden, muss ein JAV-Mitglied im Ausbildungsverhältnis spätestens 3 Monate vor Ausbildungsende einen Antrag auf Übernahme stellen, dessen Ablehnung vonseiten des Arbeitgebers einer Zustimmung des Arbeitsgerichtes bedarf.

02 Jugendarbeitsschutzgesetz

Junge Menschen sind, da sie sich noch in der Entwicklung befinden, weniger belastbar als Erwachsene. Das Jugendarbeitsschutzgesetz (JArbSchG) schützt deshalb jugendliche Beschäftigte zwischen 15 und 18 Jahren vor gesundheitsschädigenden Belastungen bei der Arbeit. Der Gesetzgeber betrachtet Vierzehnjährige noch als Kinder, deren Beschäftigung – von wenigen Ausnahmen abgesehen – grundsätzlich verboten ist. Einige Bestimmungen des JArbSchG gelten jedoch auch für Berufsschulpflichtige, die 18 Jahre oder älter sind. Das Jugendarbeitsschutzgesetz enthält u. a. Bestimmungen zu Arbeitszeiten, Ruhepausen, Freizeit, Urlaub und Berufsschulzeiten.

Wichtigste Regelung des JArbSchG

§ 8	**Dauer der Arbeitszeit** nicht mehr als 8 Std. täglich und 40 Std. wöchentlich; Nachholregelung für ausgefallene Werktage (max. 8,5 Std. täglich) und Sonderregelungen in der Landwirtschaft
§ 9	**Berufsschule** generelle Freistellung für die Teilnahme am Unterricht; keine Beschäftigung vor Unterricht ab 9 Uhr, keine Beschäftigung nach 5 Schulstunden sowie in einer Woche mit mind. 25 Std. Blockunterricht an mind. 5 Tagen Berufsschultage mit mind. 5 Std. gelten als Arbeitszeit von 8 Std., Blockunterrichtswochen als 40 Std. Arbeitszeit Unterrichtszeiten rechnen einschließlich Pausen; der Schulbesuch mindert nicht das Entgelt
§ 10	regelt die Freistellung bei Prüfungen und außerbetrieblichen Ausbildungsmaßnahmen
$ 11	**Ruhepausen, Aufenthaltsräume** 30 Min. Pause bei 4,5 bis 6 Std. Arbeitszeit, 60 Min. Paus bei mehr als 6 Std. Arbeitszeit; jede einzelne Pause mind. 15 Min. Geregelt sind ferner Pausenrhythmus (max. Arbeitszeit am Stück 4,5 Std.) sowie Anspruch auf einen Raum, worin während der Pause nicht gearbeitet wird.

§ 13	**Tägliche Freizeit** mind. 12 Stunden (kein früherer Wiederbeginn der Arbeit)	
§ 14	**Nachtruhe** Beschäftigung nur zwischen 6 und 20 Uhr (mit Branchenausnahmen)	
§ 15 bis §17	**Fünf-Tage-Woche und Samstagsruhe** Zusammengenommen besteht die Fünf-Tage-Woche von Mo bis Fr. Es gibt Ausnahmen zum Beschäftigungsverbot am Samstag und am Sonntag. Die zwei freien Tage sollen möglichst aufeinander folgen.	
$ 19	**Urlaub** mind. 30 Werktage im Alter unter 16 Jahre mind. 27 Werktage im Alter unter 17 Jahre mind. 25 Werktage im Alter unter 18 Jahre	(Urlaub möglichst in den Berufsschulferien; bei Schulbesuch im Urlaub sind entsprechend weitere Urlaubstage zu gewähren)

Handlungskomplex 05: Bedeutung lebensbegleitenden Lernens

Mit der Ausbildung ist die berufliche Qualifizierung nicht abgeschlossen, sondern die Entwicklung der Berufswelt erfordert ein lebenslanges Lernen. Unternehmen nutzen Formen der **Personalförderung** und bieten Mitarbeitern u.a. an:

- Traineeprogramme (= längerfristige systematische Einarbeitungsprogramme)
- Coaching (Weiterqualifzierung meist von Führungskräften durch einen Coach) oder Mentoring (meist Einführung und Beratung eines neuen Mitarbeiters durch jemand Erfahrenes)

Mitarbeiter können und müssen sich ihrerseits fort- und weiterbilden. Betriebsinterne und -externe Angebote betreffen die

- Anpassungsfortbildung (Erhaltung, Erweiterung und Anpassung der bereits vorhandenen beruflichen Fähigkeiten und Kenntnisse)
- Aufstiegsfortbildung (mit dem Ziel einer höheren Qualifikation im bisherigen Berufsfeld).

Aufgaben

? 1: Welcher Unterschied besteht zwischen dem Rahmenlehrplan/dem Länderlehrplan einerseits und der Ausbildungsordnung andererseits?

? 2: Annika ist zu Jahresbeginn 17 Jahre alt. Der Tarifvertrag in ihrem Betrieb sieht für Mitarbeiter 26 Werktage Urlaub vor. In ihrem Ausbildungsvertrag stehen 25 Tage Urlaub. Wie viel Urlaub steht ihr zu?

Funktion 0104   Sicherheit und Gesundheitsschutz bei der Arbeit

Handlungskomplex 01: Gefährdung von Sicherheit und Gesundheit am Arbeitsplatz feststellen und vermeiden

01 Maßnahmen zur Vermeidung der Gefährdung

Für Sicherheit und Gesundheit am Arbeitsplatz zu sorgen ist nicht ins Belieben des Arbeitgebers gestellt, sondern es gibt Normen zum Arbeitsschutz und zur Unfallverhütung, u.a. in:

Gesetz/Vorschrift	Inhalt
Arbeitsschutzgesetz	Grundsätze des Arbeitsschutzes, Pflichten des Arbeitgebers, Maßnahmen der „Ersten Hilfe", staatliche und berufsgenossenschaftliche Aufsicht
Arbeitsstätten-verordnung	Grundsätze beim Einrichten von Arbeitsplätzen, Vorhandensein von Fluchtwegen und Pausenräumen, Pflicht zur Gefährdungsbeurteilung
Arbeitssicherheitsge-setz	Bestellung und Aufgaben von Betriebsärzten und Fachkräften für Arbeitssicherheit
Bildschirmarbeits-verordnung	Gestaltung von Bildschirmarbeitsplätzen, Pausen bei der Bildschirmarbeit, Augenuntersuchungen
Unfallverhütungsvor-schriften der Berufs-genossenschaften	Zuständigkeiten für Unfallschutz, arbeitsmedizinische Untersuchungen, Einrichtungen der „Ersten Hilfe", Unfallmeldung, Bestellung von Sicherheitsbeauftragten

Näheres zur Einrichtung von Büroarbeitsplätzen ist bei „Arbeitsplatzergonomie" auf S. 111 beschrieben. Die betrieblichen Verantwortungsträger für Sicherheit und Gesundheit sind:

Verantwortungsträger	Verantwortungsbereich
Unternehmer (Inhaber, Geschäftsführer, Vorstand) sowie Führungskräfte im Rahmen der Aufgabendelegation	allgemeine Zuständigkeit und Verantwortung für die Auswahl und den sicherheitstechnischen Zustand der Betriebsmittel, die sicherheitstechnische Unterweisung, die Einhaltung aller sicherheitstechnischen Vorschriften, Ernennung der Beauftragten und der Fachkraft für Arbeitssicherheit, Einrichtung der „Ersten Hilfe"
Fachkraft für Arbeitssicherheit	Prüfung neuer Verfahren unter Sicherheitsaspekten, Beratung der Unternehmensleitung, Sicherheitsschulung, Durchführung sicherheitstechnischer Prüfungen an Anlagen, Untersuchung von Arbeitsunfällen

Betriebsarzt	Beratung der Beschäftigten und der Unternehmensleitung zum Gesundheitsschutz, arbeitsmedizinische Untersuchungen, Leitung der „Ersten Hilfe"
Sicherheitsbeauftragte	arbeitsbereichsbezogene Überwachung des sicherheitsgerechten Verhaltens der Kollegen und der Funktionsweise techn. Sicherheitsvorrichtungen, Zusammenarbeit mit dem Beauftragten für Arbeitssicherheit bei der Begutachtung neuer Betriebsmittel oder der Analyse von Arbeitsunfällen
Ersthelfer	Erstversorgung des Verletzten am Unfallort (sofern Betriebsarzt nicht verfügbar), Einschaltung des allg. Rettungsdienstes
Betriebsrat	Mitbestimmung bei der Gestaltung der Arbeitsbedingungen und Sozialeinrichtungen, Abschluss von Betriebsvereinbarungen zum Unfallschutz mit dem Arbeitgeber, Vertretung von Belegschaftsbeschwerden hinsichtlich der Sicherheitsorganisation, Mitbestimmung bei der Bestellung der Fachkraft für Arbeitssicherheit und dem Betriebsarzt

Um Mitarbeiter, Besucher und Passanten auf die Gefahren aufmerksam zu machen, die auf dem Unternehmensgelände bestehen, existiert eine ganze Reihe von Gefahren- und Rettungszeichen. Diese Zeichen haben im Original folgende typische Farben:

- Rettungszeichen: grün mit weißem Symbol
- Gebotszeichen: blau mit weißem Symbol
- Warnzeichen: gelb mit schwarzem Bild
- Verbotszeichen: weiß mit rotem Rand und rotem Querbalken
- Gefahrensymbole gelb mit schwarzem Bild

02 Maßnahmen zur Förderung der Gesundheit

Neben der Vermeidung von Unfällen und Berufskrankheiten ist die Gesunderhaltung der Mitarbeiter/-innen ein wichtiges Thema. Dazu tragen Arbeitgeber durch ein **vorbeugendes Gesundheitsmanagement** bei, und Arbeitnehmer/-innen können ihrerseits viel für ihre Gesundheit tun. Im Zusammenhang mit der Arbeitswelt spielen folgende Gesundheitsaspekte eine besondere Rolle:

- **Bewegung**, z.B. als Ausgleich für sitzende Tätigkeit
- richtige, d.h. gesunde **Ernährung** und bewusstes Essverhalten, z.B. nicht neben der Arbeit essen
- **Stressregulation,** z.B. Beachten von Leistungskurven, Pausen bei Bildschirmarbeit, Entspannungsphasen; auch die Sensibilität für Anzeichen des Burn-out-Syndroms ist hier zu nennen (siehe dazu S. 117)
- **Suchtprävention** (was den Nichtraucher-Schutz einschließt)

Handlungskomplex 02: Berufsbezogene Arbeitsschutz- und Unfallverhütungsmaßnahmen anwenden

Nicht immer wird eine berufsbedingte Arbeitsunfähigkeit durch betriebliche Unfälle ausgelöst. Häufiger sind „Berufskrankheiten", die durch einseitige Belastung oder – körperliche oder geistige – Überforderung entstehen. Dementsprechend können nicht allein technische Schutzvorrichtungen das Risiko von Arbeitsunfällen und Berufskrankheiten senken, genauso bedeutend ist eine ausreichende Regenerationsmöglichkeit des Arbeitnehmers. Diese wird durch Arbeitsschutzgesetze gewährleistet, dazu zählen auch das Jugendarbeitsschutzgesetz (wesentliche Inhalte siehe S. 137) sowie das Arbeitszeitgesetz und das Mutterschutzgesetz:

Die wichtigsten Bestimmungen zum Arbeitsschutz		
Arbeitsschutzgesetz	Arbeitszeitgesetz	Mutterschutzgesetz
Adressatenkreis	volljährige Auszubildende und Arbeitnehmer	werdende und niedergekommene Mütter
Bestimmungen zur Arbeitszeit	max. 8 Std. am Tag, 6 Werktage die Woche ausnahmsweise bis 10 Std. am Tag, falls Zeitausgleich innerhalb 6 Monaten	maximal 8,5 Std. am Tag oder 90 Std. in der Doppelwoche, 6 Werktage die Woche
Nachtarbeit	grundsätzlich erlaubt	keine Beschäftigung zwischen 20 und 6 Uhr (Ausnahmen in einigen Bereichen)
Einschränkungen des Tätigkeitsbereichs	keine Regelung	• keine schweren körperlichen Arbeiten, • keine Akkordarbeit, • keine Beschäftigung in den letzten sechs Wochen vor der Entbindung, es sei denn, dass sie sich zur Arbeitsleistung ausdrücklich bereit erklären, • keine Beschäftigung in den 8 Wochen nach der Entbindung
Bestimmungen zu Arbeitspausen	• ab 6 Std. tgl. Arbeitszeit mind. 30 Min. Pause, • ab 9 Std. tgl. Arbeitszeit mind. 45 Min. Pause, • erste Pause muss nach spätestens 6 Std. erfolgen	• grds. lt. Arbeitszeitgesetz • zusätzlich bei ständig sitzender oder ständig stehender Tätigkeit Recht auf kurze, bezahlte Unterbrechungen
Ruhezeit zwischen zwei Arbeitstagen	11 Std., in bestimmten Wirtschaftszweigen auch 10 Std., wenn dies innerhalb eines Monats durch jeweils 12-stündige Ruhezeit ausgeglichen wird	

Handlungskomplex 03: Verhaltensweise bei Unfällen

Geschieht ein Arbeitsunfall, tritt üblicherweise folgender Ablauf ein:

Verfahrensweisen bei Arbeitsunfällen	
Medizinische Behandlung des/der Verletzten bei einem Unfallarzt	Erstellung einer Unfallmeldung des Arbeitgebers, sofern der Verletzte für mehr als drei Tage arbeitsunfähig ist.
↓	↓
Erstellung eines Unfallberichtes durch den Durchgangsarzt, Sendung an die Berufsgenossenschaft	Kenntnisnahme durch den Beauftragten für Arbeitssicherheit sowie den Betriebsrat, Sendung an die Berufsgenossenschaft sowie die staatliche Gewerbeaufsicht.
↓	↓

bei schweren Arbeitsunfällen Überprüfung des Sicherheitsstandes, ggf. Erteilung von Auflagen und Betriebseinschränkungen, ggf. Neubewertung der Risikoeinstufung bei der gesetzl. Unfallversicherung

Handlungskomplex 04: Vorschriften des Brandschutzes, Verhaltensweisen bei Bränden und Brandbekämpfung

Vor allem ist bei Bränden Ruhe zu bewahren, es ist wichtig, jetzt nicht in Panik zu geraten. Vorsichtshalber sollte bei Bränden immer die Feuerwehr (Telefon 112) alarmiert werden. Dabei ist wichtig, dass Name und vollständige Adresse angegeben werden. Ferner ist festzustellen, welche Materialien brennen, um zu entscheiden, mit welchem Löschmittel gelöscht werden kann.

Zum vorbeugenden Brandschutz ist es aber auch notwendig, die Mitarbeiter für einen Brandfall zu schulen sowie Notausgänge und Feuerlöscher erreichbar und zugänglich zu halten. Feuerlöscher müssen zudem regelmäßig von einer Fachfirma gewartet werden. Ausführliche Materialien sind bei der zuständigen Berufsgenossenschaft zu bekommen.

Funktion 0105   Umweltschutz

Handlungskomplex 01: Umweltbelastungen durch den Ausbildungsbetrieb und seinen Beitrag zum Umweltschutz erklären

Die Art und der Umfang von Umweltbelastungen hängen von Typ des Betriebs ab. Das folgende Schaubild zeigt ein Spektrum an möglichen umweltbelastenden Faktoren.

Umweltbelastung im Unternehmen

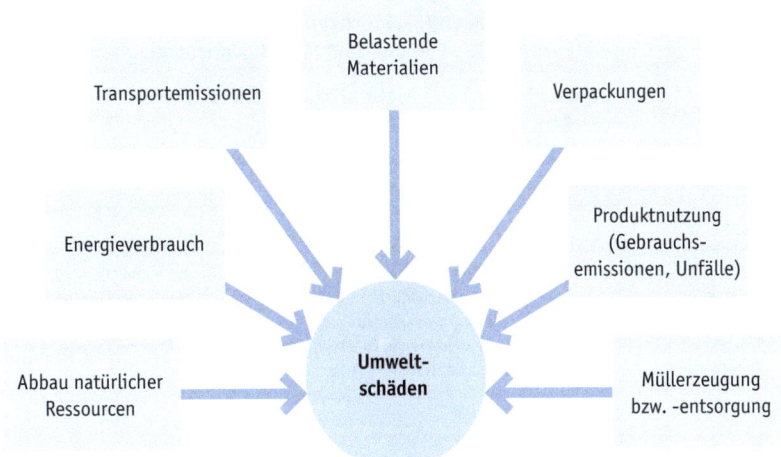

Beispiele

1. Auf S. 118 ist beschrieben, dass bei Anschaffung und Einkauf von Büroausstattung und Verbrauchsmaterialien umweltbewusst verfahren werden kann.

2. Die BE Partners KG erstellt noch viele Unterlagen auf Papier (wertige Firmenbroschüre, Konzepte, Handouts, Präsentationen u.a.m.). Das ist notwendig, weil sie ihre Arbeit ansprechend darstellen muss. Die Umstellung auf mehr digitale Unterlagen, die Verwendung von Papieren mit weniger Grammatur und aus umweltschonender Produktion (z.B. PEFC-zertifiziert) und beispielsweise der Verzicht auf Trennblätter aus Kunststoff schonen den Abbau von Ressourcen, reduzieren Transportkosten, tragen zur Vermeidung belastender Materialien bei und reduzieren die Müllmenge. Diese lässt sich weiter verringern, wenn die produzierte Anzahl der Unterlagen bedarfsgerecht ohne Überhänge gewählt wird.

Handlungskomplex 02: Für den Ausbildungsbetrieb geltende Regelungen des Umweltschutzes anwenden

Es gibt eine Vielzahl von Gesetzen und Verordnungen zum betrieblichen Umweltschutz. Für nahezu sämtliche Betriebe sind folgende beiden von besonderer Bedeutung:
- Kreislaufwirtschaftsgesetz
- Verpackungsverordnung

Sie sollten bei Bedarf nochmals recherchiert werden, z.B. im Internet.

Handlungskomplex 03: Möglichkeiten der wirtschaftlichen und umweltschonenden Energie- und Materialverwendung nutzen

Auch hier hängen die Maßnahmen von Typ und der Branche des Unternehmens ab. Möglich sind z.B.:

Umweltschutzmaßnahmen einzelner Betriebsbereiche

Einkauf	Lagerhaltung	Produktion
• Auswahl standortnaher Lieferanten • Auswahl recyclingfähiger Waren • Sammelbestellungen und -lieferungen	• Mehrfachschutzsysteme gegen Austritt schädlicher Substanzen • dezentrale Lagerorte • energiesparende Fördersysteme • Festplatzsystem mit transportminimierenden Lagerplätzen	• materialsparende Konstruktion • energiesparende Anlagen • Verringerung des Ausschusses • Schadstoffrückhaltesysteme
Allg. Verwaltung, Rewe, EDV	**Personal**	**Absatz**
• Einrichtung eines ökologischen Managements • Erweiterung des betrieblichen Verbesserungsvorschlagswesens um Anregungen zum Umweltschutz • Verhaltensrichtlinien für Mitarbeiter • papierloses Büro	• Schulung zu Umweltfragen • Einführung von Umweltprämien • arbeitsrechtliche Konsequenzen für nicht umweltgerechtes Verhalten	• Auswahl umweltfreundlicher Transportmittel • Verzicht auf aufwendige Verkaufsverpackungen • attraktive Preisgestaltung für umweltfreundliche Waren

Handlungskomplex 04: Abfälle vermeiden, Stoffe und Materialien einer umweltschonenden Entsorgung zuführen

Im Rahmen des Vorsorgeprinzips schreiben die §§ 7, 8 und 13 des Kreislaufwirtschaftsgesetzes diese Abfolge im Umgang mit Abfällen vor:

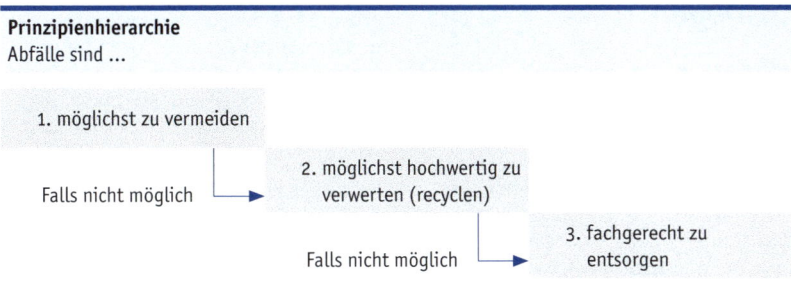

Prinzipienhierarchie
Abfälle sind ...

1. möglichst zu vermeiden

Falls nicht möglich

2. möglichst hochwertig zu verwerten (recyclen)

3. fachgerecht zu entsorgen

Falls nicht möglich

Hinsichtlich der Art der Gewinnung von Sekundärrohstoffen unterscheiden sich vier Recyclingarten:

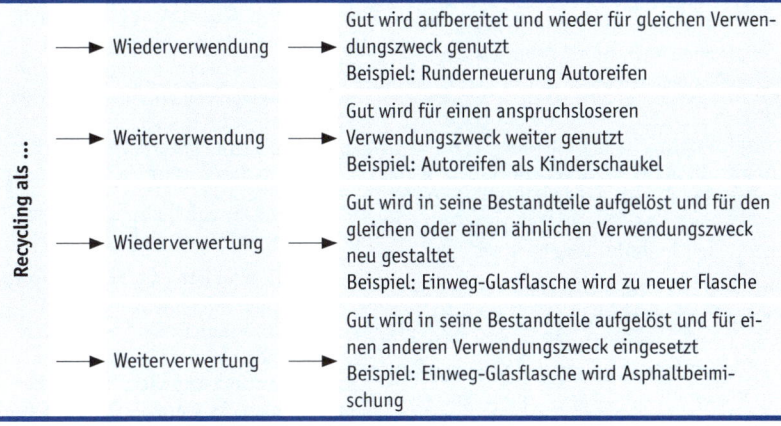

Recycling als ...		
→	Wiederverwendung →	Gut wird aufbereitet und wieder für gleichen Verwendungszweck genutzt Beispiel: Runderneuerung Autoreifen
→	Weiterverwendung →	Gut wird für einen anspruchsloseren Verwendungszweck weiter genutzt Beispiel: Autoreifen als Kinderschaukel
→	Wiederverwertung →	Gut wird in seine Bestandteile aufgelöst und für den gleichen oder einen ähnlichen Verwendungszweck neu gestaltet Beispiel: Einweg-Glasflasche wird zu neuer Flasche
→	Weiterverwertung →	Gut wird in seine Bestandteile aufgelöst und für einen anderen Verwendungszweck eingesetzt Beispiel: Einweg-Glasflasche wird Asphaltbeimischung

Aufgaben

? 1: Patrick ist 17 Jahre alt und Azubi. Sein Beruf interessiert ihn, er arbeitet gern und bleibt deshalb öfters länger, sodass die Zeiterfassung 9 Std. Arbeitszeit am Tag ausweist. Aus welchen Gründen ist dies nicht zulässig und nicht sinnvoll?

? 2: -Claudia ist Personalsachbearbeiterin und denkt sehr umweltbewusst. Sie nutzt deshalb die freien Rückseiten alter Unterlagen als Notizpapier. Welche Gefahr besteht hierbei?

Lösungen

Prüfung Teil 1 / Büroprozesse

Bürowirtschaftliche Abläufe (S. 60)

L1: Unter dem **qualitativen Bedarf** versteht man die Art des benötigten Büromaterials, also z.B. Kopierpapier eines bestimmten Herstellers, Marke, Qualität, usw. Der **quantitative Bedarf** beschreibt die **benötigte Menge** des Büromaterials.

L2: Postvollmachten erlauben die Annahme und Bearbeitung der Eingangspost in Unternehmen. Eine **besondere Postvollmacht** erlaubt zudem die Annahme von eigenhändigen Postsendungen als auch Post- und Zahlungsanweisungsbeträgen.

L3: Vorsortieren, öffnen der Geschäftspost, Entnahme und Kontrolle der Briefinhalte, Eingangsstempel anbringen, Eintrag ins Posteingangsbuch, feinsortieren und verteilen der Post. Für eine ausführliche Darstellung siehe S. 48.

L4: Die Bearbeitung elektronisch erhaltener Post erfordert nicht alle einzelnen Schritte der Postbearbeitung. Es sind u.a. nur das Aussortieren von Irrläufern und die Weiterleitung an die zuständigen Mitarbeiter notwendig sowie die Dokumentation in einem Posteingangsbuch.

L5: Kontrolle auf Vollständigkeit und Versandfähigkeit der Post, adressieren, zusammentragen und falzen, kuvertieren, (ver)schließen, wiegen und frankieren und im Postausgangsbuch vermerken. Für eine ausführliche Darstellung siehe S. 50.

L6: Einschreiben (Übergabe) mit Rückschein: Postsendung wird durch den Zusteller dem Empfänger oder einer anderen empfangsberechtigten Person (Ehegatte, Bevollmächtigter) persönlich überge-

ben. Die Übergabe wird dokumentiert und dem Absender der Postsendung zurückgesandt. Anwendung bei z.B. Kündigungsschreiben (Beruf, Mietwohnung), Zusendung wichtiger Dokumente, usw.

L7: Für eine ausführliche Darstellung der KEP-Dienste siehe S. 52.

L8: Für eine ausführliche Darstellung siehe S. 53.

L9: Beispiele: Arbeitsplatzablage im/am Schreibtisch (Unterlagen werden für die tägliche Arbeit benötigt), zentrale Ablage für eine Abteilung (Unterlagen, auf die mehrere Mitarbeiter zugreifen müssen), Zentralablage/Registratur (Unterlagen, die in verschiedenen Abteilungen des Unternehmens benötigt werden), Archiv (Ablage von Unterlagen, die aber für die tägliche Arbeit nicht mehr benötigt werden und aufgrund gesetzlicher/betrieblicher Vorschriften aufzubewahren sind).

L10: Für eine ausführliche Darstellung der Ordnungssysteme siehe S. 54.

L11: Eine To-Do-Liste ist eine Sammlung von noch zu erledigenden Aufgaben. Beim Einsatz einer To-Do-Liste sollten grundsätzlich immer alle noch offenen Aufgaben notiert und diese in eine Reihenfolge gebracht werden. Die Reihenfolge kann – je nach Mitarbeiter – entweder nach Priorität, Wichtigkeit, Dringlichkeit oder einem anderen Kriterium gebildet werden. Erledigte Aufgaben sollten gestrichen werden.

L12: Sowohl die ABC-Analyse als auch die Eisenhower-Matrix unterteilen alle noch anstehenden Aufgaben in unterschiedliche Gruppen. Die jeweilige Gruppe gibt an, ob die darin enthaltenen Aufgaben wichtig genug sind, um vom Mitarbeiter/Vorgesetzten selbst erledigt zu werden oder ob sie an andere Mitarbeiter delegiert werden sollen. Für eine ausführliche Darstellung insbesondere der Unterschiede in der Gruppenbildung siehe S. 58f.

Koordinations- und Organisationsaufgaben (S. 73)

L1: Ein Termin ist ein feststehender Zeitpunkt, an dem ein wichtiges Ereignis (z.B. Besprechung, Konferenz) stattfindet.

L2: Für eine ausführliche Darstellung siehe S. 61.

L3: Bei dringenden Terminen sind meist Fristen einzuhalten, nach deren Ablauf der Grund für diesen Termin (z.B. Abgabe einer Steuererklärung) nur noch schwierig oder nicht mehr erreichbar ist. Bei wichtigen Terminen geht es meist um betriebliche Kontakte wie bspw. mit einem Neukunden oder neuen Lieferanten. Die daraus resultierende Geschäftsbeziehung ist wichtig und sollte nicht riskiert werden. Bei zukunftsentscheidenden Terminen handelt es sich um "Weichenstellungen" für das Unternehmen oder einen selbst (z.B. neues Produkt, beruflicher Werdegang). Ausführliche Darstellung: siehe S. 62.

L4: a) Zunächst sollte der Fortbildungszeitraum mit dem Referenten/Anbieter abgeklärt werden. Hierbei fließt die Verfügbarkeit von Räumen mit ein. Steht der Termin, wird er mit den Kollegen abgestimmt und vorgemerkt. Eine Terminbestätigung sollte an alle Beteiligten (incl. Referenten, Anbieter der Räumlichkeiten, Catering, etc.) verschickt werden.

b) persönliches Gespräch mit den Beteiligten, elektronische Kommunikationsmittel (E-Mail), Online-Dienste wie Doodle, Schedule Once, usw.

L5: Sitzung: Quartalstreffen der Abteilungsleiter, in dem ein Rück-/Ausblick über die Situation des Unternehmens betrachtet wird. Besprechung: Treffen der Marketing-Mitarbeiter, um sich über den Stand der aktuellen Werbemaßnahme auszutauschen und die weiteren Teilschritte kurz abzustimmen.

L6: Checklisten erleichtern die Vorbereitung von Veranstaltungen, da sie die wichtigsten Punkte enthalten, die im Vorfeld abgeklärt bzw. berücksichtigt werden müssen. Somit kann bei der Vorbereitung nichts vergessen werden.

L7: Nutzung der eigenen Räumlichkeiten, Mitarbeiter können vor oder nach der Veranstaltung noch an ihren Arbeitsplatz zurückkehren (sofern es keine ganztägige Veranstaltung ist), es stehen unternehmenseigene Medien oder sonstige Ausstattung bereit, usw.

L8: Protokolle dokumentieren den Inhalt und je nach Art auch den Verlauf einer Veranstaltung, um darauf später wieder zurückgreifen zu können. Wichtig ist dies gerade dann, wenn es um Entscheidungen oder Aufgabenverteilungen geht.

L9: Durch Unterschrift und Genehmigung durch die Veranstaltungsteilnehmer wird ein Protokoll zu einer förmlichen (Privat)Urkunde, die bei Rechtsstreitigkeit herangezogen werden kann und die Richtigkeit der dokumentierten Inhalte beweist (Beweiskraft).

Prüfung Teil 1 / Geschäftsprozesse

Beschaffung (S. 109)

L1: Die optimale Bestellmenge wird mithilfe einer Exceltabelle bestimmt. Sie liegt bei sechs Bestellungen.

Anzahl Best./ J.	Bestell-menge	Ø-LB	Ø-LB (in €)	Lagerkosten	Bestell-kosten	Gesamtkosten
1	24.000	12.000	150.000,00 €	22.500,00 €	600,00 €	23.100,00 €
2	12.000	6.000	75.000,00 €	11.250,00 €	1.200,00 €	12.450,00 €
3	8.000	4.000	50.000,00 €	7.500,00 €	1.800,00 €	9.300,00 €
4	6.000	3.000	37.500,00 €	5.625,00 €	2.400,00 €	8.025,00 €
5	4.800	2.400	30.000,00 €	4.500,00 €	3.000,00 €	7.500,00 €
6	4.000	2.000	25.000,00 €	3.750,00 €	3.600,00 €	7.350,00 €
7	3.428,57	1.714,29	21.428,57 €	3.214,29 €	4.200,00 €	7.414,29 €
8	3.000	1.500	18.750,00 €	2.812,50 €	4.800,00 €	7.612,50 €
9	2.666,67	1.333,33	16.666,67 €	2.500,00 €	5.400,00 €	7.900,00 €
10	2.400	1.200	15.000,00 €	2.250,00 €	6.000,00 €	8.250,00 €
11	2.181,82	1.090,91	13.636,36 €	2.045,45 €	6.600,00 €	8.645,45 €
12	2.000	1.000	12.500,00 €	1.875,00 €	7.200,00 €	9.075,00 €

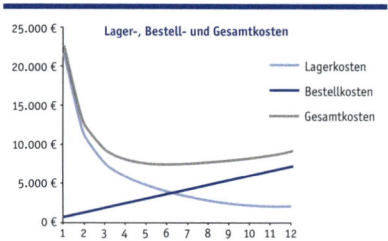

L2: (1) Die Erkundigung ist kein Antrag. Das Schicken der Patrone ist erster Antrag; es ist kein KV zustande gekommen.

(2) Nein, Prospekt kein Antrag, Bestellung erster Antrag, es ist kein KV zustande gekommen.

(3) Nein, erster Antrag von Carolin, Änderung der Lieferzeit ist der zweite Antrag, Annahme steht noch aus.

(4) Der Brief ist erster Antrag, Rückruf verspätet = neuer Antrag, erster Antrag nur 5 Tage gültig, Zusage ist die Annahme, KV ist zustande gekommen.

L3:
Zu 1:
- Leistung ist fällig (Leistungsverzug).

- Mahnung ist wegen Fixkauf nicht erforderlich.
- Verschulden des Lieferers liegt vor: Fahrlässigkeit.
- Lieferung ist nicht nachholbar, da Fotoservice für den bestimmten Zweck bestellt wurde (Bestimmungskauf).

Der Käufer hat das Recht, vom Vertrag zurückzutreten (Nachfrist wegen Fixkauf nicht notwendig) und Schadensersatz statt Leistung zu fordern, da ein Verschulden des Lieferers vorliegt.

Zu 2:
- Zahlung ist fällig (Zahlungsverzug).
- Mahnung nicht notwendig da fester Zahlungszeitpunkt überschritten.

Hier macht nur das Recht auf Erfüllung mit Verzugsschaden Sinn, da der Kuchen gegessen ist und somit ein Rücktritt nicht möglich ist.

Verzugsschaden beim einseitigen Handelskauf liegt bei Basiszins + 5 %

Zu 3:
- Die Leistung ist fällig (Annahmeverzug).

- Der Lieferant war da, hat also seine Leistung tatsächlich angeboten.
- Der Käufer hat die Annahme verweigert (Fahrlässigkeit).

In diesem Fall macht es nur Sinn die Erfüllung des Vertrages und damit die Bezahlung zu verlangen, einen Selbsthilfeverkauf anzukündigen und durchzuführen oder vom Vertrag zurückzutreten. Auch Schadensersatz ist möglich (Fahrlässigkeit).

Zu 4:

- Offener Mangel (Sachmangel)
- Mangel in der Beschaffenheit

Der Käufer hat ohne Nachfrist den Anspruch auf Nacherfüllung innerhalb einer angemessenen Frist: entweder eine Nachbesserung oder eine Neulieferung und einen Schadensersatz neben der Leistung. Falls die Nachfrist abgelaufen ist, so kann der Käufer vom Vertrag zurücktreten, eine Minderung des Kaufpreises und Schadensersatz verlangen, einen Schadensersatz statt der Leistung oder den Ersatz vergeblicher Aufwendungen.

Arbeitsplatzergonomie (S. 118)

L1: Für eine ausführliche Darstellung siehe S. 112

L2: Grundsätzlich gilt: lärmstarke Geräte in eigene Räume auslagern oder unter Abdeckungen schalldicht abschirmen. Für eine ausführliche Darstellung siehe S. 114.

L3: Für eine ausführliche Darstellung siehe S. 115.

L4: Für eine ausführliche Darstellung siehe S. 116.

L5: Für eine ausführliche Darstellung siehe S. 117 f.

Prüfung Teil 2 / Kundenbeziehungsprozesse

Kundenorientierte Auftragsabwicklung (S. 150)

L1: (1) Berechnung der Tage:

Rechnung 1: von 29.08. bis 23.11: 2 Tage (Aug) + 30 Tage (Sept) + 31 Tage (Okt) + 23 Tage (Nov) = **86 Tage**

Rechnung 2: von 29.08. bis 3.12: 2 Tage (Aug) + 30 Tage (Sept) + 31 Tage (Okt) + 30 Tage (Nov) + 3 Tage (Dez) = **96 Tage**

(2) Berechnung der Verzugszinsen:

a) Für ein anderes Unternehmen:

Höhe der Verzugszinsen: 9 % über dem Basiszinssatz (z.Zt. − 0,83 %) = 8,17 %

Verzugszinsen für Rechnung 1 =

$$\frac{1.111\ € \cdot 8,17 \cdot 86}{365 \cdot 100} = 21,39\ €$$

Verzugszinsen für Rechnung 2:

$$\frac{2.222\ € \cdot 8,17 \cdot 96}{365 \cdot 100} = 47,75\ €$$

b) Für eine Privatperson:

Höhe der Verzugszinsen: 5 % über dem Basiszinssatz (z.Zt. − 0,83 %) = 4,17 %

Verzugszinsen für Rechnung 1 =

$$\frac{1.111\ € \cdot 4,17 \cdot 86}{365 \cdot 100} = 10,92\ €$$

Verzugszinsen für Rechnung 2:

$$\frac{2.222\ € \cdot 4,17 \cdot 96}{365 \cdot 100} = 24,37\ €$$

L2: (1) Bis zum 30. März 2016 bei gebrauchten Gegenständen, wenn vereinbart

(2) Bis zum 31.12.2018 (Regelverjährung: 3 Jahre zum Ende eines Kalenderjahres)

(3) Bauwerke 5 Jahre ab Übergabe: bis zum 14.09.2020

L3: Die Aufgabe erfordert eine Differenzkalkulation.

	Formel	%	Prozent	Euro	Rechenwege
1. Schritt					
	Listeneinkaufspreis brutto	119 %		1.499,00 €	
–	Mehrwertsteuer (= VSt)	19 %		239,34 €	= 1.499 € · 19/119
=	Listeneinkaufspreis netto	100 %		1.259,66 €	= 1.499 € · 100/119 oder 1.499 € − 239,34 €
2. Schritt					
	Listeneinkaufspreis netto	100 %		1.259,66 €	
–	Lieferrabatt	12 %		151,16 €	= 1.259,66 · 12/100
=	Zieleinkaufspreis	88 %		1.108,50 €	= 1.259,66 · 88/100 oder 1.259,66 € − 151,16 €
3. Schritt					
	Zieleinkaufspreis	100 %		1.108,50 €	
–	Lieferskonto	2 %		22,17 €	= 1.108,50 € · 2/100
=	Bareinkaufspreis	98 %		1.086,33 €	= 1.108,50 € · 98/100 oder 1.108,50 € − 22,17 €
4. Schritt					
	Bareinkaufspreis	100 %		1.086,33 €	
+	Bezugskosten		50,00 €	50,00 €	
=	Bezugspreis (= Einstandspreis)			1.136,33 €	= 1.086,33 € + 50 €
5. Schritt					
=	Bezugspreis (= Einstandspreis)		100 %	1.136,33 €	
+	Handlungskosten	70 %	70 %	795,43 €	= 1.136,33 € · 70/100
=	Selbstkosten		170 %	1.931,76 €	= 1.136,33 € · 170/100 oder 1.136,33 € + 795,43 €
9. Schritt					
=	Selbstkosten		100 %	1.931,76 €	
+	Gewinn = GESUCHT ??		???	s. unten	
=	Barverkaufspreis			1.705,32 €	
8. Schritt					
=	Barverkaufspreis		97 %	1.705,32 €	= 1.758,06 € · 97/100 oder 1.758,06 € − 17,58 € − 35,16 €
+	Kundenskonto	2 %	2 %	35,16 €	= 1.758,06 € · 2/100
+	Provision	1 %	1 %	17,58 €	= 1.758,06 € · 1/100
=	Zielverkaufspreis		100 %	1.758,06 €	
7. Schritt					
=	Zielverkaufspreis		91 %	1.758,06 €	= 1.931,93 € · 91/100 oder 1.931,93 € − 173,87 €
+	Kundenrabatt	9 %	9 %	173,87 €	= 1.931,93 € · 9/100
=	Listenverkaufspreis netto		100 %	1.931,93 €	
6. Schritt					
=	Listenverkaufspreis netto		100 %	1.931,93 €	= 2.299,00 € · 100/119 oder 2.299,00 € − 367,07 €
+	Mehrwertsteuer (= USt)	19 %	19 %	367,07 €	= 2.299,00 € · 19/119
=	Listenverkaufspreis brutto		119 %	2.299,00 €	

Berechnung des Gewinns in Euro

		Euro
	Selbstkosten	1.931,76 €
+	Gewinn (hier Verlust)	– 226,44 €
=	Barverkaufspreis	1.705,32 €

Unser Unternehmen hat mit dieser Ware einen Verlust in Höhe von 226,44 € erzielt.

Berechnung des Gewinns (hier des Verlusts) in Prozent:

Über den Dreisatz ergibt sich:

$1.931,76 € \triangleq 100\%$

$-226,44 € \triangleq x\%$

Somit beträgt der Gewinn/Verlust:

$$x = \frac{-226,44 € \cdot 100}{1.931,76 €} = -11,72\%$$

Der Verlust beträgt 11,72 %.

L4: Dies ist eine Kalkulation mit Mengenbetrachtung. Es werden zunächst die Beträge mit der gesamten (!) Menge berechnet. Erst am Ende teilen Sie den berechneten Bezugspreis (= Einstandspreis) durch die Anzahl und erhalten den Preis für ein Stück.

Die Berechnung erfolgt in unten stehender Tabelle.

Das Ergebnis lautet:

• Alle 50 Taschenrechner kosten insgesamt 664,85 €.

• Damit kostet ein Taschenrechner: 664,85 € / 50 Stück = 13,30 €.

• Ein Taschenrechner hat somit einen Bezugspreis von 13,30 €.

Formel	%	Euro	Euro	Rechenwege
Einzelpreis: 18,99 €	Anzahl: 50 Stück			
1. Schritt				
Listeneinkaufspreis brutto	119 %		949,50 €	= 18,99 € · 50
– Mehrwertsteuer (= VSt)	19 %		151,60 €	= 949,50 € · 19/119
= Listeneinkaufspreis netto	100 %		797,90 €	= 949,50 € · 100/119 oder 949,50 € – 151,60 €
2. Schritt				
Listeneinkaufspreis netto	100 %		797,90 €	
– Lieferrabatt	15 %		119,69 €	= 797,90 € · 15/100
= Zieleinkaufspreis	85 %		678,21 €	= 797,90 € · 85/100 oder 797,90 € – 119,69 €
3. Schritt				
Zieleinkaufspreis	100 %		678,21 €	
– Lieferskonto	3 %		20,35 €	= 678,21 € · 3/100
= Bareinkaufspreis	97 %		657,86 €	= 678,21 € · 97/100 oder 678,21 € –20,35 €
4. Schritt				
Bareinkaufspreis			657,86 €	
+ Bezugskosten		6,99 €	6,99 €	
= Bezugspreis (= Einstandspreis)			664,85 €	= 657,86 € + 6,99 €

Personalbezogene Aufgaben (S. 178)

L1: a) Weitere Anforderungen an die betreffende Stelle sind z. B. formale Bildungsabschlüsse (z.b. abgeschlossene Berufsausbildung als Kaufmann/-frau für Bürokommunikation oder Büromanagement), geeignete Fortbildung hinsichtlich Verkaufstätigkeit, Berufs- bzw. Branchenerfahrung, Flexibilität, Verhandlungsgeschick, Engagement

b) Fehler sind: Stellen**aus**schreibung anstelle Stellen**be**schreibung; nicht nur männliche Form, sondern Außendienstmitarbeiter /-in (m/w); keine Angabe eines Höchstalters (dieses diskriminiert), Abgabe der Bewerbung deutlich vor dem 01.06.20xx (z.B. 01.04.20..)

L2:

Bruttoverdienst	6.250,00
+ Provisionen, Prämien	150,00
+ vermögenswirksame Leistungen	15,00
+ Sonderzahlungen (Urlaubsgeld, Weihnachtsgeld)	0,00
= **sozialversicherungspflichtiges Bruttoentgelt**	**6.415,00**
− Steuerfreibetrag	0,00
= **steuerpflichtiges Bruttoentgelt**	**6.415,00**
− Lohnsteuer	1.068,83
− Solidaritätszuschlag	28,28
− Kirchensteuer	46,28
− Krankenversicherung	356,70
− Pflegeversicherung	55,46
− Rentenversicherung	593,73
− Arbeitslosenversicherung	95,25
= **Nettoentgelt**	**4.170,47**
− vermögenswirksame Leistungen (Sparbeitrag)	30,00
= **Auszahlungsbetrag**	**4.140,47**

Kaufmännische Steuerung

Teil A: Finanzbuchhaltung

L1: Ein Kontenrahmen (allgemein gültig für eine Branche) bzw. ein Kontenplan (angepasst und gültig für ein einzelnes Unternehmen) enthält alle Konten, die für die Buchhaltung notwendig sind.

L2: Im **Grundbuch** werden alle Geschäftsvorgänge anhand von Buchungssätzen nach ihrer zeitlichen Entstehung (chronologisch) dokumentiert. Im **Hauptbuch** werden die Geschäftsvorgänge für die einzelnen Kontoarten sachlich zusammengefasst dokumentiert.

In einem **Inventar** werden die Inventurergebnisse nach Vermögen, Schulden und Reinvermögen getrennt dokumentiert. In einer **Bilanz** werden diese Werte weiter zusammengefasst und in Kontenform auf der Aktivseite als Anlage- und Umlaufvermögen bzw. auf der Passivseite als Eigen- und Fremdkapital ausgewiesen.

Vorsteuer ist die im Beschaffungsbereich gebuchte und an den Lieferanten gezahlte **Umsatzsteuer**. Umsatzsteuer ist die im Absatzbereich gebuchte und vom Kunden erhaltene Umsatzsteuer.

L3:

a	6080 Aufw. f. Handelswaren	8.500,00	an	4400 Verbindlichkeiten LuL	10.115,00
	2600 Vorsteuer	1.615,00			
b	6050 Aufw. f. Energie	4.411,76	an	2800 Bankguthaben	5.250,00
	2600 Vorsteuer	838,24			
c	4400 Verbindlichkeiten	1.487,50	an	6080 Aufw. f. Handelswaren	1.250,00
				2600 Vorsteuer	237,50
d	2400 Forderungen LuL	4.165,00	an	5100 Umsatzerlöse f. Handelswaren	3.500,00
				4800 Umsatzsteuer	665,00
e	2880 Kasse	21,50	an	5100 Umsatzerlöse f. Handelswaren	18,07
				4800 Umsatzsteuer	3,43

L4:

2800 Bankguthaben	5.965,50	an	2400 Forderungen LuL	6.150,00
5101 Erlösberichtigungen HW	155,04			
4800 Umsatzsteuer	29,46			

L5:

a) 4400 Verbindlichkeiten LuL	25.450,00	an	2800 Bankguthaben	24.686,50
			6082 Nachlässe f. Handelswaren	641,60
			2600 Vorsteuer	121,90

b) Berechnung der Bankzinsen:

$$\frac{(24.686,50\,€ \cdot 10,50\,\% \cdot 20\,\text{Tage})}{(360 \cdot 100)} = 144,00\,€$$

Ersparnis = Skonto 641,60 EUR – Zinsen 144,00 EUR = 497,60 EUR

Damit lohnt sich die weitere Überziehung des Geschäftskontos unter gleichzeitiger Ausnutzung von Skonto. Ausführliche Darstellung siehe S. 199.

L6: a) Abschreibungssatz in %

$$= \frac{100\,\%}{3\,\text{Jahre}} = 33,333333\,\%$$

b) Abscheibung in EUR pro Jahr

$$= \frac{41.500,00\,€ \cdot 33,333333\,\%}{100\,\%} = 13.833,33\,€$$

oder

Abscheibung in EUR pro Jahr

$$= \frac{41.500,00\,€}{3\,\text{Jahre}} = 13.833,33\,€$$

6510 Abschrei- 13.833,33 an 0850 BGA 13.833,33
bung auf Sach-
anlagen

L7: Ausführliche Darstellung s. S. 203.

L8:

	Kapitalbe-trag in EUR	Zinssatz in %	Zinsbetrag in EUR	Tage
a)	8.500,00	5,50	45,45	35
b)	5.000,00	2,75	57,29	150
c)	3.499,20	10,00	19,44	20
d)	5.000,00	6,25	75,52	87

Teil B: Kosten- und Leistungsrechnung (S. 220)

L1: Das Kerngeschäft eines Unternehmens ist der Zweck des Unternehmens, also das worauf sich die Beschaffung, die Produktion und der Absatz im Wesentlichen konzentriert (z.B. Möbelproduktion bei einem Möbelhersteller, Beratung und Bereitstellung von Dienstleistungen rund um das Bankgeschäft bei einer Bank).

L2: Für eine ausführliche Darstellung siehe S. 205 f.

L3: Abschreibungen können in der Finanzbuchhaltung nach steuerrechtlichen Gesichtspunkten z.B. mit 8.500 € erfasst, in der KLR jedoch mit 10.000 € ausgewiesen worden sein. Damit handelt es sich um **Anderskosten**, also Kosten deren Höhe in der Finanzbuchhaltung abweicht. **Zusatzkosten** existieren nur in der KLR, jedoch nicht in der Finanzbuchhaltung wie bspw. der Unternehmerlohn von Einzelunternehmen.

L4: Mit dem Betriebsabrechnungsbogen werden die angefallenen Gemeinkosten auf die Hauptkostenstellen Material, Fertigung, Verwaltung und Vertrieb anhand von Verteilungsschlüsseln verteilt. Für eine ausführliche Darstellung s. S. 211.

L5: Eine Kostenstelle fasst mehrere ähnliche Unternehmensbereiche zu einem zusammen, für die die gesamten Gemeinkosten ermittelt werden. Z.B. werden die Buchhaltung, Personalabteilung, Marketing, Poststelle usw. zur Kostenstelle Verwaltung zusammengefasst.

L6: Ausführliche Darstellung siehe S. 214.

L7: Ausführliche Darstellung s. S. 213 f.

L8: Istkosten basieren auf tatsächlich angefallenen Kosten für eine Zeitspanne oder einen Auftrag. Normalkosten basieren hingegen auf den Werten der Vergangenheit und werden meist als Durchschnittswerte ermittelt.

L9: Eine Kostenunterdeckung entsteht, wenn die Istkosten höher als die Normalkosten sind. Dies kann bspw. durch gestiegene Mietkosten, Versicherungsbeiträge, usw. geschehen.
Eine Kostenüberdeckung entsteht, wenn die Istkosten geringer als die Normalkosten sind. Dies kann z.B. bei gesunkenen Mietkosten, Versicherungsbeiträgen, usw. geschehen.

L10: Bei einer Kostenüberdeckung ist das tatsächliche Betriebsergebnis um den Betrag der Überdeckung zu hoch. Bei einer Kostenunterdeckung ist das Betriebsergebnis um den Betrag der Unterdeckung zu gering.

L11: Ausführliche Darstellung s. S. 215 f.

L12: Ausführliche Darstellung s. S. 219.

Prüfung Teil 2 / Wirtschafts- und Sozialkunde / Berufs- und Arbeitswelt

Stellung, Rechtsform, Organisationsstruktur (S. 262)

L1: a) [2], b) [1], c) [3], d) [4], e) [1], f) [2]

L2: [3]

L3: a) [4], b) [2], c) [1], d) [3], e) [2]

L4: **Güterströme:** Haushalte stellen den Unternehmen ihre Arbeitskraft und ggf. weitere Produktionsfaktoren (Grundstücke, Kapital) zur Verfügung. Unternehmen liefern den Haushalten Sachgüter und Dienstleistungen.

Geldströme: Unternehmen zahlen den Haushalten Einkommen in Form von Lohn oder Gehalt (bzw. auch Miete, Pacht, Zinsen). Die Haushalte bezahlen die erhaltenen Güter und Dienstleistungen und führen den Unternehmen damit wieder Geld zu (Konsumausgaben).

L5: **Einzelunternehmen:** Es gibt nur einen Inhaber und der haftet mit seinem Geschäfts- und Privatvermögen.

Kommanditgesellschaft (KG): Komplementäre (Vollhafter) haften unbeschränkt mit ihrem Privat- und dem Geschäftsvermögen. Kommanditisten (Teilhafter) haften nur mit ihrer Kapitaleinlage.

Gesellschaft mit beschränkter Haftung (GmbH): Die Haftung ist auf die Höhe des Gesellschaftsvermögens beschränkt.

L6: Schritt 1: Verzinsung der jeweiligen Kapitaleinlagen nach HGB mit 4 %:

J. Berger: 4 % von 250.000,00 € = 10.000,00 €
T. Paulmann: 4 % von 150.000,00 € = 6.000,00 €

Schritt 2: Ermittlung des Restgewinns:

80.000,00 € - 10.000,00 € - 6.000,00 €
= 64.000,00 €

Schritt 3: Verteilung des Restgewinns nach dem Verhältnis der Einlagen:

J. Berger: 5/8 von 64.000,00 € = 40.000,00 €
T. Paulmann: 3/8 von 64.000,00 € = 24.000,00 €

Schritt 4: Ermittlung der Anteile am Gesamtgewinn:

J. Berger: 10.000,00 € +40.000,00 € = 50.000,00 €
T. Paulmann: 6.000,00 € +24.000,00 € =30.000,00 €
Probe: 50.000,00 € + 30.000,00 € = 80.000

L7 a) [2], b) [3], c) [2], d) [1], e) [2]

L8: **Eigenfinanzierung**: Dem Unternehmen wird neues Eigenkapital zugeführt (entweder durch bisherige oder neue Inhaber bzw. Gesellschafter oder durch die Einbehaltung des Gewinns).

Fremdfinanzierung: Dem Unternehmen wird Fremdkapital von externen Kapitalgebern (z.B. Lieferanten oder Banken) zur Verfügung gestellt.

L9: a) [2], b) [5], c) [1], d) [4], e) [3]

L10 : Schritt 1: Ermittlung der Darlehenszinsen:

$$Z = \frac{K \cdot p \cdot t}{100 \cdot 360} = \frac{200.000,00 \cdot 5 \cdot (8 \cdot 360)}{100 \cdot 360}$$

= 80.000,00 €

Schritt 2: Ermittlung der gesamten Darlehenskosten:

Darlehenszinsen   80.000,00 €

+ Abschlussgebühr
  (1,5 % von 200.000,00 €)   + 3.000,00 €
= gesamte Darlehenskosten   = 83.000,00 €

L11: a) [5], b) [3], c) [1]

L12: Eine Stelle ist die kleinste organisatorische Einheit in einem Unternehmen.

L13: Siehe Tabelle S. 248

L14: Die **Prokura** ermächtigt zu allen Arten von gerichtlichen und außergerichtlichen Geschäften und Rechtshandlungen, die der Betrieb eines Handelsgewerbes mit sich bringt. Nur sehr wenige Handlungen sind einem Prokuristen untersagt.

Die **Allgemeine Handlungsvollmacht** ermächtigt zu allen gewöhnlichen Geschäften im üblichen Umfang, die im Geschäftsbereich des Unternehmens üblicherweise vorkommen.

Die **Artvollmacht** ermächtigt zur regelmäßigen und dauerhaften Ausübung bestimmter (vereinbarter) Handlungen.

Die **Einzelvollmacht** ermächtigt zur einmaligen Ausübung einer einzelnen Handlung.

L15: a) [5], b) [3], c) [3], d) [3], e) [7], f) [5]

L16: Stabliniensystem siehe S. 252
Matrixorganisation siehe S. 254
Projektorganisation siehe S. 253

L17: **Kernprozesse** umfassen alle Tätigkeiten, die direkt der Wertschöpfung des Betriebes dienen und unmittelbaren Kundennutzen haben. Sie unterstützen direkt das Sachziel des Betriebes.

Unterstützungsprozesse sind jene betrieblichen Prozesse, die die optimale Ausführung der Kernprozesse unterstützen, aber selbst keinen unmittelbaren Kundennutzen erzeugen.

L18: Beobachtung siehe S. 256
Schriftliche Befragung siehe S. 256

Mündliche Befragung siehe S. 257

Selbstaufschreibung siehe S. 257

L19:

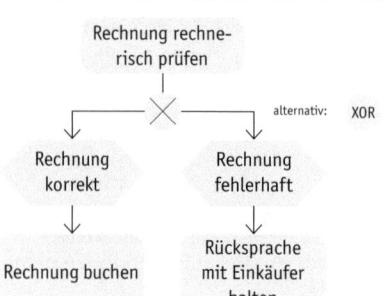

Produkt- u. Dienstleistungsangebot

L1: Sachleistungsbetriebe stellen Sachgüter (materielle Güter) her. Sie werden unterteilt in Industriebetriebe (Beispiel: Automobilproduzent) und Handwerksbetriebe (Beispiel: Dachdeckerei).

Dienstleistungsbetriebe bieten Dienste (immaterielle Güter) an. Sie werden unterteilt in Handelsbetriebe (Beispiel: Supermarkt als Einzelhandelsbetrieb) und sonstige Dienstleistungsbetriebe (Beispiel: Bank)

L2: a) [3], b) [2], c) [1], d) [3], e) [2]

L3: a) Gleichgewichtspreis = 35 € / Gleichgewichtsmenge = 500 Stück

b) Bei einem Preis von 20 € liegt eine Angebotsmenge von 200 Stück und eine Nachfragemenge von 800 Stück vor. Somit ergibt sich ein **Nachfrageüberhang** von 600 Stück. Es liegt ein **Verkäufermarkt** vor, da die Nachfrage größer ist als das Angebot, bzw. weil viele Nachfrager nicht befriedigt werden.

c) Bei einem Preis von 45 € liegt eine Angebotsmenge von 700 Stück und eine Nachfragemenge von 300 Stück vor. Somit er-

gibt sich ein **Angebotsüberhang** von 400 Stück. Es liegt ein **Käufermarkt** vor, da das Angebot größer ist als die Nachfrage, bzw. weil viele Verkäufer ihr Angebot nicht absetzen können.

d) Nachfrage = 600 Stück, aber Angebot nur = 400 Stück

→ Marktabsatz = 400 Stück

Marktumsatz = Marktabsatz · Preis

= 400 Stück · 30 € = 12.000 €

L4: [2]

L5: a) ein Anbieter / viele Nachfrager

→ (Angebots-)Monopol

b) viele Anbieter / wenige Nachfrager

→ Nachfrageoligopol

c) wenige Anbieter / viele Nachfrager

→ (Angebots-)Oligopol

d) viele Anbieter / viele Nachfrager

→ Polypol

e) viele Anbieter / ein Nachfrager

→ Nachfragemonopol

L6 : a) Abschwung bzw. Rezession

b) [5]

Berufsbildung (S. 284)

L1: Rahmenlehrplan: Maßgabe für die Berufsschule; Ausbildungsordnung: Maßgabe für den Betrieb

L2: 26 Werktage (Rangprinzip)

Umweltschutz (S. 291)

L1: Nach §8 JArbSchG darf Patrick höchstens 8 Std. pro Tag arbeiten und beim Nachholen ausgefallener Werktage höchstens 8,5 Std.

L2: Umweltseitig schont Claudia Ressourcen und vermeidet Abfall. Sie muss aber sicherstellen, dass die Aufbewahrungsfristen der betreffenden Unterlagen abgelaufen sind und diese keine schutzwürdigen Daten beinhalten.

Stichwortverzeichnis